AF524773

Hermann Hirsch und Karsten Mosebach

Gute Fotos, harte Arbeit

Wege zum perfekten Naturfoto

fotoforum

Inhalt

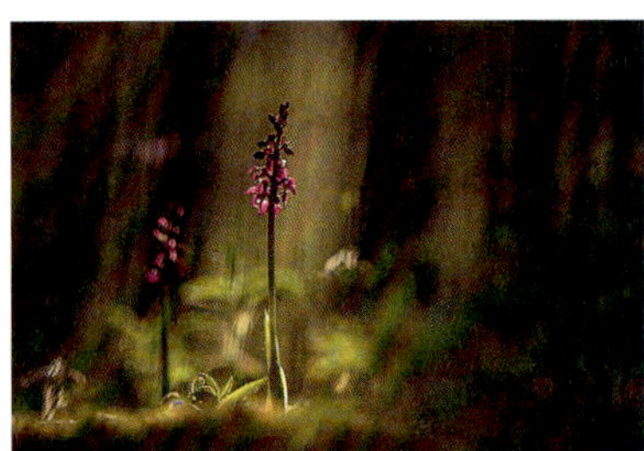

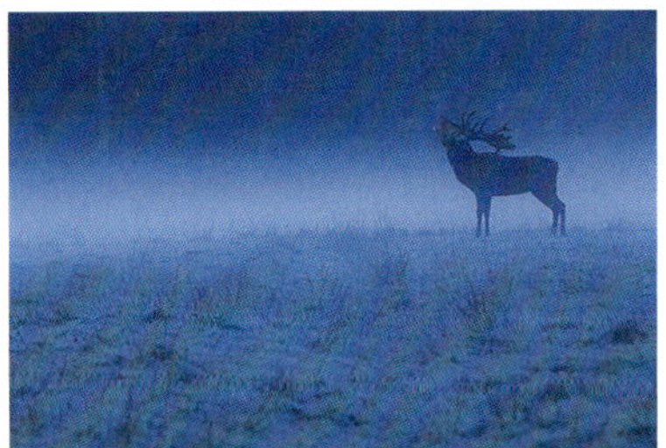

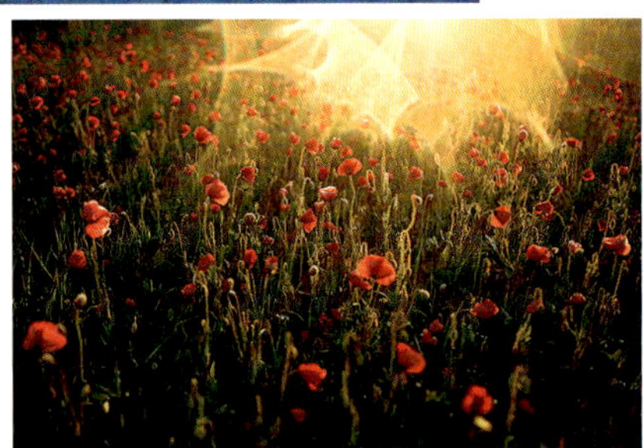

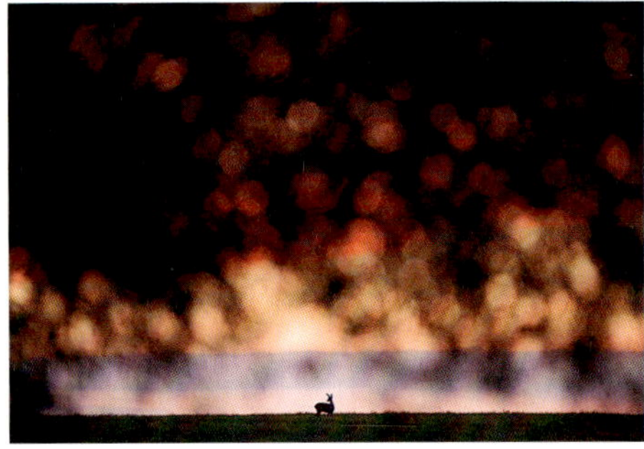

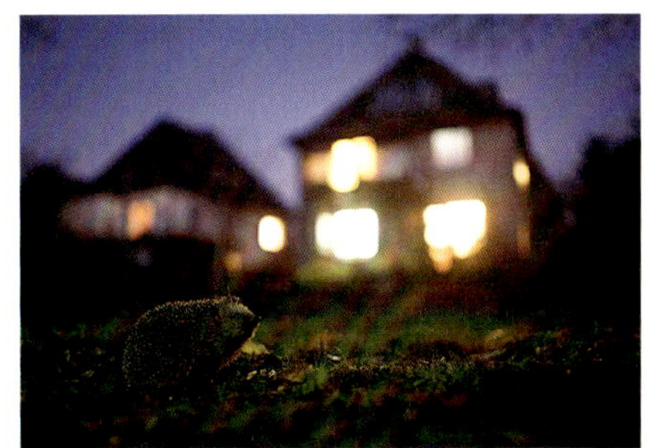

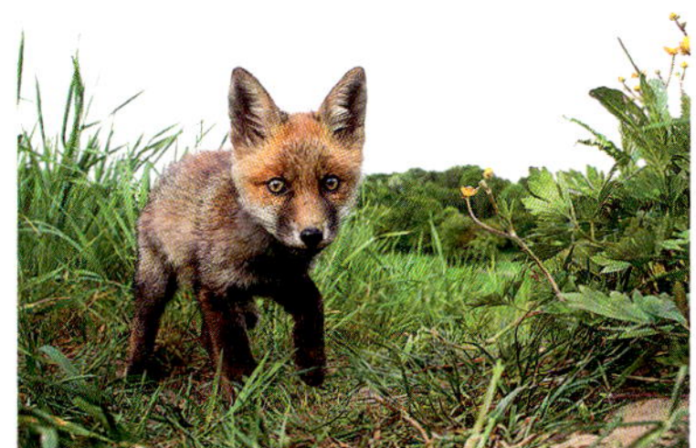

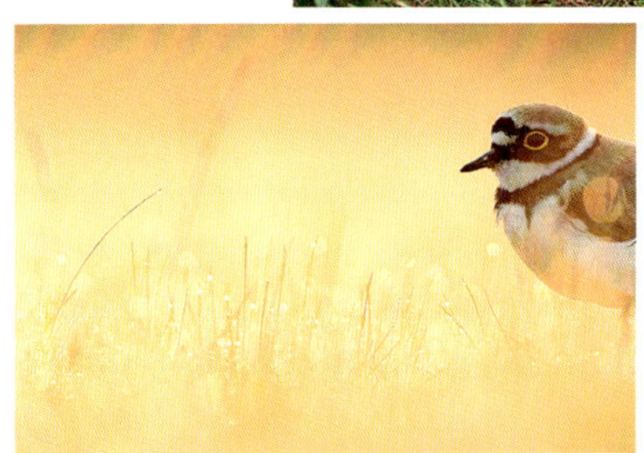

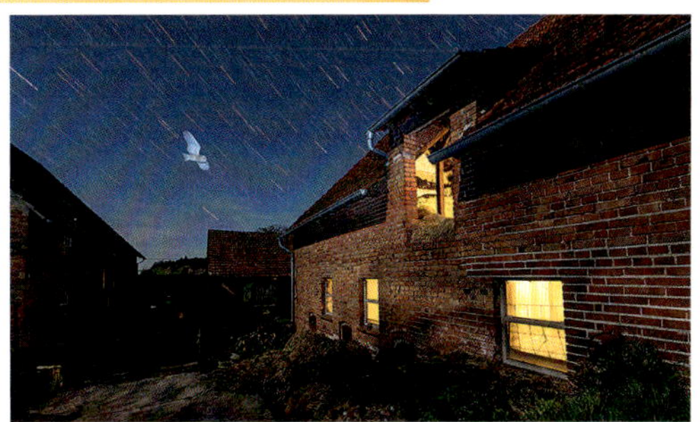

Aufgeblendet

Martin Breutmann

Wer zeigt schon gerne seine weniger gut gelungenen Bilder? Vermutlich präsentieren Sie – nach kritischem Abwägen und wohlbedachter Auswahl – auch lieber die Highlights Ihrer fotografischen Arbeit. Doch bis zu diesen Top-Bildern ist es bekanntlich ein langer Weg. Von diesem Weg berichten die Naturfotografen Hermann Hirsch und Karsten Mosebach im vorliegenden Buch.

In *Gute Fotos, harte Arbeit* öffnen die beiden Naturfotografen ihr Archiv für uns und lassen uns teilhaben an ihren Erfahrungen. Dabei zeigen sie uns auch jene Bilder, die wir normalerweise nicht zu sehen bekommen: die B- und C-Fotos, die unvermeidbaren Versuche, die Fehlschläge auf dem Weg zu den A-Bildern. Dabei gäbe es die Top-Bilder, wie wir sie in Büchern, Magazinen, Wettbewerben und Ausstellungen bewundern, nicht ohne diese scheinbar „schlechten" Fotos. Von diesen Bildern zu lernen, die Entwicklungsschritte sichtbar und nachvollziehbar zu machen, das war die Aufgabe, die wir uns stellten, als wir dieses Buchprojekt auf den Weg brachten.

Die Idee zu diesem Buch

Bei dem Seminar *Action- und Verhaltensaufnahmen von Tieren*, das Karsten Mosebach in der fotoforum Akademie hielt, folgte ich gespannt seinen Ausführungen. Und ich war fasziniert von seinem methodischen Ansatz: Bild für Bild zeigte er, wie sich ein gutes Foto von der Idee über erste Versuche und die kontinuierliche Optimierung hin zu einem guten Foto entwickeln lässt. Manchmal werden sogar Spitzenbilder daraus. Dabei scheute er sich nicht, auch die weniger gelungenen Varianten zu zeigen. Die Wirkung war verblüffend: immer wenn man meinte, das sei doch nun wirklich ein gutes Bild, wechselte er zum nächsten und zeigte, wie es noch einen Tick besser geht.

Dabei bezieht sich Optimierung nicht auf die nachträgliche Bildbearbeitung, sondern auf reale Aufnahmesituationen. Manchmal sind es nur ein paar Zentimeter in der Kameraposition, die den Unterschied zwischen einem guten und einem sehr guten Bild machen. Oder eine kreative Belichtung. Und manchmal ist es wirklich harte Arbeit, teilweise über Wochen und Monate, um die perfekten Bedingungen für ein gutes Foto zu schaffen.

Im Anschluss an das Seminar sprachen wir über diese Art der Wissensvermittlung: Genau so stellte ich mir ein Buch vor, das Schritt für Schritt den Weg zum optimalen Naturfoto zeigt. Die Idee war geboren, die Umsetzung konnte beginnen. Oder wie Hermann Hirsch es gerne formuliert: „Gesagt, getan." Ihn konnten wir ebenfalls für das Buchprojekt gewinnen.

Die Autoren

Hermann Hirsch und Karsten Mosebach sind, auch wenn etwa 25 Lebensjahre die beiden trennen, in ihrer Leidenschaft für Natur und Fotografie eng verbunden. Sie unterstützen sich gegenseitig bei der Planung ihrer Projekte, gehen zusammen auf Fototour und halten sich bei der Bildbesprechung weder mit Kritik noch mit Lob zurück. Und es verbindet beide das Anliegen, mit ihren Bildern auf die Belange der Natur aufmerksam zu machen und für ihren Schutz zu werben.

Auch fotografisch verbindet die beiden vieles: Sie setzen Blendenflecken gezielt als Bildelemente ein, lassen Staubkörnchen und Wasserspritzer auf der Linse feine Texturen über das Bild legen und brechen mit gestalterischen Lehrsätzen.

Hermann Hirsch und Karsten Mosebach machen technische Unzulänglichkeiten – vermeintliche Fehler – zu ihren Verbündeten. Nicht aus Effekthascherei, sondern weil sie die Fotografie als ein Medium begreifen, das ihnen ein breites Spektrum zwischen Dokumentation und künstlerischer Interpretation der Natur eröffnet.

Vor allem aber sind sie immer auf der Suche nach neuen Ansätzen. Das permanente Lernen ist für sie Selbstverständlichkeit und Anreiz zugleich. Beide stehen sie für eine Richtung in der Naturfotografie, in der die Akteure nicht nur Momente und Dinge konkret mit der Kamera festhalten, sondern durch sie hindurch vor allem mit dem Herzen sehen. Hermann Hirsch und Karsten Mosebach haben eine Arbeitsweise verinnerlicht, die heute mehr und mehr zur Selbstverständlichkeit geworden ist. Sie folgt dem Prinzip der Kooperation, des Austauschs und der Vernetzung.

Fotografieren in der Natur

Naturfotografie ist ein Geben und Nehmen, nicht nur im kollegialen Sinne unter Fotofreunden, sondern vor allem auch zwischen Fotografen und der Natur. Dass Gesetze zum Schutz der Natur beim Fotografieren eingehalten werden, versteht sich von selbst. Gute Naturfotografie sollte auch immer mit dem tiefen Empfinden und Verstehen der Natur einhergehen. Wenn wir uns in der Natur bewegen, ob als Spaziergänger, Freizeitsportler, Naturschützer oder als Fotograf, sollten wir uns stets so verhalten, dass wir so wenig wie möglich stören. Als Fotografen können wir uns von der Natur nicht nur mit Motiven beschenken lassen, sondern auch etwas zurückgeben. Und zwar in Form von Bildern, die von ihrer Einzigartigkeit und Schutzbedürftigkeit erzählen. Auch von diesem Bemühen und von der Begeisterung für die Natur handelt dieses Buch.

Zum Gebrauch dieses Buchs

Gute Fotos, harte Arbeit soll Ihnen auf vielfältige Weise Anregungen für die eigene naturfotografische Praxis geben. So enthält das Buch Beispiele, die sehr einfach realisierbar sind, andere setzen fortgeschrittene Kenntnisse voraus. Einige Themen haben Hermann Hirsch und Karsten Mosebach gemeinsam erarbeitet und für dieses Buch im Dialog reflektiert, andere sind jeweils von einem der beiden alleine fotografiert. Einige Arbeiten sind spontan entstanden, andere mit langer Planung, teilweise über Jahre hinweg. Manche Themen sind technisch einfach darstellbar, andere erfordern eine intensive Auseinandersetzung mit technisch anspruchsvollem Equipment.

Die Beiträge in diesem Buch sind nicht als Gebrauchsanleitung zur 1:1-Umsetzung gedacht, vielmehr sollen sie Ihnen zur Inspiration für Ihre eigenen Projekte dienen. Nutzen Sie die Beispiele als Steinbruch, aus dem Sie sich das heraussuchen, was für Sie passt. Kombinieren Sie die Anregungen mit Ihren eigenen Ideen, Themen und Projekten.

Spitzenbilder aus der Natur sind kein Zufall, sondern das Ergebnis gründlicher Recherche, guter Vorbereitung, strukturierter Arbeitsweise, großer Geduld und intensiver Verbundenheit mit der Natur. Machen Sie sich auf den Weg zum perfekten Naturfoto. Immer wieder neu, denn: Das beste Foto ist noch nicht gemacht!

Martin Breutmann ist Herausgeber und Chefredakteur der Zeitschrift fotoforum, Verleger, Gründer der fotoforum Community und Leiter der fotoforum Akademie.
www.fotoforum.de

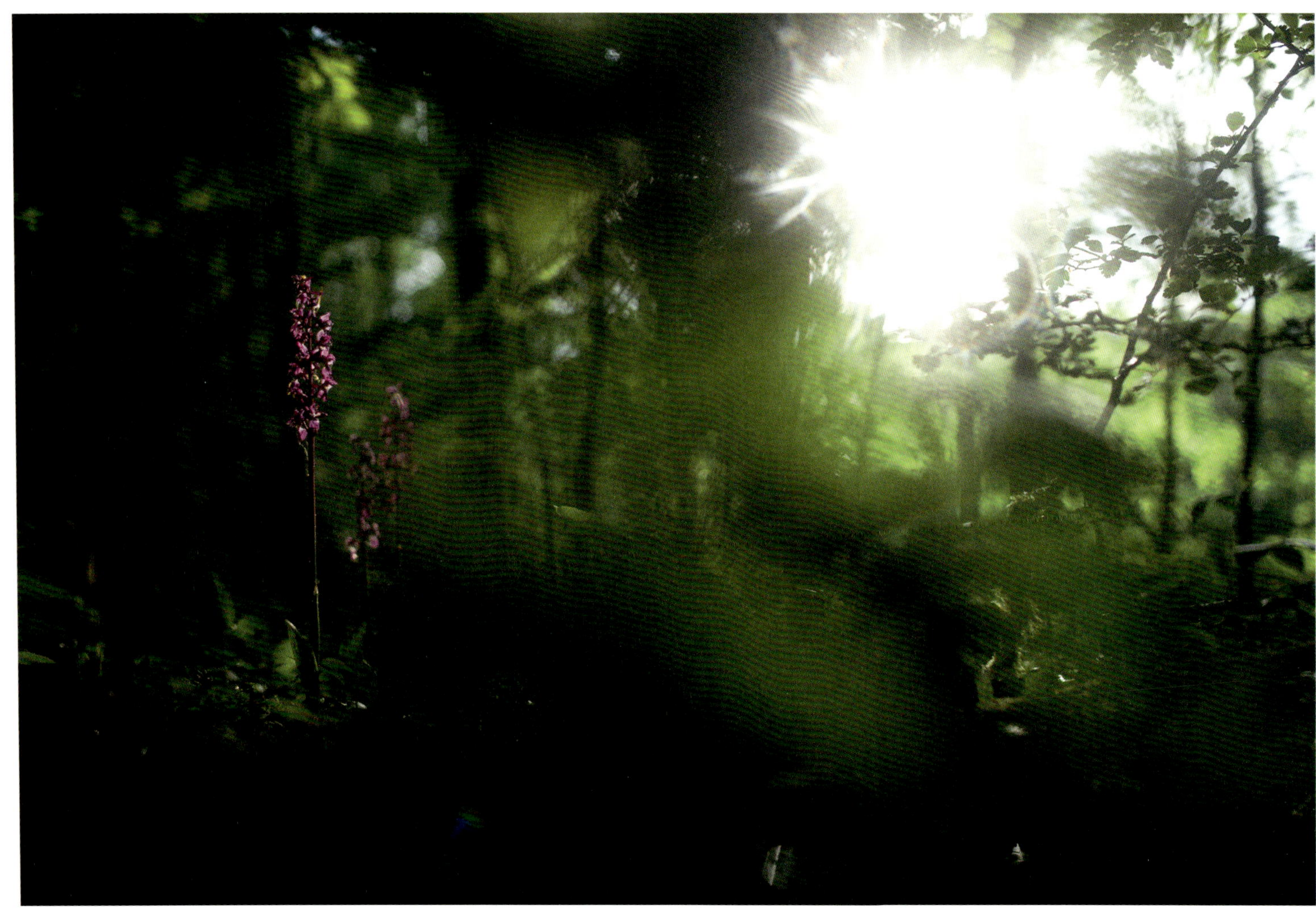

Bild 1: Mit dem extrem lichtstarken 1,4/35-mm-Objektiv lässt sich einerseits viel von der Umgebung rund um die Orchidee darstellen. Zum anderen lenkt die geringe Schärfentiefe bei Blende 1,4 den Blick exakt auf die Orchidee.
KB-Vollformat, 1,4/35 mm, Blende 1,6, 1/1.250 Sekunde, ISO 200, –1,33 LW

Heimliche Orchideen

Hermann Hirsch und Karsten Mosebach

Erinnern Sie sich noch an Ihre ersten eigenen Nah- oder Makroaufnahmen? Plötzlich erschienen die Dinge wie neu und nie zuvor gesehen. Riesig wirkte das Motiv. Und wir kamen uns dagegen winzig und klein vor. Genau das macht die Nah- und Makrofotografie immer wieder so faszinierend.

Spontan trotz Planung

Karsten: Ich finde, unsere Aufnahmen vom Mannsknabenkraut eignen sich gut, um einige Aspekte der Makrofotografie zu besprechen.

Hermann: Ja, stimmt. Und interessant finde ich hier besonders, dass einige Bilder spontan entstehen, obwohl man im Vorfeld schon ganz genau weiß, wie die Pflanze aussieht, wie die Umgebung ist und wie der Sonnenstand im Tagesverlauf sein wird. Das Mannsknabenkraut hat für mich einen unglaublichen „Heimlichkeitscharakter". Es ist sehr selten, groß und steht tief im Wald versteckt. All das hatte ich mir vorgenommen, aufs Bild zu kriegen. Um anzufangen, habe ich mich mit meinem Lieblingsobjektiv für solche Anlässe, dem 1,4/35 mm, einfach zwischen die Blumen auf den Boden gelegt und drauflos fotografiert (**Bild 2**). Um die Heimlichkeit zu betonen, versuchte ich durch andere Blätter und Gestrüpp hindurchzufotografieren. Dabei ist es immer schwierig, eine Lücke zu finden, in der die Orchidee frei zu sehen ist, der Rest aber in einer schönen Unschärfe verschwindet (**Bild 3**).

Beim Fotografieren und Ausprobieren wechselte mehrfach das Wetter. Von Regen über Sonnenschein war alles vertreten. Dabei landeten natürlich auch einige Regentropfen auf der Frontlinse meines Objektivs. Kurz darauf brach die Sonne wieder hervor und verursachte durch die Tropfen bizarre Reflexionen (**Bild 4**). Ich fand diese Formen schön und gar nicht störend. Also begann ich fortan, mein Objektiv ständig mit neuem Wasser zu benetzen. Dann galt es, auf möglichst direktes Sonnenlicht auf dem Waldboden und meinem Objektiv zu warten, um den gewünschten Effekt zu erreichen. Bis dahin hatte ich dann auch meine oben angesprochene Lücke im Gestrüpp gefunden (**Bild 1**).

Der Tag war für mich ein gutes Beispiel dafür, dass man durch das Eingehen auf die Bedingungen vor Ort zu Bildern kommt, die man im Vorfeld nicht erwartet hätte.

Übersicht behalten

Karsten: Weil die Orchideen so selten sind, sind Plätze wie dieser etwas ganz Besonderes. Da kann man drei Stunden durch den Wald laufen, ohne eine einzige Orchidee zu sehen, und plötzlich steht man an einem Ort, an dem auf wenigen Quadratmetern hunderte Pflanzen wachsen. Dann ist es natürlich naheliegend, diese große Anzahl irgendwie in eine Lebensraumaufnahme bringen zu wollen. Es sollte also weniger die einzelne Blüte im Zentrum des Bildes stehen als vielmehr die Summe der Blüten im Wald. Und das beste Mittel, um eine solche Szene fotografisch einzufangen, ist ein

Weitwinkelobjektiv. **Bild 5** wurde mit 17 mm Brennweite im Querformat fotografiert. Man erkennt, dass man sich im Wald befindet, aber im Vordergrund stehen die kräftig lilafarbenen Orchideenblüten. In **Bild 6** wurde eine Blüte bei offener Blende und 14 mm Brennweite ins Zentrum des Bildes gesetzt, die lila Farbe ist der absolute Blickfang. Gleichzeitig jedoch wandert der Blick den Stängel hinunter zu der charakteristisch gezeichneten Rosette aus Blättern am Boden. Trotz der Unschärfe erkennt man an den lila Klecksen im Hintergrund und den noch weiter hinten stehenden Bäumen die Gesamtszene, den Lebensraum der Pflanzen.

Hermann: Ähnliches habe ich bei **Bild 7** erreichen wollen, allerdings habe ich dafür ein 2/135-mm-Objektiv genommen und durch eine Gruppe von Orchideen hindurch auf ein einzelnes Exemplar im Hintergrund fokussiert. Das kann man, wie in **Bild 8** zu sehen ist, noch auf die Spitze treiben. Dort erscheint der Vordergrund insgesamt lilafarben und vermittelt den Eindruck, dass sehr viele Blumen dicht gedrängt stehen.

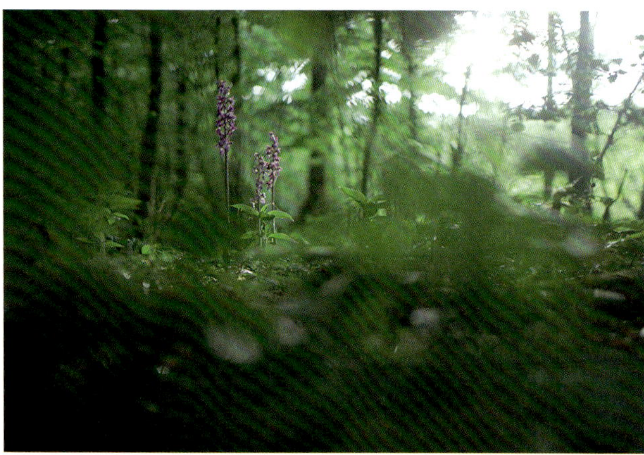

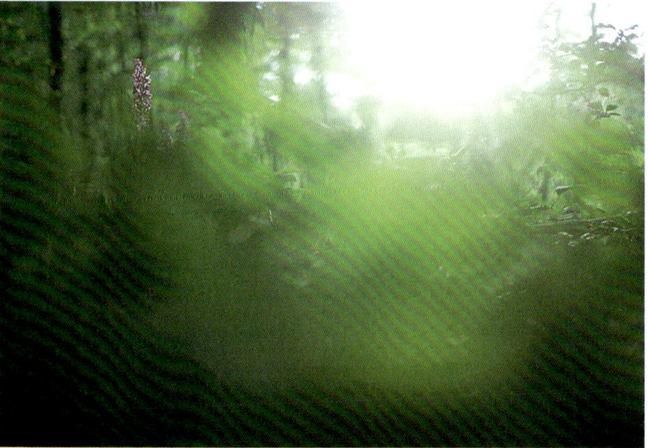

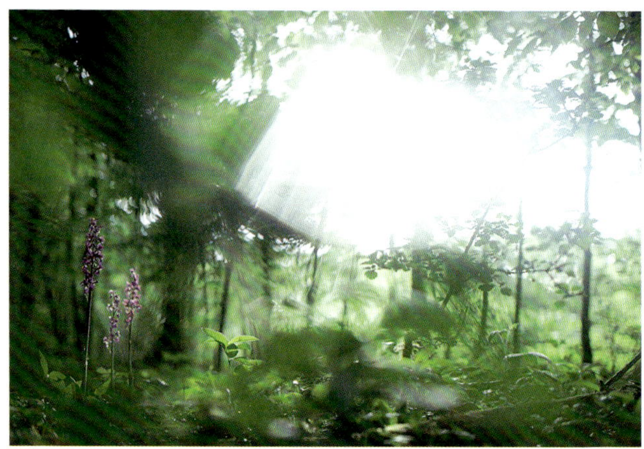

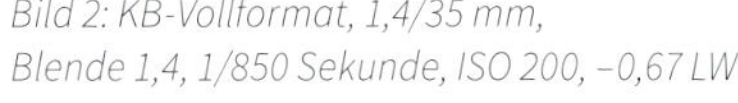

*Bild 2: KB-Vollformat, 1,4/35 mm,
Blende 1,4, 1/850 Sekunde, ISO 200, −0,67 LW*

*Bild 3: KB-Vollformat, 1,4/35 mm,
Blende 1,4, 1/200 Sekunde, ISO 200, +1 LW*

*Bild 4: KB-Vollformat, 1,4/35 mm,
Blende 1,4, 1/250 Sekunde, ISO 200, +1 LW*

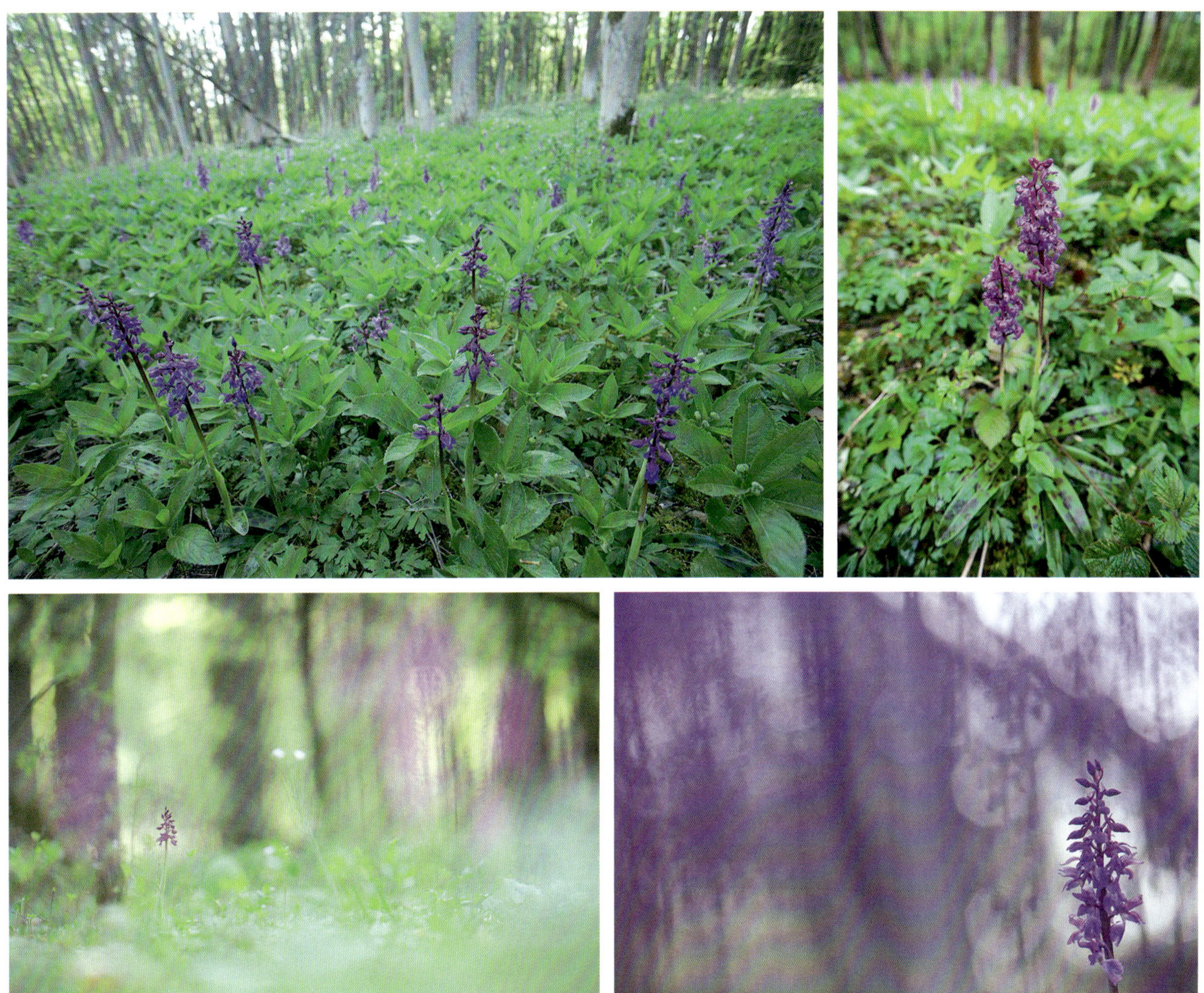

Mit einem Weitwinkelobjektiv lassen sich sowohl Blüten in großer Zahl darstellen (o. l.) als auch einzelne Pflanzen in den Vordergrund rücken (o. r.). Mit Teleobjektiv und offener Blende steht dagegen weniger der Lebensraum als vielmehr die Farbenpracht im Bildmittelpunkt (unten).

Bild 5 (oben links): *KB-Vollformat, 2,8/14–24 mm bei 14 mm, Blende 11, 1/8 Sekunde, ISO 200*
Bild 6 (oben rechts): *KB-Vollformat, 2,8/14–24 mm bei 14 mm, Blende 4, 1/30 Sekunde, ISO 200*
Bild 7 (unten links): *KB-Vollformat, 2/135 mm, Blende 2, 1/160 Sekunde, ISO 200*
Bild 8 (unten rechts): *KB-Vollformat, 2/135 mm, Blende 3,2, 1/640 Sekunde, ISO 1.250*

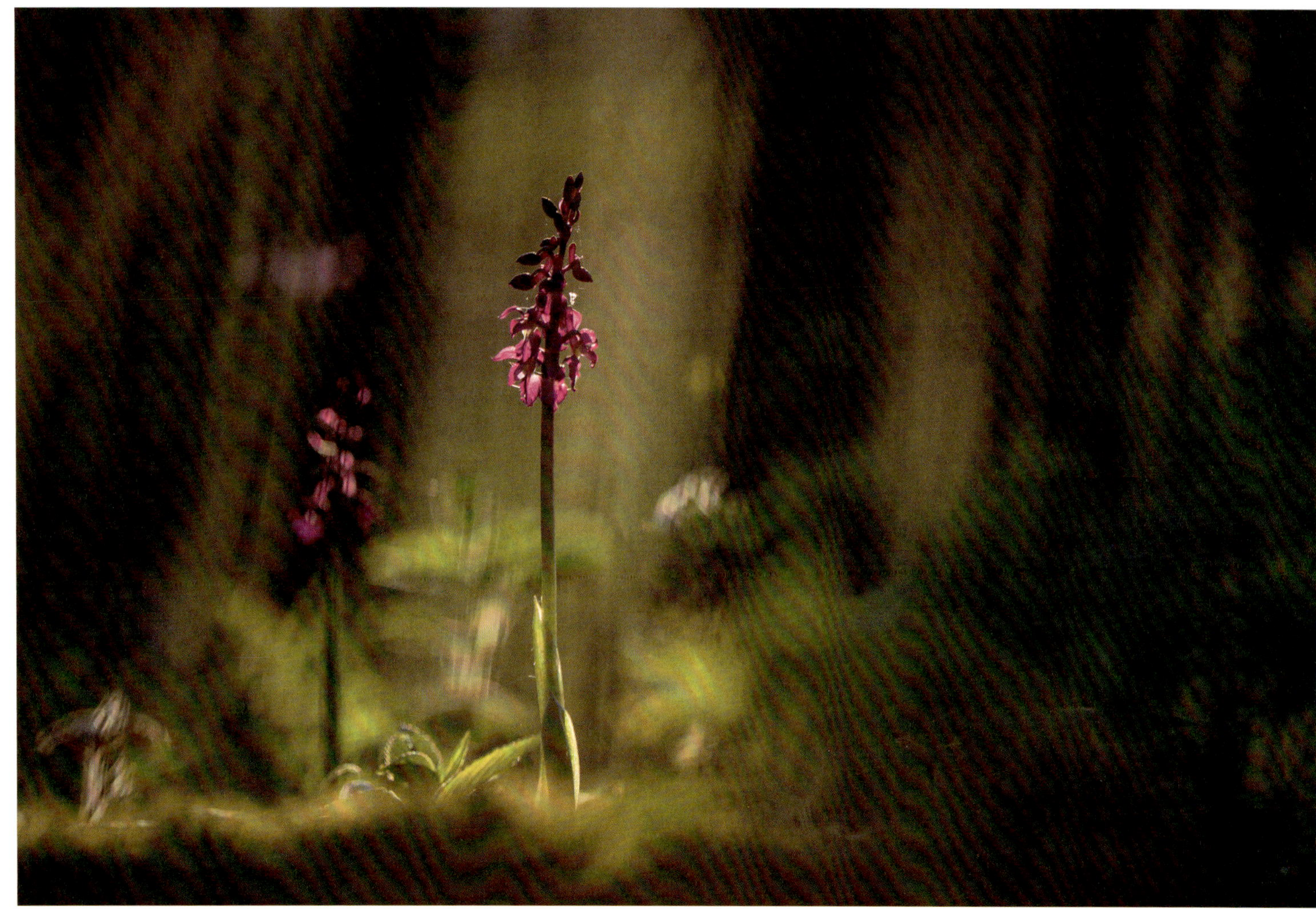

Bild 9: Licht aus, Spot an! Wie auf einer Bühne präsentiert sich diese prächtige Orchidee. Dank der geringen Schärfentiefe gehört ihr die gesamte Aufmerksamkeit des Betrachters. Dass die Aufnahme im Wald gemacht wurde, erkennt man trotz der Unschärfe der Umgebung. Insgesamt ein perfektes Porträt.

KB-Vollformat, 2,8/200 mm Makro, Blende 4, 1/60 Sekunde, ISO 200

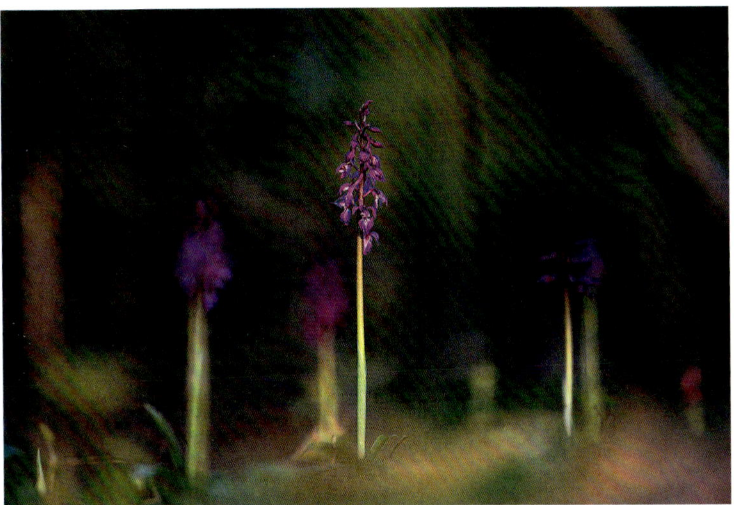
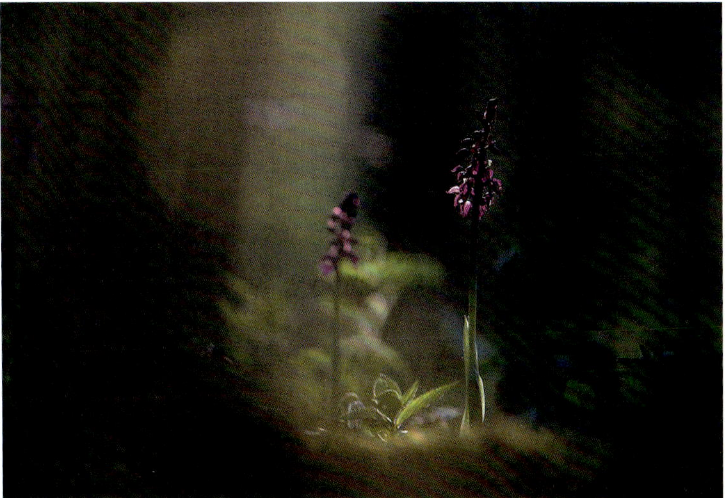

Beide Bilder sind nicht fehlerfrei. Im linken **Bild (10)** stören unscharfe Äste an den Bildrändern und die dunkle, senkrecht verlaufende Struktur im rechten Bilddrittel den gesamten Aufbau. Dem rechten **Bild (11)** fehlt die knallige Farbigkeit.

Bild 10 (links): KB-Vollformat, 2,8/200 mm Makro, Blende 4, 1/60 Sekunde, ISO 200
Bild 11 (rechts): KB-Vollformat, 2,8/200 mm Makro, Blende 4, 1/60 Sekunde, ISO 200

Fotografieren mit dem Makro-Tele

Karsten: Mein Lieblingsobjektiv in der Makrofotografie ist das 4/200. Es ermöglicht mir, größere Distanzen zu überbrücken, es verdichtet den Raum, lässt Bilder eher zweidimensional erscheinen und nimmt ihnen die Tiefe. Im Gegensatz zu den Aufnahmen am Anfang dieses Abschnitts steht hierbei genau der gegenteilige Effekt im Vordergrund. Für mich ist **Bild 9** dafür ein gelungenes Beispiel. Die fehlende Tiefe und das Sonnenlicht, das die Blüte und den Stängel anstrahlt, akzentuieren die im Vordergrund stehende Blüte wunderbar, während der Bildhintergrund in Schatten und Unschärfe getaucht wird. Wichtig für die Wirkung dieses Bildes ist aber auch die zweite Blume, die, leicht nach links versetzt, ein wenig im Hintergrund steht. Mit dieser Gruppe von Orchideen habe ich mich ziemlich lange beschäftigt. Anfangs habe ich die Blüten mit Vorderlicht fotografiert (**Bild 10**). Der Bildlook ähnelt mit seinem dunklen Hintergrund insgesamt dem in **Bild 9**. Jedoch sind mir beim Bildaufbau einige Fehler passiert.

Rechts hinten stört der relativ helle und schräg verlaufende Ast die Bildharmonie. Er lenkt genauso vom Hauptmotiv ab wie der helle und viel zu dicke unscharfe Ast am linken Bildrand. Beides hätte ich natürlich gleich beim Fotografieren bemerken können, offensichtlich war ich aber zu sehr auf die Blüten konzentriert und daher nicht aufmerksam genug für die Bildränder. Besonders ärgerlich ist es, wenn einem derartige Fehler erst zu Hause am Monitor bei der Auswertung auffallen. Dann ist es meistens für eine Wiederholung der Bilder zu spät. Aber wenigstens bei der nächsten Fotoexkursion kann man dann versuchen, denselben Fehler zu vermeiden.

Bild 11 ist nur wenige Augenblicke vor **Bild 9** entstanden – und zwar just, als die ersten Sonnenstrahlen die Blüte im Vordergrund berührten. Obwohl auch hier der Bildaufbau gelungen ist, wirkt **Bild 9** deutlich spannender als **Bild 11**, vielleicht weil das Sonnenlicht in **Bild 9** die Blume intensiver anstrahlt.

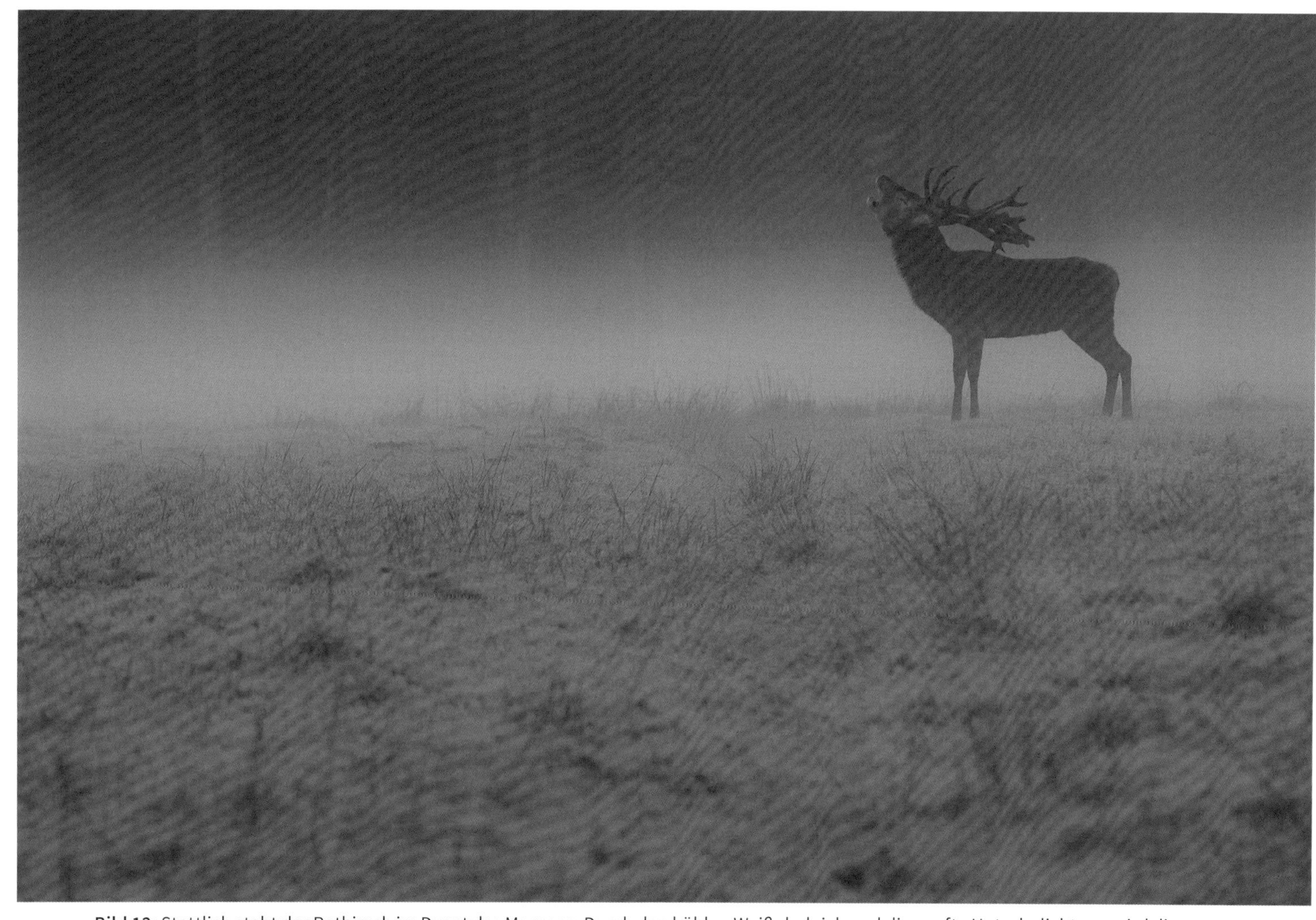

Bild 12: Stattlich steht der Rothirsch im Dunst des Morgens. Durch den kühlen Weißabgleich und die sanfte Unterbelichtung wird die Morgenstimmung schön betont. Der weit gefasste Bildausschnitt macht den Nebel zum wichtigen Bildelement.
KB-Vollformat, 2,8/150 mm, Blende 6,3, 1/160 Sekunde, ISO 200

Rothirsche im Tierpark

Hermann Hirsch und Karsten Mosebach

Unabhängig voneinander haben wir über die Jahre immer wieder Rothirsche in verschiedenen Tierparks fotografiert. Für dieses Buch haben wir unsere Erfahrungen und Ergebnisse einmal miteinander verglichen.

Karsten: Ich liebe Rothirsche, habe aber nie Urlaub während der Hirschbrunft Ende September. Und so ist für mich ein Besuch im Tierpark die einzige Gelegenheit, Rothirsche während der Brunft überhaupt zu sehen, zu hören und zu fotografieren. Für mich ist Fotografieren im Tierpark aber immer etwas zwiespältig.
Hermann: Das geht mir genauso. Eigentlich habe ich gar keine Lust darauf, weil im Tierpark oft das fehlt, was der Naturfotografie ihren besonderen Reiz verleiht: nämlich die Spannung, ob ein Tier überhaupt anzutreffen ist, und das „echte" Naturerlebnis. Allerdings lassen sich Rothirsche in Dortmund definitiv nicht fotografieren. Daher beiße ich in den sauren Apfel und gehe in den Tierpark.
Karsten: Was ich außerdem am Tierpark nicht mag, ist der Umstand, dass man nie allein ist. Es stört mich, mit vielen anderen Fotografen gleichzeitig am selben Objekt zu fotografieren, wodurch das Naturerlebnis fehlt. Das ist allein oder zu zweit viel größer.
Hermann: Das finde ich auch.
Karsten: Allerdings muss man im Tierpark nicht viele Stunden mit der Suche nach den Tieren verbringen. Die Tiere sind an Besucher gewöhnt, wenig scheu und man kommt gut an sie ran.
Hermann: Und man kann Tierparkbesuche gut kalkulieren. Je nach Wetterbericht: Heute gehe ich nicht, dafür in zwei Tagen und fotografiere die Hirsche dann mit Nebel. In freier Wildbahn sind solche genauen Planungen nicht möglich.
Karsten: Häufig sind die Bedingungen in einem Tierpark von einem zum anderen Jahr sehr ähnlich, sodass man sich gut in die Gegebenheiten einfinden kann und einen Ortsvorteil bekommt gegenüber der freien Wildbahn.
Hermann: Die fehlende Scheu der Tiere hast du ja schon angesprochen. Hinzu kommt, dass sie einen Fotografen nicht nur nah heranlassen, sondern auch auf Geräusche kaum reagieren. Wenn ich also bei der Annäherung ein paar Ästchen zerbreche, ist das meist kein Problem.
Karsten: So kann man, während man fotografiert, die Position verändern und mal mit dem Licht und mal im Gegenlicht fotografieren. Das geht in freier Wildbahn nicht. Hast du eigentlich ein Problem damit, dass du Tiere fotografierst, die eingesperrt sind?
Hermann: Ich habe in den Gehegen, die ich kenne, nicht unbedingt ein Problem damit, da sich die Tiere auf großen Flächen frei bewegen können. Also nicht wie der klassische Löwe im Zoo hinter einer Glasscheibe, sondern wie in einem naturbelassenen Gebiet, das zwar nicht der Größe der freien Wildbahn entspricht, aber vertretbar ist. Was ich nicht akzeptieren mag, ist, wenn Leute in Parks oder Gehegen Tiere fotografieren und hinterher so tun, als seien es Wildaufnahmen. Ich finde, es gehört dazu, dass man ehrlich ist, denn das belässt den Wildaufnahmen ihren besonderen Charakter.
Karsten: Wir haben in diesem Kapitel drei kleine Sequenzen von Rothirschaufnahmen aus verschiedenen Tiergehegen. Fang du doch mal an mit deiner ersten Sequenz.

Stimmungen erzeugen

Hermann: Das ist eine Serie aus Dülmen, dort gibt es einen Tierpark, in dem die Hirsche zum Teil gar nicht so einfach zu finden sind, da der Park recht groß ist und die Tiere viele Rückzugsmöglichkeiten haben. Ich war in den letzten Jahren häufig dort. Was ich schnell gemerkt habe, ist, dass diese Standardfotos – groß abgebildeter röhrender Hirsch – ziemlich langweilig sind. Da das Gehege groß und weitläufig ist, habe ich versucht, kurze Brennweiten einzusetzen und die Tiere in die Landschaft einzubinden. Dazu habe ich dann auch mit dem Weißabgleich gespielt, um die Stimmung der blauen

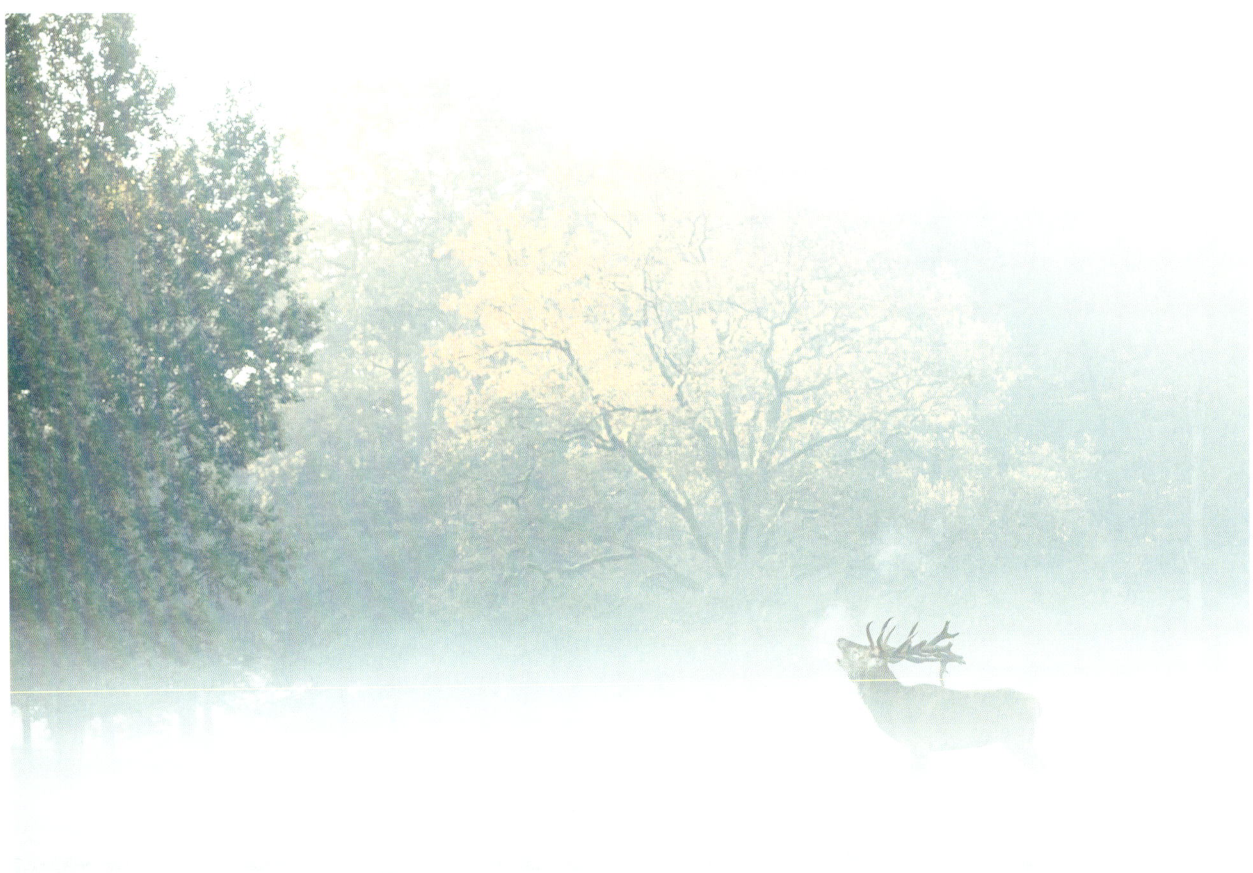

Bild 13: Der Himmel war zum Zeitpunkt der Aufnahme bereits so hell, dass keine dunkle Belichtung wie in Bild 12 mehr möglich war. Durch einen warmen Weißabgleich und eine gezielte Überbelichtung wird eine vollkommen andere Bildwirkung erzielt. Der Hirsch wirkt nicht mehr so stattlich, sondern eher sanft und leicht.
KB-Vollformat, 2,8/150 mm, Blende 7,1, 1/100 Sekunde, ISO 640

Stunde, in der die Tiere besonders aktiv sind, besser in Szene zu setzen. **Bild 12** ist ein schönes Beispiel dafür. Manuell habe ich den Weißabgleich auf 4.000 Kelvin gesetzt, sodass das Bild noch intensiver blau erscheint. In den **Bildern 14** und **16** erkennt man gut den Unterschied zwischen kurzer und langer Brennweite.

Die kurze Brennweite gefällt mir deutlich besser, da man viel mehr von der Landschaft sieht. Dieser Morgen war typisch herbstlich. Leichter Nebel lag über dem Boden und es war kalt. Neben dem Weißabgleich habe ich auch mit der Belichtung gespielt, habe sehr dunkle und auch sehr helle Bilder gemacht und dabei mehr oder weniger durch Zufall herausbekommen, dass bei einer Überbelichtung der Hirsch tatsächlich das dunkelste Element in der Landschaft ist und man ihn auf völlig andere Art und Weise herauslösen kann. Das sieht man bei den **Bildern 13** und **14** recht gut: die gleiche Szene, nur die Belichtung differiert. In der Realität sah es

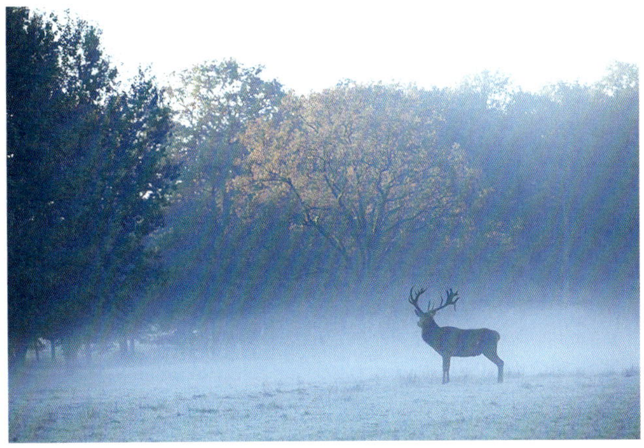

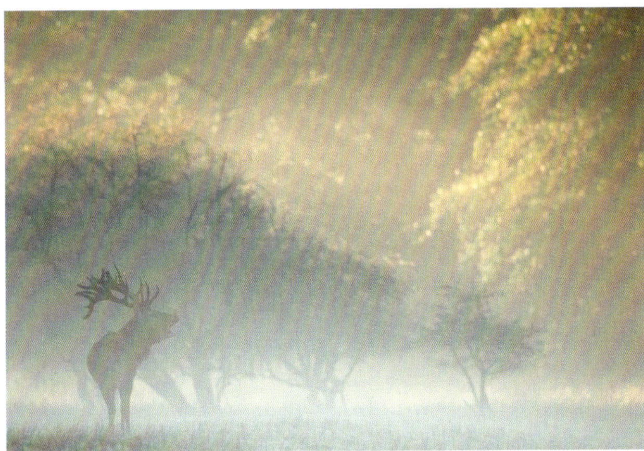

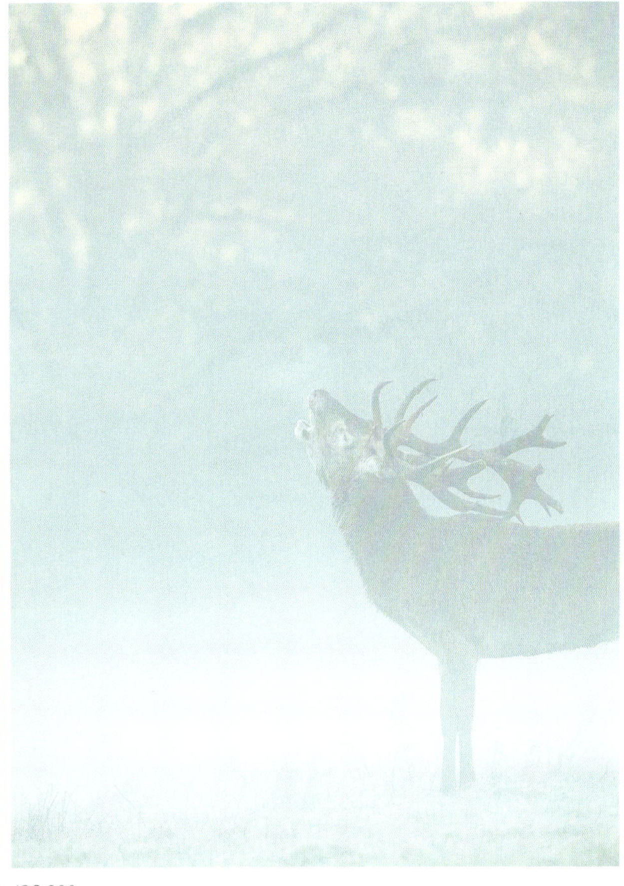

Bild 14 (oben links): KB-Vollformat, 2,8/150 mm, Blende 6,3, 1/160 Sekunde, ISO 200
Bild 15 (unten links): KB-Vollformat, 4/500 mm, Blende 5, 1/250 Sekunde, ISO 200
Bild 16 (rechts): KB-Vollformat, 4/500 mm, Blende 7,1, 1/160 Sekunde, ISO 640

wie in **Bild 14** aus. **Bild 13** zeigt mit seiner Überbelichtung eine unnatürliche Szene. Damit habe ich erreicht, was ich erreichen wollte: nicht ein Standard-Hirschbild, sondern eines, das ich bis dahin noch nicht gesehen hatte. **Bild 15** ist übrigens ein weiteres Bild von diesem Morgen, es veranschaulicht recht deutlich, welche unterschiedlichen Stimmungen an einem Morgen innerhalb von nur 20 Minuten auftreten können.

Karsten: Lass mich bitte noch mal nachfragen: Die **Bilder 13** und **14** sind direkt hintereinander entstanden? Richtig?

Hermann: Ja, zwischen beiden Aufnahmen liegt weniger als eine Minute.

Karsten: Wie kommt man auf die Idee für eine solche Belichtung? Hast du da gestanden und dich so gelangweilt, dass du dir gedacht hast: „Ich dreh' mal am Rad."?

Hermann: Ob es Langeweile war, kann ich nicht mehr so genau sagen. Ich habe sehr etwas dafür übrig, mich einer Situation nicht einfach nur hinzugeben, sondern ich

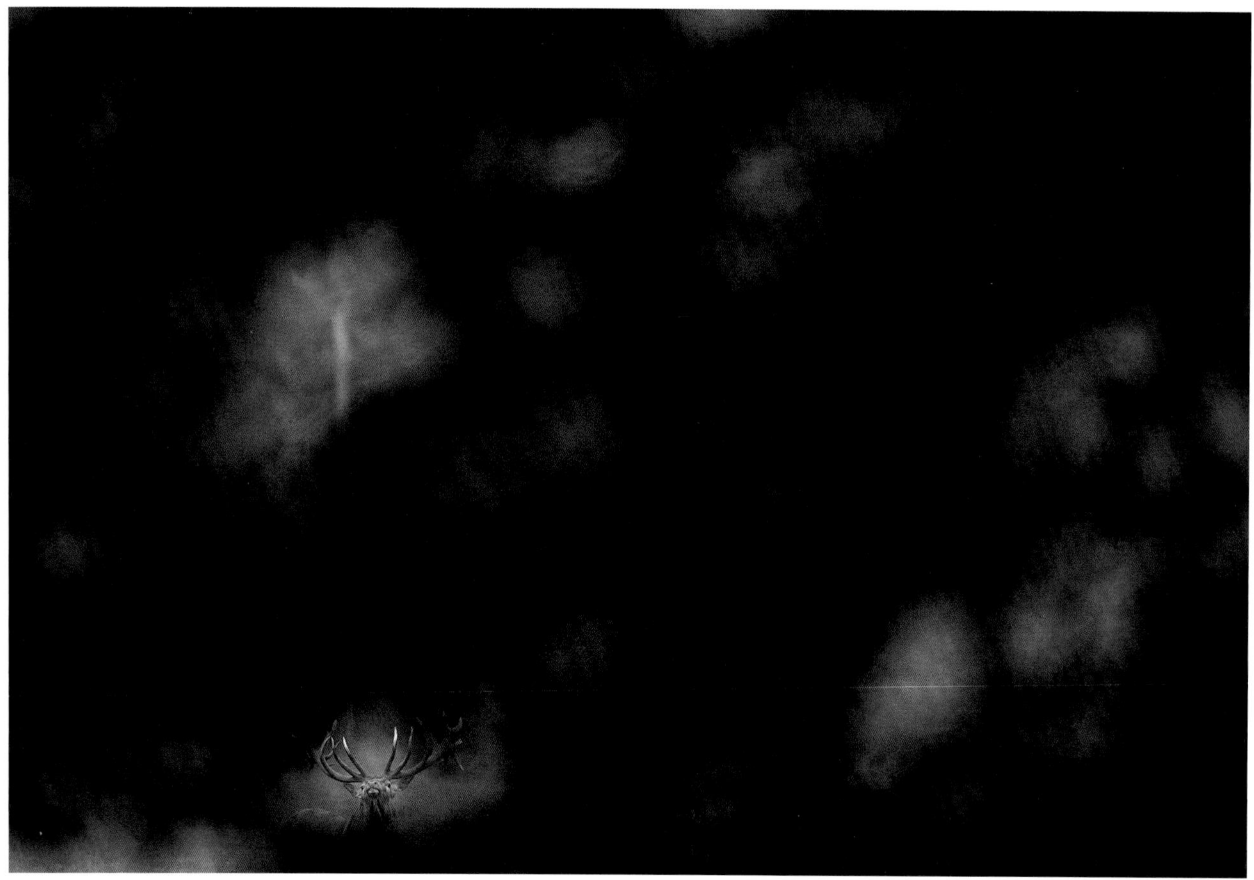

Bild 17: Ein kleiner Abbildungsmaßstab, eine dunkle Belichtung und eine Umsetzung in Schwarz-Weiß erzeugen den Eindruck von purer Wildnis und einem scheuen Tier. Diese Umsetzung nimmt dem Motiv die typische Atmosphäre eines Tierparks.
KB-Vollformat, 2,8/400 Blende 2,8, 1/200 Sekunde, ISO 2.500

will austesten und probieren, was noch zu machen ist, und nicht in ein Schema F verfallen. Oft sehen die Ergebnisse auch unbefriedigend aus. Doch manchmal passt es auch – wie in diesem Fall.
Karsten: Mir gefällt **Bild 13** auf jeden Fall sehr gut. Es hat eine mystische Ausstrahlung. In dem Nebel bleibt alles ein bisschen vage, das Gold der Blätter von dem Laubbaum ergänzt sich perfekt mit dem Hirsch, der unten steht. Ein tolles Bild.
Hermann: Man kann vielleicht noch sagen, dass **Bild 13** von technischen Fehlern lebt. Das Weiß ist völlig ausgefressen, es ist viel heller belichtet, als es im klassischen Lehrbuch steht.

Losgelöst aus Zeit und Raum

Karsten: In deiner zweiten Serie zeigst du mit ein paar Bildern genau das Gegenteil. Wo du eben noch das Licht nach oben gedreht hast, hast du es hier ausgeschaltet.
Hermann: Ja, den Hirsch so extrem hell zu zeigen, ist für ihn ja relativ untypisch. Er ist ein Tier des Waldes und in der Brunft

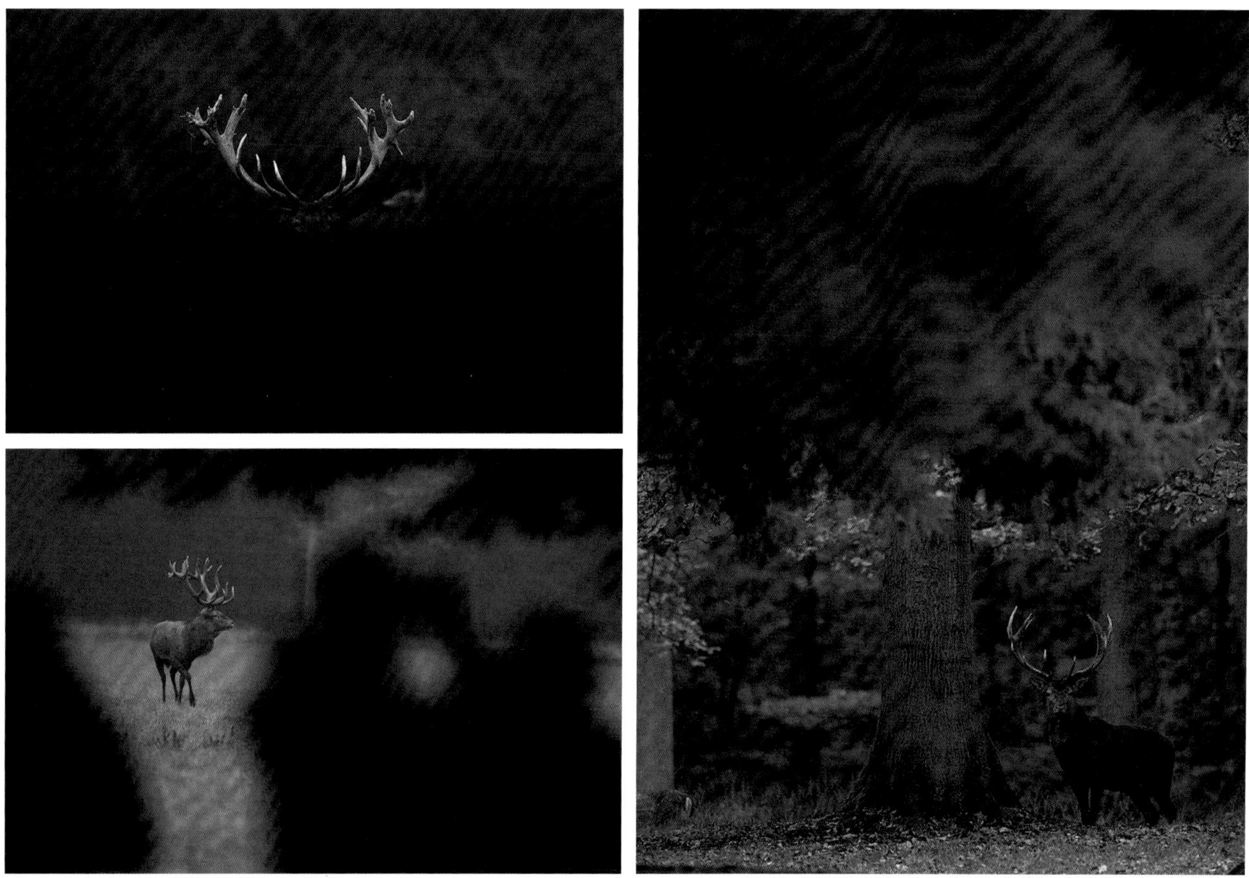

Bild 18 (oben links): KB-Vollformat, 2,8/400 mm, Blende 2,8, 1/640 Sekunde, ISO 1.250
Bild 19 (unten links): KB-Vollformat, 2,8/400 mm, Blende 2,8, 1/125 Sekunde, ISO 2.500
Bild 20 (rechts): KB-Vollformat, 4/500 mm, Blende 4, 1/6 Sekunde, ISO 400

besonders auch nachts aktiv. Ihn also dunkel abzubilden, ist eigentlich naheliegender und bringt die tatsächliche Atmosphäre auch besser rüber. Bei **Bild 20** habe ich mal die ersten Versuche gestartet und in dem ohnehin dunklen Wald die Stimmung durch Unterbelichtung noch verstärkt. Ich habe festgestellt, dass ein dunkler Hirsch in einem hellen Bild praktisch genauso auffällig ist wie ein helles Hirschgeweih in einem dunklen Bild.

Karsten: Was ist das in **Bild 18** eigentlich im Vordergrund, was diese völlige Schwärze erzeugt? Liegst du so weit am Boden, dass der Kopf des Tieres nur so gerade eben zu erkennen ist?

Hermann: Genau. Ich lag in einem Graben, um die sehr helle Wiese auszublenden. In **Bild 19** sieht man auch noch einmal eine Wiese. Auch hier wollte ich den Hirsch nicht einfach nur dort stehend fotografieren. Man erkennt die Konturen von drei Menschen im Vordergrund und das Blätterdach am oberen Bildrand. Diese

„Hindernisse“ habe ich mir für die Gestaltung von **Bild 17** zunutze gemacht und bin auf einen Baumstumpf geklettert, um durch das Blätterdach hindurch fotografieren zu können und die Horizontkante auszublenden. Beim Blick durch den Sucher habe ich mich dann so lange hin und her bewegt, bis ich schließlich eine schöne Lücke fand, durch die der Hirsch zu sehen ist. Er ist klein und versteckt, was seine Lebensweise gut zum Ausdruck bringt.
Karsten: Was mir an diesem Bild gut gefällt, ist die Loslösung aus Zeit und Raum. **Bild 19** sieht wirklich sehr nach Wildpark aus: eine weiträumige, kahl gefressene Wiese, wie sie nur bei großen Tierbeständen vorkommt. Und die dürren Bäume im Hintergrund sehen auch wenig attraktiv aus. Und in **Bild 17** ist absolut alles ausgeblendet, was eine Einordnung in Zeit und Raum ermöglichen würde. Das macht das Bild zusätzlich zu seinem Aufbau – viel Schwarz und kleiner Hirsch – so spannend.
Hermann: Genau. Ich glaube, man muss man im Wildpark auch darauf hinarbeiten, solche Elemente auszublenden. Ich habe zwar eingangs gesagt, dass man zugeben sollte, wenn ein Bild im Wildpark entstanden ist. Aber wenn das Bild das von sich aus erst mal nicht verrät, hat man als Fotograf ja sein eigentliches Ziel erreicht, eine natürlich wirkende Aufnahme anzufertigen, und kann zufrieden sein.
So, dann gehen wir mal zu deiner Bildserie.

Licht kreativ einsetzen

Karsten: Entstanden ist die Serie in einem riesengroßen Tierpark in Dänemark, in dem man ohne Fahrrad fast aufgeschmissen ist. Es gibt dort eine Menge Publikumsverkehr, Radfahrer, Reiter und Spaziergänger. Alle Bilder wurden an einem schönen Morgen fotografiert. Die Bedingungen sind vergleichbar mit den eben von dir geschilderten Umständen – mit der Ausnahme, dass die Wiese nicht kurz gefressen ist.

Leichter Nebel lag vor Sonnenaufgang über dem Boden, genau so, wie man es sich als Fotograf wünscht. Ein mächtiger Hirsch stand allein auf der Fläche und drum herum gut 15 Fotografen, die sich alle in Reih und Glied an einer Stelle postiert hatten, um das klassische Hirsch-röhrt-auf-Wiese-Bild zu machen (**Bild 21**). Ich habe mich dann an einen anderen Standort begeben, entfernt von den anderen Fotografen, um in das Gegenlicht zu kommen. Der Sonnenaufgang stand kurz bevor und es war klar zu erkennen, wo die Sonne über die Bäume steigen würde. Und ich wollte nicht den Moment verpassen, in dem das Licht die Wiese beleuchten würde. **Bild 22** zeigt das erste zarte Licht, das mich erreichte, noch bevor der Hirsch auf der Wiese im Sonnenlicht stand. Da ich die Kamera genau in Richtung der Sonne hielt, erscheint ein entsprechender Schleier im Bild. Alle anderen Fotografen befanden sich abseits von mir, mit ausgefahrenem Stativ komfortabel in Stehhöhe, und schienen die sich anbahnende, spannende Lichtsituation gar nicht zu bemerken. Vor mir leuchteten die ersten Gräser zu meinen Füßen im Sonnenlicht auf und ich legte mich auf den Boden, um die Gräser ins Bild vor den Hirsch zu bringen. So konnte ich das Tier, wie bei dir eben, aus seiner Umgebung herauslösen. Und auch ich habe mich hin und her bewegt, um das leuchtende Gras mit dem Hirsch zusammenzubringen (**Bilder 23** und **24**). Für mich ist **Bild 25** das erste schöne Bild an diesem Morgen gewesen. Der Hirsch ist kaum zu sehen, zudem habe ich ihn so am Bildrand platziert – verkehrt herum in den Goldenen Schnitt –, wie man es eigentlich überhaupt nicht macht. Aber mir gefällt das Bild ziemlich gut.
Hermann: Ich finde, das macht auch so ein bisschen die Spannung aus, wenn der Bildaufbau anders als gewohnt ist, mit dem hohen Unschärfeanteil im Vordergrund und dem großen Hell-Dunkel-Kontrast und der Positionierung des Hirsches.
Karsten: Der Hirsch war auf der Wiese immer noch im Schatten, und als ich dieses Bild im Kasten hatte, habe ich mich auf die Suche nach einer anderen Stelle gemacht, um das Tier noch ein bisschen anders durch die Gräser zu fotografieren. **Bild 26** ist für mich ein „Schade“-Bild. Mir gefällt die Körperhaltung des Hirsches,

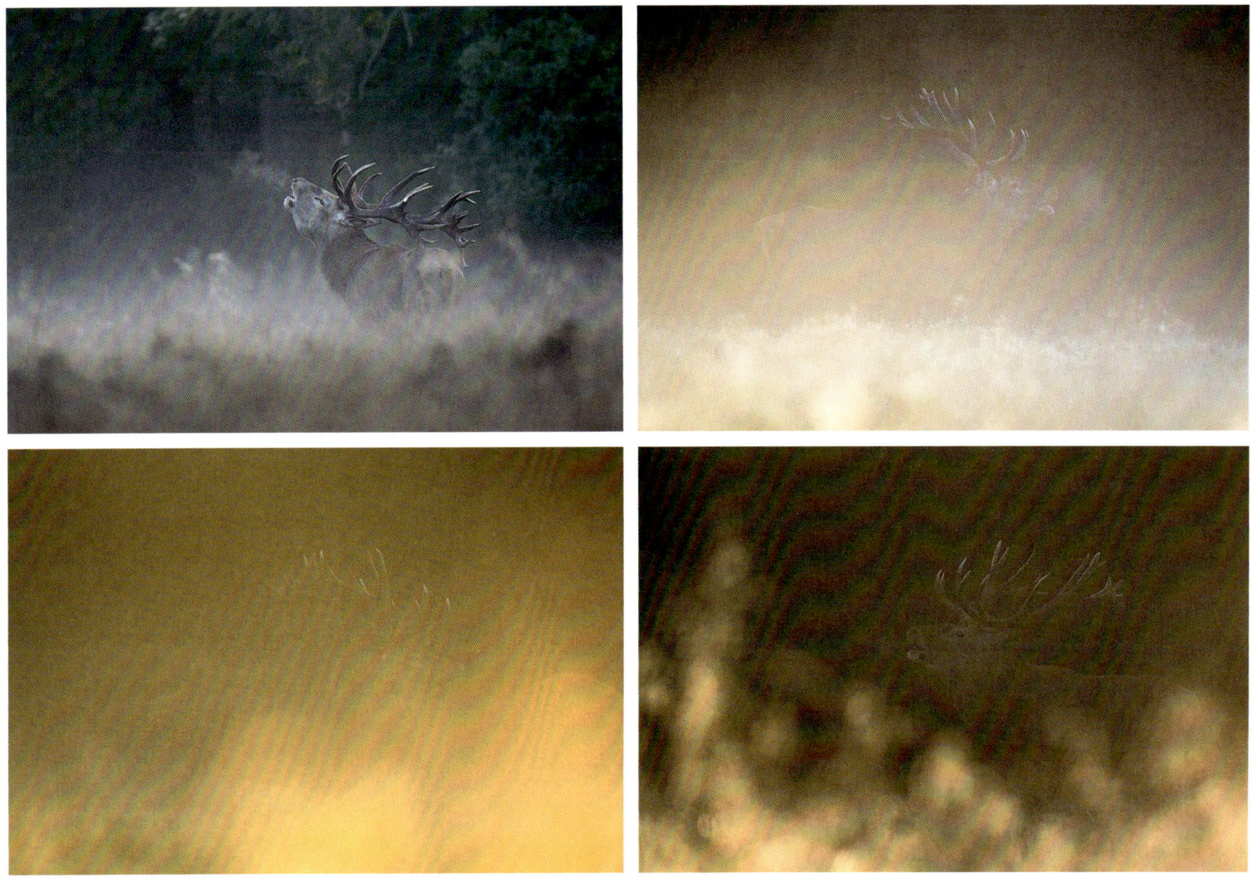

Bild 21 (oben links): APS-C-Format, 4/500 mm, Blende 4,5, 1/500 Sekunde, ISO 800
Bild 22 (oben rechts): APS-C-Format, 4/500 mm, Blende 4,5, 1/5.000 Sekunde, ISO 800
Bild 23 (unten links): APS-C-Format, 4/500 mm, Blende 4,5, 1/6.400 Sekunde, ISO 800
Bild 24 (unten rechts): APS-C-Format, 4/500 mm, Blende 4,5, 1/8.000 Sekunde, ISO 800

was mich aber ungemein stört, ist das Gras direkt an seiner Nasenspitze und dass der eine Halm als einziger nach oben aus dem Bild wandert. Als der Hirsch erneut quer vor mir stand, habe ich einzelne Gräser ganz nah vor der Kamera gehabt (**Bild 27**), sodass die Lichtreflexe sehr groß und unscharf ausfallen. **Bild 28** ist dann wieder ein eher klassisches Hirschfoto. Der Blick auf das Tier ist nicht verstellt und die ersten Lichtstrahlen erreichen den Hirsch selbst, wie man an der Lichtkante im Nackenbereich erkennen kann. Weil ich das nicht so aufregend fand, habe ich mich nochmals auf die Suche nach vielen Gräsern für den Vordergrund gemacht. Schließlich ist mir mein Lieblingsbild aus dieser Serie geglückt (**Bild 29**), auf dem der Hirsch tatsächlich zwischen den absichtlich reichlich belichteten Gräsern nahezu gar nicht zu erkennen ist.

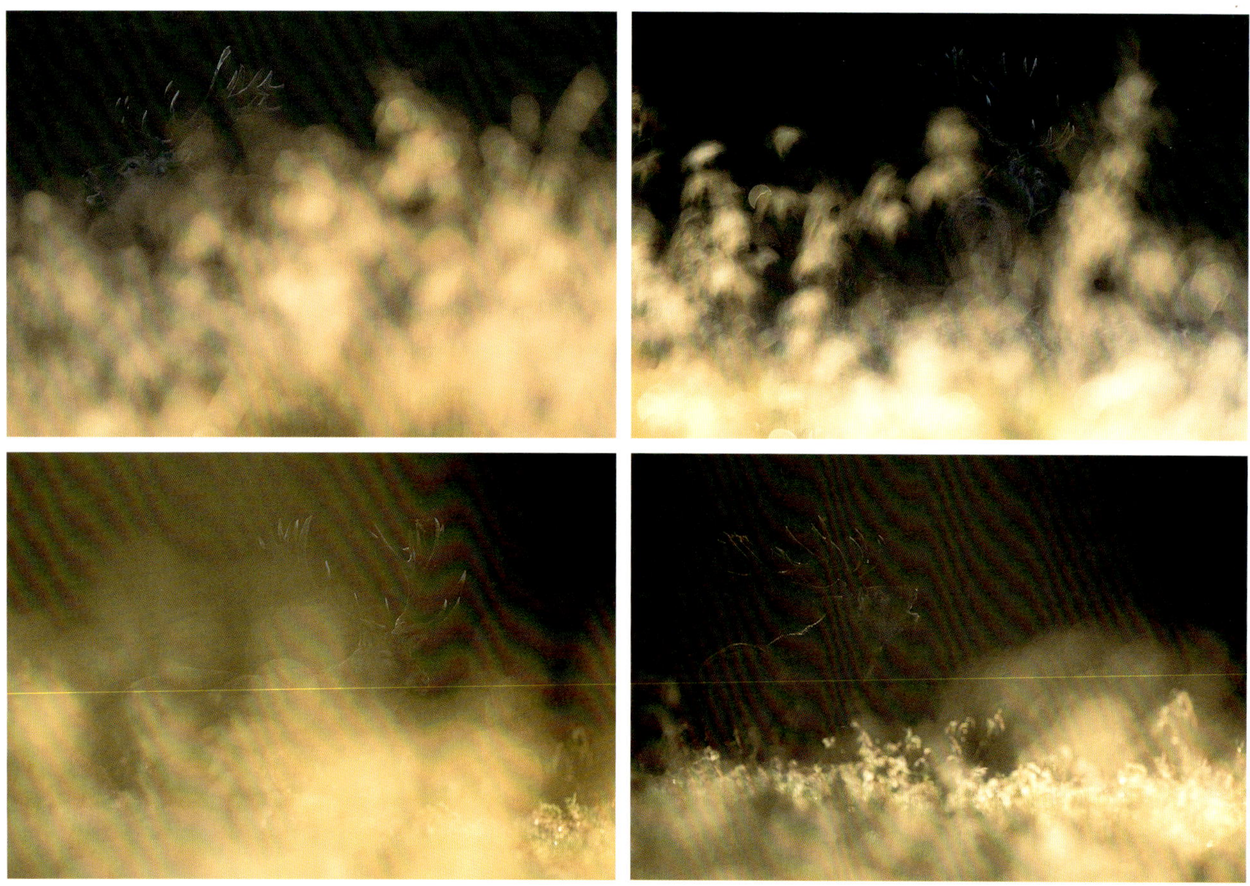

Bild 25 (oben links): APS-C-Format, 4/500 mm, Blende 4,5, 1/8.000 Sekunde, ISO 800
Bild 26 (oben rechts): APS-C-Format, 4/500 mm, Blende 4,5, 1/4.000 Sekunde, ISO 800
Bild 27 (unten links): APS-C-Format, 4/500 mm, Blende 4, 1/3.200 Sekunde, ISO 200
Bild 28 (unten rechts): APS-C-Format, 4/500 mm, Blende 4, 1/6.400 Sekunde, ISO 200

Hermann: Die Leute haben wahrscheinlich richtig komisch geguckt, wie du als Einziger aus abseits gelegener Position fotografiert hast.

Karsten: Ich habe natürlich in erster Linie auf den Hirsch geachtet, aber irgendwann lagen dann zwei Leute rechts und links von mir ebenfalls mit ihren Kameras auf der Wiese.

Hermann: Mir gefällt speziell **Bild 29** auch sehr gut. Die Heimlichkeit, die ich eben bei **Bild 17** angesprochen habe, kommt hier noch mal auf eine ganz andere Art rüber. Die Situation ist mit den goldenen Farben richtig märchenhaft umgesetzt, man erkennt den Hirsch erst beim zweiten Hinschauen. Ein wirklich außergewöhnliches Bild.

Bild 29: Der Hirsch ist zwischen den Gräsern und den Lichtreflexen kaum zu erkennen. Obwohl das Bild lichtdurchflutet ist, offenbart sich das majestätische Tier erst auf den zweiten Blick. Aus seiner Umgebung ist das Tier vollständig herausgelöst.
APS-C-Format, 4/500 mm, Blende 4, 1/2.000 Sekunde, ISO 200

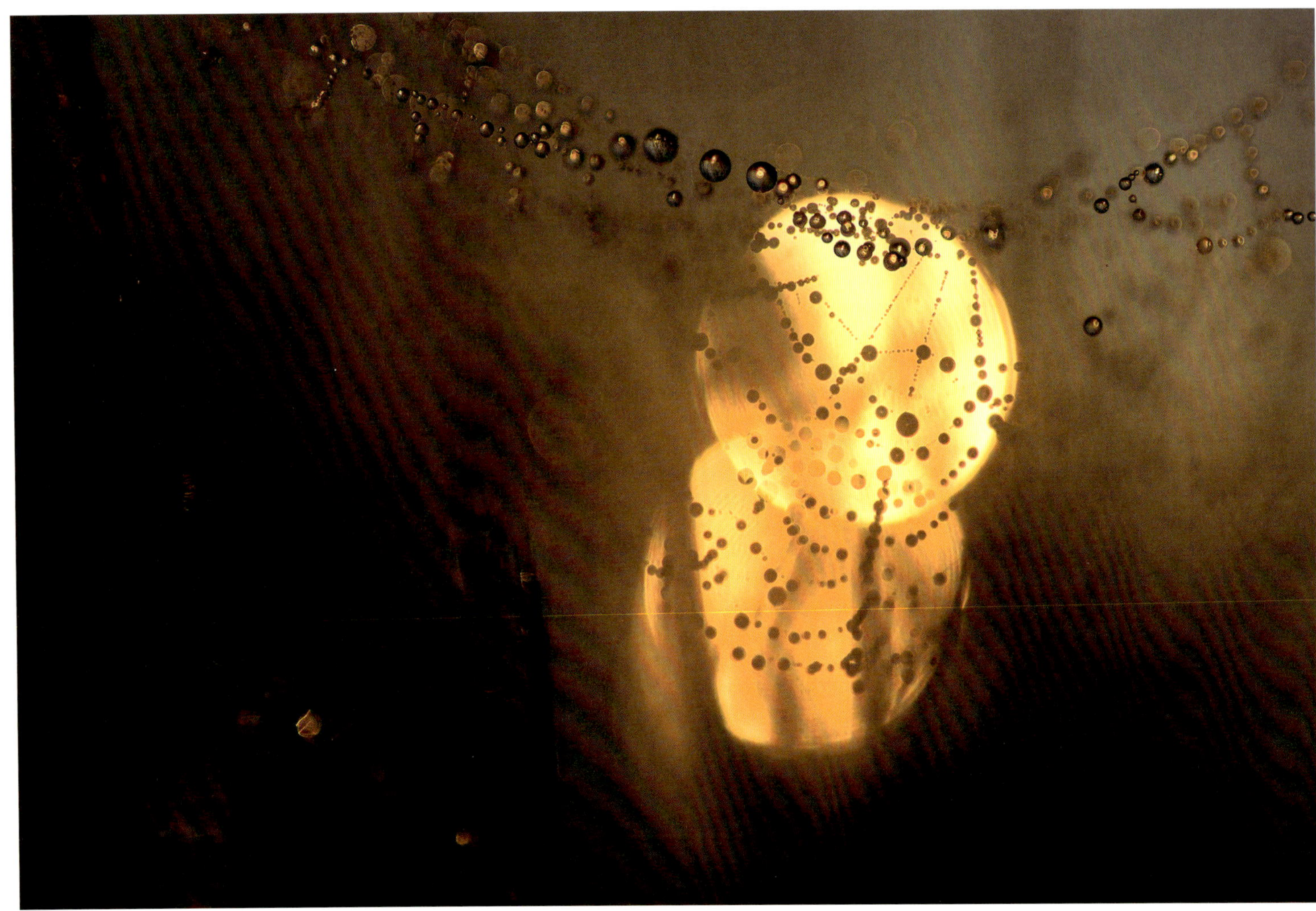

Bild 30: Losgelöst aus der Umgebung besteht das Bild nur aus Licht und Wasser.
KB-Vollformat, 1,8/35 mm, Blende 1,8, 1/8.000 Sekunde, ISO 50

Tautropfen im Spinnennetz

Karsten Mosebach

Vordergründig geht es in diesem Kapitel um einen Fotomorgen im Moor. Einen Morgen, an dem das Wetter einfach zu gut war für die Landschaftsfotografie, denn weder Dunst noch Nebel trübten das intensive Sonnenlicht (**Bild 33**). Wegen des fehlenden Großen habe ich mich dem vorhandenen Kleinen zugewandt – einem Spinnennetz.

Gute Makrofotos zeichnen sich oftmals durch ihren einfachen Aufbau und ihre klare Gliederung aus. Aus der Komplexität eines Motivs vergrößern und stellen sie diejenigen Details heraus, die das Kleine im Großen zeigen. Wer ein solches Foto betrachtet, sieht zwar nur ein kleines Detail, kann daraus aber auf das gesamte Objekt schließen. Die Kunst beim Fotografieren besteht in der Reduktion auf das Wesentliche. Im Grunde muss man also reduzieren, alles Störende ausblenden und das Detail finden, das den Rest repräsentiert.

Und um den Weg zu einem solchen Foto geht es in diesem Kapitel: um die schwierige Annäherung an ein chaotisches Makromotiv.

Glitzernde Pracht

Taubedeckte Spinnennetze sind wunderschön. Dünne und dünnste Fäden tragen unzählige kleine und kleinste Wassertropfen. Im Sonnenlicht glitzern sie und man ist erstaunt, dass das filigrane Netz unter ihrer Masse nicht zusammenbricht. Aus der erhöhten Perspektive eines stehenden Menschen betrachtet, erscheint das Spinnennetz geometrisch klar strukturiert und durch seine taubehangenen Fäden hebt es sich deutlich von seiner Umgebung ab. Zudem sorgt die Konzentration des Betrachters auf das Netz dafür, dass man alle anderen Dinge außerhalb des Netzes regelrecht ausblendet.

Doch mit der Annäherung wächst das Chaos. Das Netz wird größer und größer, umliegende Gegenstände rücken zunehmend in den (Wahrnehmungs-)Hintergrund, während andere hervortreten. Das von oben so klar gegliederte Netz verliert zunehmend seine Ordnung. Einzelne Fäden hängen herab oder laufen kreuz und quer, Teile des Netzes sind zerstört. Auch befinden sich die Fäden im Spinnennetz nicht in einer Ebene, sondern erstrecken sich über einen ansehnlichen Höhenunterschied. Plötzlich ist alles unübersichtlich geworden. Das Auge findet keinen Anhaltspunkt mehr. Was genau soll man jetzt fotografieren?

Ordnung muss her

Durch die große Schärfentiefe in **Bild 31** erhalte ich beim Betrachten zwar einen guten Überblick über die Situation, doch die vielen Halme lenken den Blick vom Netz und von den Tautropfen ab – die Hauptrolle spielen die Tropfen in diesem Bild nicht. Dabei sind es doch gerade sie, wie sie perlengleich an den Fäden hängen, die mich am meisten interessieren. Also öffne ich für das nächste Foto (**Bild 32**) die Blende ganz weit. Bei Blende 1,8 ist nur noch eine winzig dünne Ebene scharf, alles andere davor und dahinter verschwimmt in Unschärfe. Die Sonne und ihr Spiegelbild werden so zu großen gelben Reflexionen und die störenden Halme lösen sich in brauner Farbe auf. Einzelne Tropfen treten durch die Unschärfe der anderen Tropfen zwar hervor, jedoch sind sie zu klein abgebildet. Also nähere ich mich vorsichtig mit dem Objektiv. Auf keinen Fall darf ich einen der Halme berühren, die das Netz tragen. Je weiter ich mich der Naheinstellgrenze des Objektivs

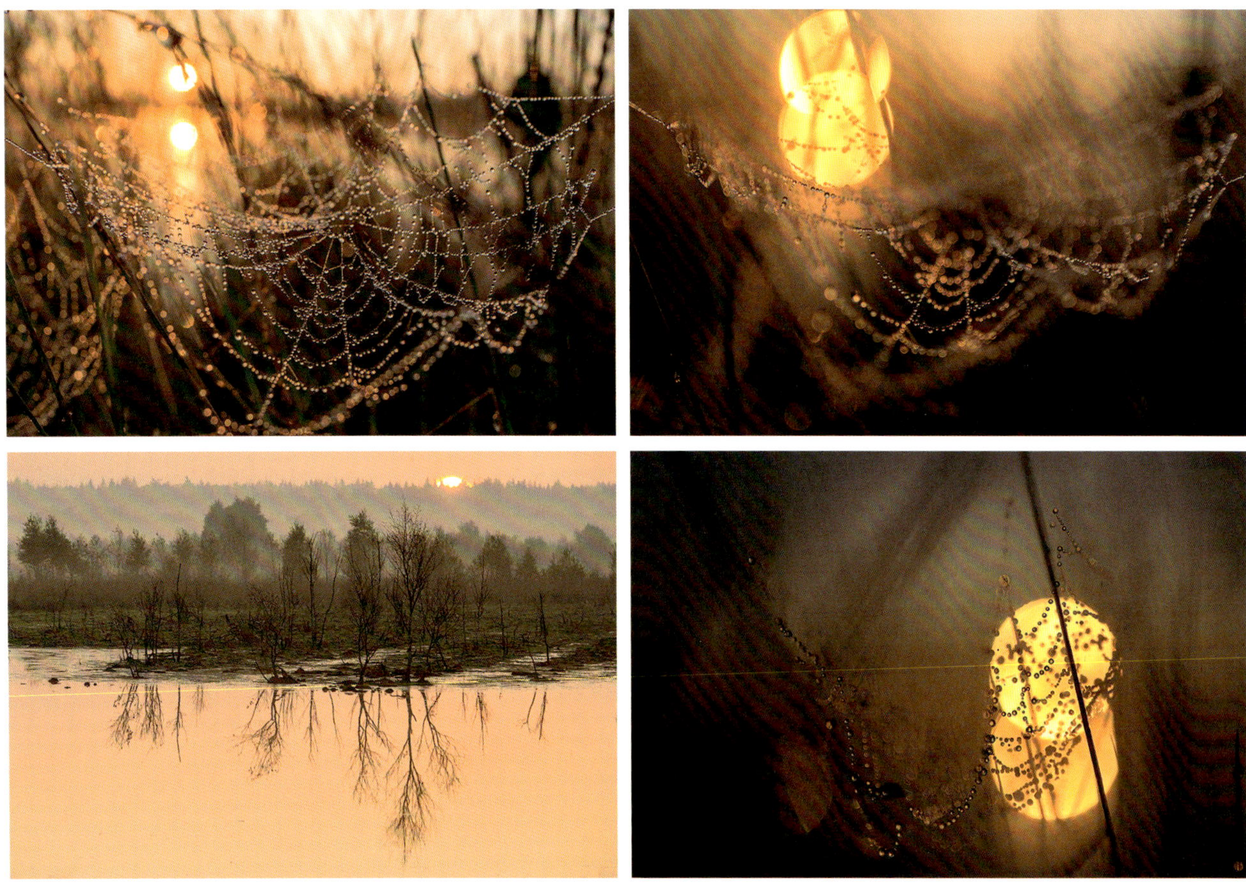

Bild 31 (oben links): KB-Vollformat, 1,8/35 mm, Blende 10, 1/100 Sekunde, ISO 200
Bild 32 (oben rechts): KB-Vollformat, 1,8/35 mm, Blende 1,8, 1/4.000 Sekunde, ISO 200
Bild 33 (unten links): KB-Vollformat, 4,5–5,6/80–400 mm bei 240 mm, Blende 10, 1/20 Sekunde, ISO 50
Bild 34 (unten rechts): KB-Vollformat, 1,8/35 mm, Blende 1,8, 1/8.000 Sekunde, ISO 50

annähere, umso geringer wird der Bereich der Schärfentiefe und umso größer zeigen sich die fokussierten Tropfen (**Bilder 34, 35, 36**). In dieser Phase muss man beim Fotografieren geduldig sein. Man nähert sich zwar bereits dem Kern der Sache, sucht aber noch nach dem richtigen Ausschnitt. Und das kann dauern. Schon durch minimale Positionsänderungen entstehen andere Bilder. Auch das Drehen am Fokusring rückt beständig neue Tropfen in die Schärfenebene und lässt andere in Unschärfe versinken. Ich finde drei große, markante Tropfen und experimentiere mit deren Anordnung vor und neben den Sonnenreflexionen. Der Wechsel in das Hochformat überzeugt mich nicht – entweder stören die Halme links unten im Vordergrund bei **Bild 35** oder die Sonnenreflexionen und die auserkorenen Tropfen sitzen, wie in

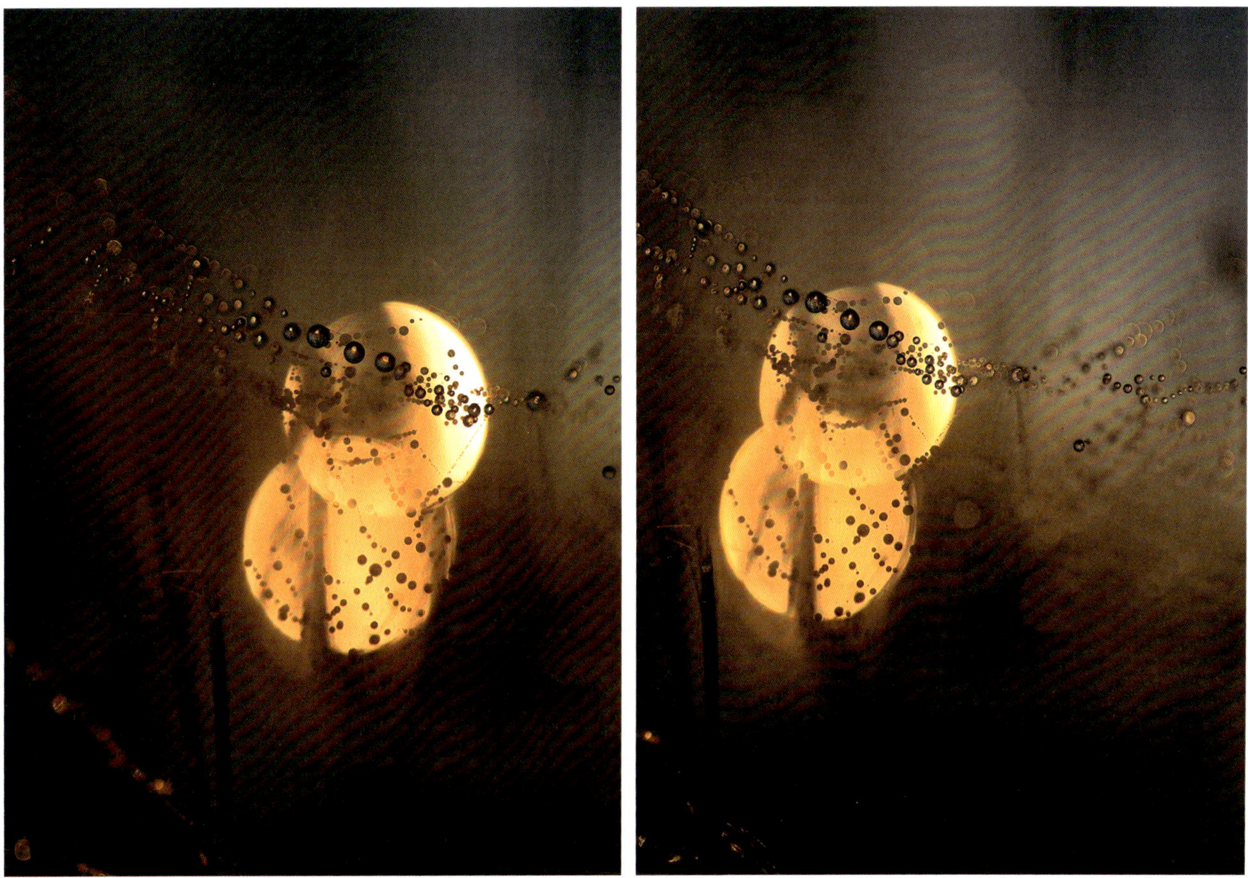

Um die passenden Tautropfen und den richtigen Bildausschnitt zu finden, bedarf es viel Geduld. Selten findet man den perfekten Bildausschnitt sofort.

Bild 35 (links): KB-Vollformat, 1,8/35 mm, Blende 1,8, 1/8.000 Sekunde, ISO 50
Bild 36 (rechts): KB-Vollformat, 1,8/35 mm, Blende 1,8, 1/6.400 Sekunde, ISO 50

Bild 36, an der falschen Position. In **Bild 30** habe ich schließlich die richtige Aufteilung gefunden, in der sich helle und dunkle Bildelemente spannungsreich über das gesamte Bildfeld verteilen.

Im Anschluss versuche ich, mit den Unschärfekreisen der außerhalb der Schärfenebene liegenden Tautropfen zu spielen. Aber durch das Weitwinkelobjektiv scheint mir das Motiv für diesen Zweck noch zu viel Tiefe (**Bild 38**) zu haben. Mir schwebt ein ganz und gar flaches, zweidimensionales Bild vor. Zudem ändert sich das Licht jetzt sehr schnell. In der klaren Luft wird das Sonnenlicht extrem hart und kontrastreich (**Bild 39**), sodass ich unmöglich die Sonne beziehungsweise ihre Spiegelung auf der Wasseroberfläche mit in das Bild hineinnehmen kann.

Ich wechsle vom Weitwinkel- zum Makroobjektiv und setze außerdem noch

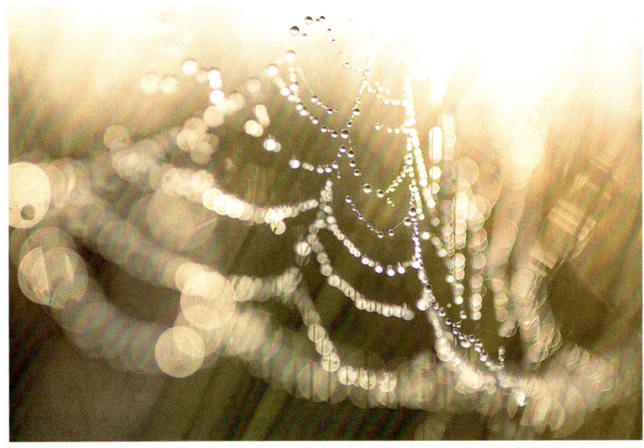

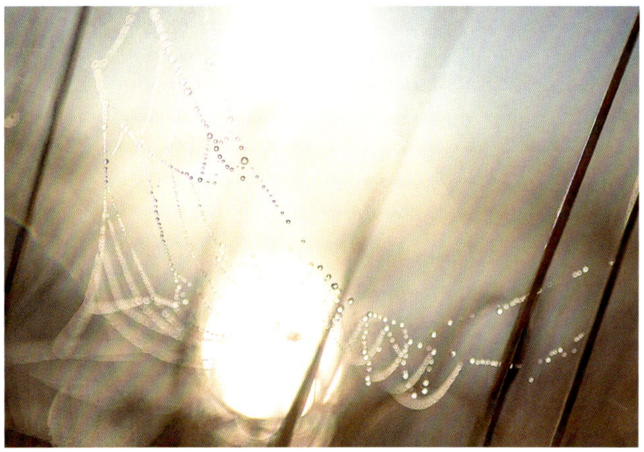

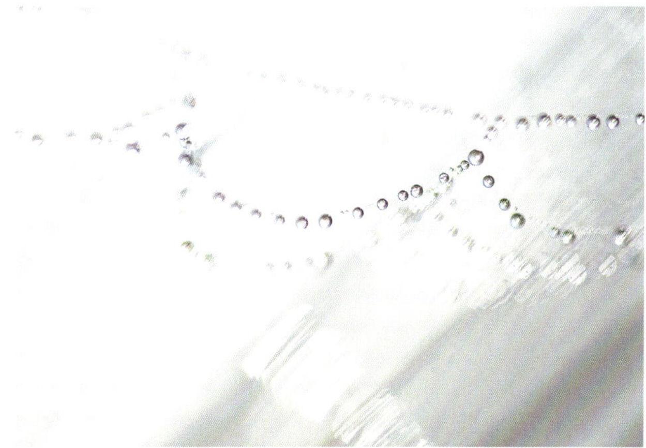

Bild 37: KB-Vollformat, 4/200 mm Makro, Blende 4, 1/3.200 Sekunde, ISO 400, Zwischenringe

Bild 38 (oben links): KB-Vollformat, 1,8/35 mm, Blende 1,8, 1/400 Sekunde, ISO 50

Bild 39 (oben rechts): KB-Vollformat, 1,8/35 mm, Blende 1,8, 1/8.000 Sekunde, ISO 50

Bild 40 (rechts): KB-Vollformat, 4/200 mm Makro, Blende 4, 1/2.000 Sekunde, ISO 400, Zwischenringe

zwei schmale Zwischenringe ein. Hinsichtlich der Bildsprache ergeben sich dadurch gravierende Veränderungen. Wegen der langen Brennweite am Makroobjektiv ist der tatsächlich fotografierte Bildwinkel sehr klein. Und diese lange Brennweite in Verbindung mit den Zwischenringen sorgt bei offener Blende außerdem für eine winzig kleine Schärfentiefe. Zudem lässt sich durch den geringen Arbeitsabstand ein deutlich größerer Abbildungsmaßstab als mit dem Weitwinkelobjektiv erzielen. Wegen der zunehmenden Helligkeit beschließe ich, nicht weiter nach einem dunklen Hintergrund zu suchen, sondern High-Key-Aufnahmen der Tautropfen zu machen. Helle Wassertropfen vor einem hellen Hintergrund würden deren Leichtigkeit noch besser zur Geltung bringen.

Und wieder begebe ich mich auf die Suche nach dem optimalen Ausschnitt. Während **Bild 40** noch deutlich zu viel vom Spinnennetz zeigt, offenbart sich in **Bild 37** das richtige Maß an Reduktion. Nur einzelne Tropfen sind überhaupt als solche zu erkennen, die Spinnenfäden sind mehr zu erahnen als zu sehen und ansonsten besteht das Bild aus unendlich viel Helligkeit und den Reflexionen von Tautropfen außerhalb der Schärfenebene. Obgleich man es nicht sieht, weiß man jedoch beim Betrachten sofort, dass die Aufnahme ein Spinnennetz zeigt.

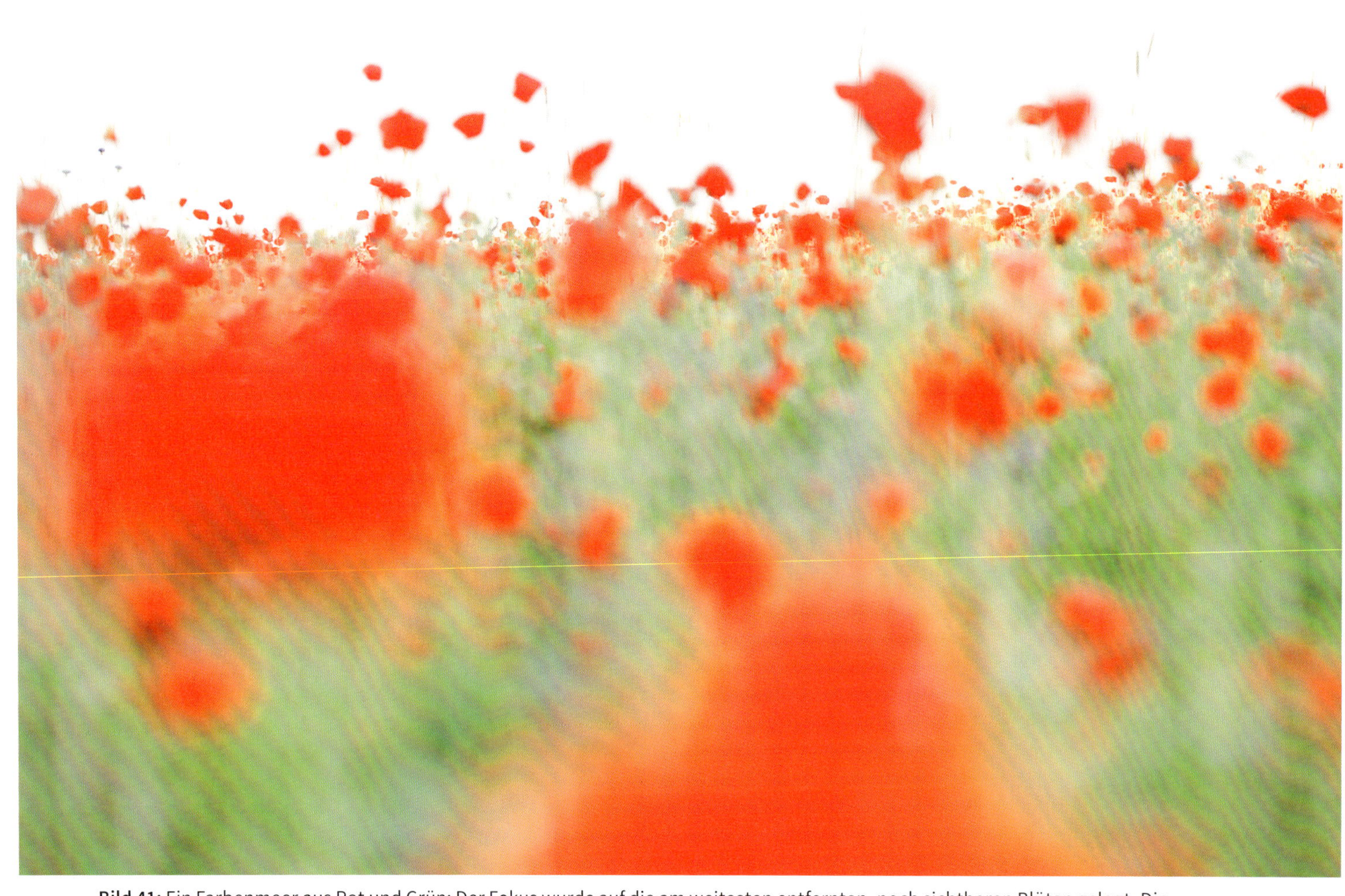

Bild 41: Ein Farbenmeer aus Rot und Grün: Der Fokus wurde auf die am weitesten entfernten, noch sichtbaren Blüten gelegt. Die Unschärfe im Vordergrund verstärkt die Anmutung eines Gemäldes, das Auge findet dennoch einen scharfen Punkt in weiter Ferne.
KB-Vollformat, 2,8/120–300 mm bei 120 mm, Blende 4, 1/200 Sekunde, ISO 200

Im Mohn-Bilder-Rausch

Hermann Hirsch

Ich würde mich selber mehr als Tierfotograf und weniger als Naturfotograf bezeichnen. Die Landschaftsfotografie betreibe ich ausschließlich auf Reisen, die Pflanzenfotografie nur sehr, sehr unregelmäßig. Doch jedes Jahr aufs Neue, wenn Ende Mai, Anfang Juni wilde Mohnfelder zu blühen beginnen, regt sich in mir etwas, das diese farbenfrohen Felder auf Fotos festhalten will.

An genau so einem Morgen war ich unterwegs, um eigentlich Feldlerchen zu fotografieren. Ich war spät dran, der Himmel färbte sich bereits rot, als ich endlich in mein Auto stieg und losfuhr. Nach etwa zehn Minuten Autofahrt passierte ich ein Feld, das ich schon einige Tage nicht besucht hatte. Umso überraschter war ich, als es plötzlich von Tausenden roten Punkten durchzogen war: Klatschmohnblüten. Kurzerhand fuhr ich rechts ran und ging an den Rand des Feldes (**Bild 42**). Durch fehlende Erfahrung in der Pflanzenfotografie tat ich mich zunächst schwer, einen Einstieg zu finden. Ich begab mich mit meinem 1,4/35 mm auf Augenhöhe mit den Pflanzen und begann, drauflos zu fotografieren. Mal ging ich ganz nah an eine Blüte heran, mal weiter weg. Ich fokussierte auf die vordersten Blüten, dann auf die hintersten (**Bilder 44** und **45**). Dabei war ich begeistert, wie viele Eindrücke von ein und derselben Stelle aus entstehen können, lediglich verändert durch die Parameter in der Kamera. Möglichkeiten, die ich in der Tierfotografie nur bedingt einsetzen könnte.

Bevor die Sonne aufging, fotografierte ich Richtung Norden. Dort war der Bereich des Himmels, der leicht wolkenverhangen war und der mir am dunkelsten erschien. Mit einer sehr hellen Belichtung, einer vollständig geöffneten Blende und einem Fokus auf die am weitesten entfernten Blüten kreierte ich einen High-Key-Effekt, der das Rot der Blüten sehr schön zur Geltung brachte (**Bild 41**). Ohne ein klares Zielbild im Kopf zu haben, versuchte ich unterschiedliche Konstellationen mit den unscharfen Blüten im Vordergrund, um dann zu entscheiden, was mir am besten gefiel. Neben den Anordnungen der Blüten wechselte ich ebenso meine komplette Objektivpalette durch (**Bilder 43, 44, 45**).

Völlig in Gedanken versunken, registrierte ich plötzlich, dass die Sonne schon aufgegangen war und die allerersten Sonnenstrahlen den Rand des Feldes streiften. Ich drehte mich Richtung Osten und fotografierte vollständig in das noch wunderbar warme Gegenlicht.

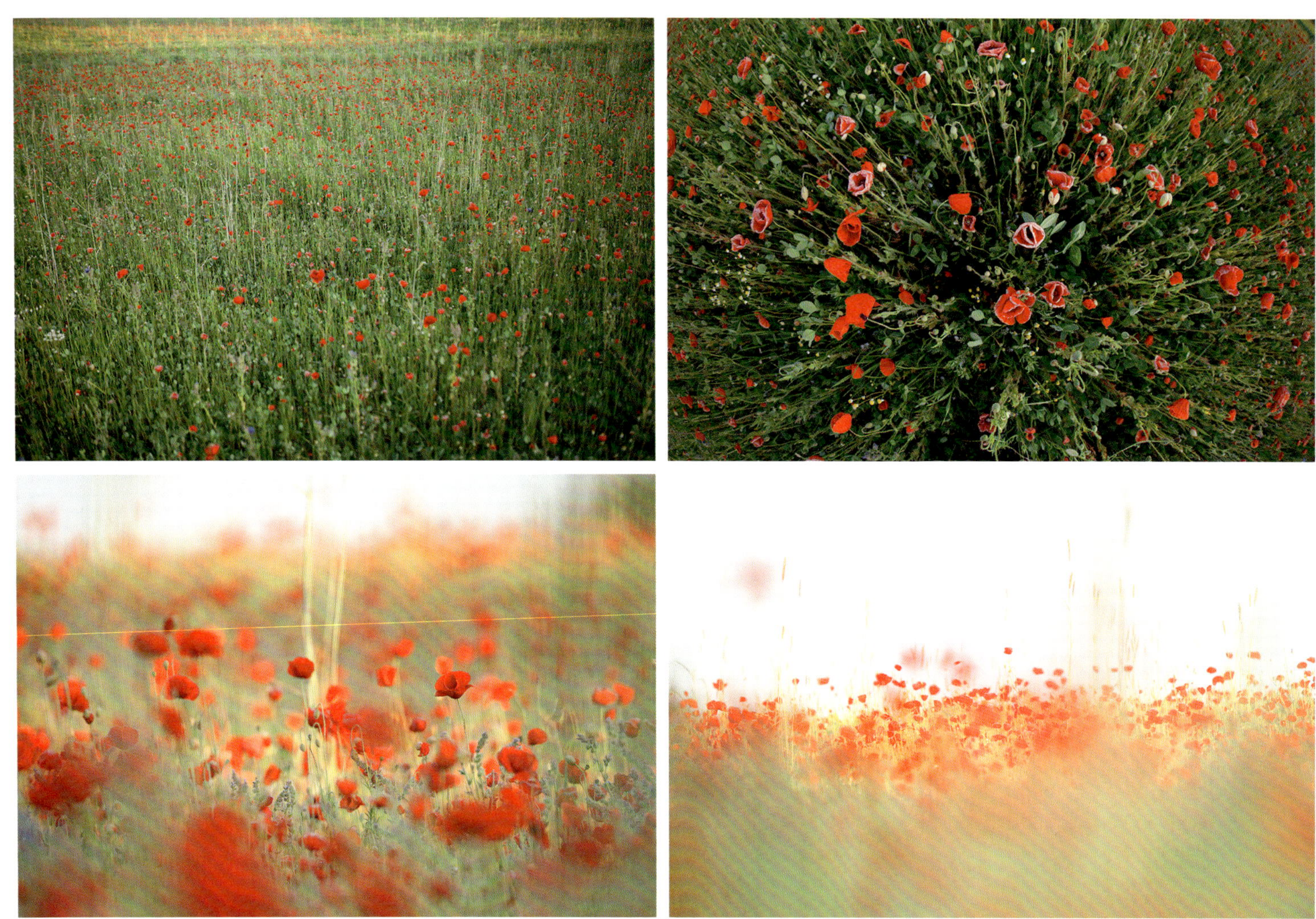

Bild 42: KB-Vollformat, 1,4/35 mm, Blende 1,6, 1/800 Sekunde, ISO 200

Bild 43: KB-Vollformat, 2,8/15 mm, Blende 3,5, 1/400 Sekunde, ISO 400

Bild 44: KB-Vollformat, 4/500 mm, Blende 5, 1/160 Sekunde, ISO 200

Bild 45: KB-Vollformat, 2,8/120–300 mm bei 300 mm, Bl. 2,8, 1/320 Sek., ISO 200

Allerdings hatte ich nicht bemerkt, dass mein Objektiv zuvor reichlich Tau von den Blüten abbekommen hatte und auch die Frontlinse nass war. Im Gegenlicht wirkte dies wie ein bizarrer Filter, der im oberen Bereich des Bildes spannende Reflexionen verursachte. Meine Frontlinse trocknete in der Sonne jedoch so schnell, dass ich nun alle paar Minuten meine Kamera mitsamt Objektiv durch die Wiese zog, um es erneut mit Wasser zu benetzen. Wieder ließ ich die Blende des Objektivs vollständig geöffnet, da so die Reflexionen am stärksten zur Geltung kamen. Da diese nur vor einem dunklen Hintergrund wirklich zu erkennen waren, verließ ich kurzzeitig die flache Perspektive und fotografierte normal stehend Richtung Feldboden (**Bild 46**).

Die Sonne stieg rasant am Horizont und begann die Reflexionen im Bild zu grell wirken zu lassen. Ich trocknete also die Linse ab, kniete mich wieder hin und wandte mich weiter dem Mohn im Gegenlicht zu. Dieses Mal positionierte ich mich sehr nah vor zwei großen Blüten und versuchte sie unscharf im Vordergrund zu platzieren. Ohne das Wasser auf der Linse war das Gegenlicht noch ausreichend weich und ergab eine wunderschöne Linsenreflexion, also einen Lichtsaum am Bildrand im oberen Teil der Aufnahme. Ich stellte fest, dass der Effekt immer schöner wurde, je weiter ich den Fokus in Richtung Unendlich stellte. So fokussierte ich auf einen gegenüberliegenden Hang des Feldes und achtete dabei stets darauf, die beiden unscharfen Blüten im Vordergrund nicht zu verlieren, aber auch nicht zu prägnant wirken zu lassen (**Bild 47**). Auch hierfür hatte ich nicht viel Zeit, da die Sonne zunehmend an Stärke gewann und die Linsenreflexion bald nicht mehr abzubilden war.

Kurz bevor ich mich entschloss, zum Auto zurückzukehren, startete ich meinen letzten Anlauf, um den Mohn auf eine weitere Art und Weise darzustellen. Die Sonne strahlte mittlerweile mit solcher Kraft, dass die roten Blüten im dunklen Grün des Feldes regelrecht zu glühen schienen. Um diesen Effekt zu verstärken, belichtete ich sehr stark ins Minus und blendete außerdem weit ab, um möglichst viele der Blüten in die Schärfenebene zu bekommen. Das Resultat war ein Meer aus roten Blüten in einem dunklen, nicht erkennbaren Schwarz (**Bild 48**).

Als ich, reichlich durchnässt vom Tau, zu meinem Auto zurückkehrte, musste ich schmunzeln. Ich hatte an dem ganzen Morgen keine einzige Feldlerche zu Gesicht bekommen und stattdessen Blumen fotografiert. Aber anstatt es zu bereuen, nahm ich mir vor, auch am nächsten Tag wieder dorthin zu fahren. In diesem Moment wusste ich noch nicht, dass nur wenige Stunden später das Feld abgemäht werden würde und es so mein bis jetzt einziger Versuch bleiben sollte, Mohn zu fotografieren. Beim Anblick der Bilder denke ich immer wieder gerne daran zurück.

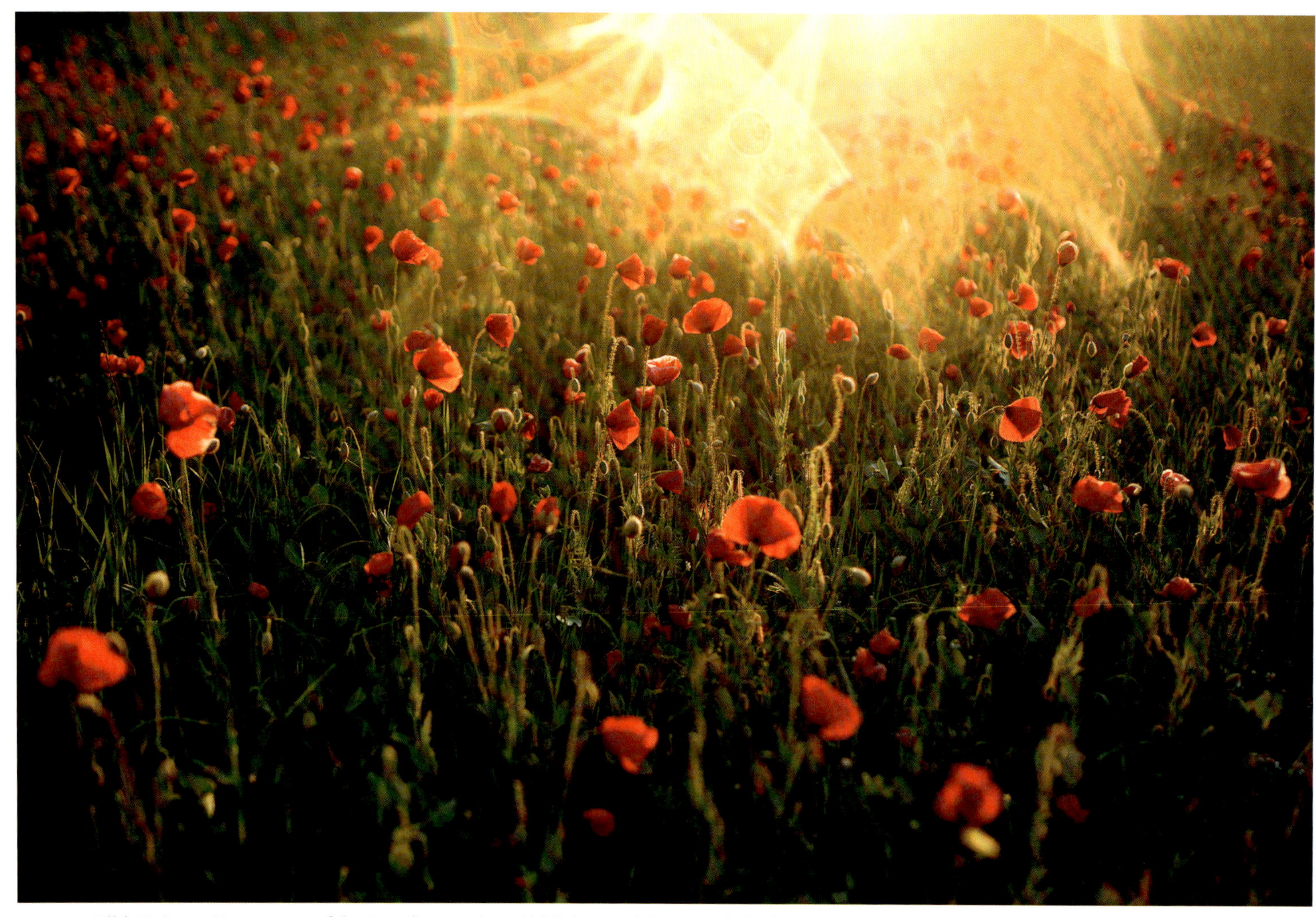

Bild 46: Etwas Tauwasser auf der Frontlinse meines Objektivs ergab im Gegenlicht der gerade aufgehenden Sonne sehr interessante Linsenreflexionen. Nur wenige Minuten war die Sonne noch sanft genug, um diese Reflexe nicht vollkommen ausbrennen zu lassen.
KB-Vollformat, 1,4/35 mm, Blende 1,8, 1/2.500 Sekunde, ISO 200

Bild 47 (oben): KB-Vollformat, 1,4/35 mm, Blende 1,4, 1/4.000 Sekunde, ISO 800
Bild 48 (links): KB-Vollformat, 1,4/35 mm, Blende 6,3, 1/640 Sekunde, ISO 800
Bild 49 (rechts): KB-Vollformat, 1,4/35 mm, Blende 7,1, 1/160 Sekunde, ISO 200

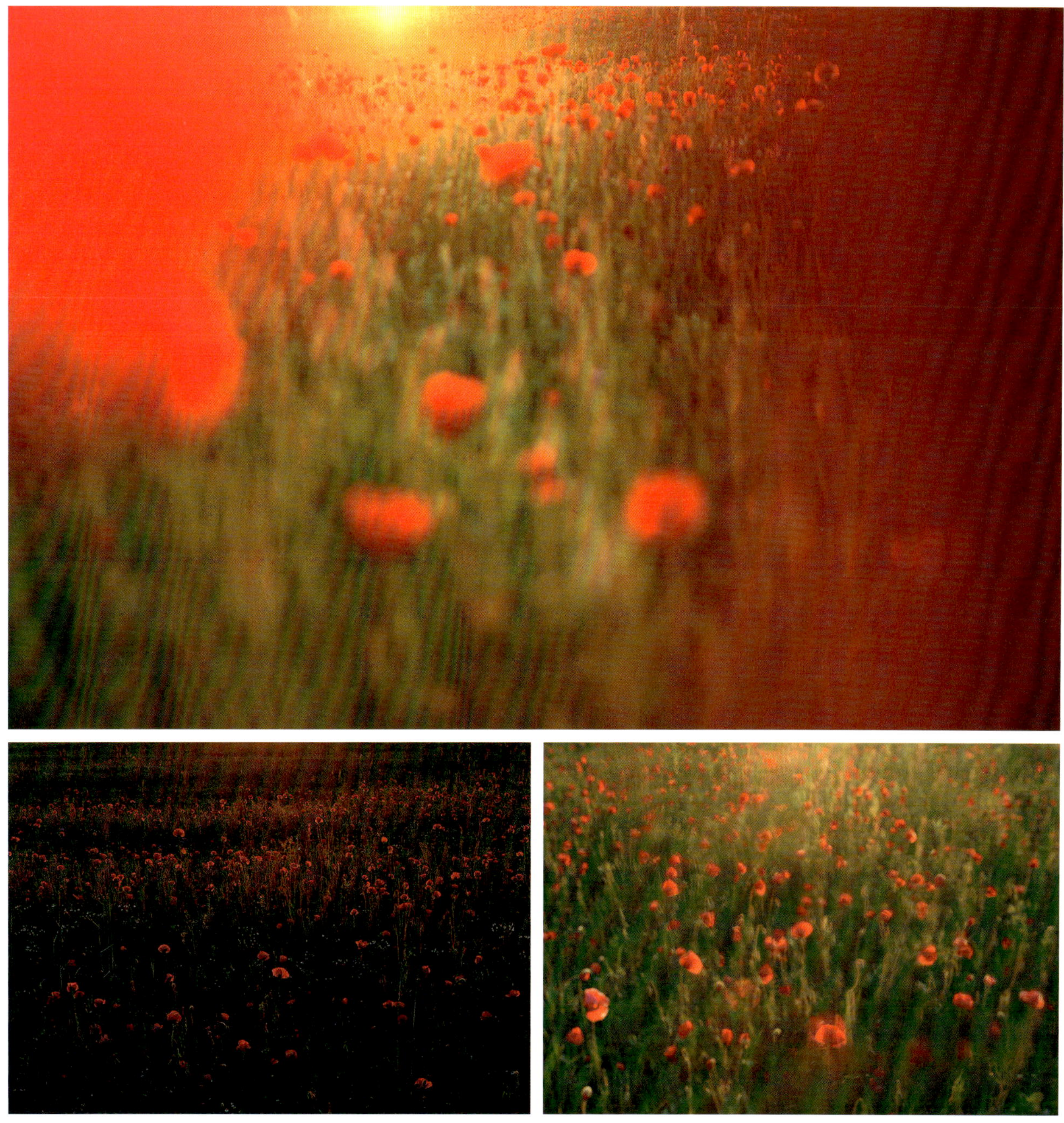

Bild 50: Der schmale Lichtstreifen genau in Höhe der Felstrolle Risin und Kellingin macht die Felsen trotz des kleinen Abbildungsmaßstabs zum Hauptmotiv.
KB-Vollformat, 4/16–35 mm bei 35 mm, Blende 11, 30 Sekunden, ISO 50, Stativ

Felstrolle auf Färöer

Karsten Mosebach

Die Färöer sind eine kleine Inselgruppe irgendwo im Nordatlantik zwischen Schottland, Norwegen und Island. Weitab von jeglichen Touristenströmen gelegen, verirren sich nur wenige Touristen auf die stürmischen Inseln. Denn kaum irgendwo anders ist das Wetter so anhaltend schlecht: Es regnet an rund 300 Tagen im Jahr und die Sonne sieht man nur selten. Neben einigen großen Vogelkolonien sind die zumeist steilen und zerklüfteten Küsten die Hauptattraktionen der Inseln.

Eine Felsformation, die garantiert jeder Färöer-Reisende ansteuert, sind die beiden Felstrolle Risin und Kellingin. Der Sage nach beauftragte Island einen Riesen und dessen Weib, die einsam im Nordatlantik schwimmenden Färöer nach Island zu ziehen. Da sie jedoch ihre Arbeit bis zum Sonnenaufgang nicht abgeschlossen hatten, versteinerten sie im Glanz der aufgehenden Sonne.

Während zweier Fotoreisen auf die Färöer besuchte ich Risin und Kellingin mehrere Male. Im Wesentlichen sind es zwei Standorte, von denen aus man einen guten Fotoblick auf die beiden etwa 70 Meter hohen Felsen hat. Der eine Standort ist ein kleiner Strand in einer Bucht, der andere ist eine etwa 150 Meter hohe Felsküste der Nachbarinsel. Daneben gibt es noch auf der Zufahrt in die Bucht hinein eine interessante Fotoposition.

Vorder-, Mittel- oder Hintergrund

Trotz ihrer eindrucksvollen Größe ist es nicht leicht, ein ansprechendes Bild dieser beiden Felsen zu fotografieren. Das Problem besteht darin, eine gelungene Komposition zu finden, denn von jedem möglichen Fotostandort aus befinden sich die Felsen recht weit entfernt und die Suche nach einem passenden Vordergrund ist daher schwierig. In der Bucht liegen vereinzelt ein paar Steine. Um diese und die Felstrolle gemeinsam in ein Bild zu bekommen, benötigte ich definitiv Brennweiten deutlich unter 24 Millimeter. Dann sind Risin und Kellingin allerdings nur klein im Bild zu sehen. Und kippte ich die Kamera nach oben oder unten, um den Horizont aus der Bildmitte zu rücken und den breiten Strand oder den Wolkenhimmel in den Bildaufbau zu integrieren, macht sich die Verzeichnung der Weitwinkelobjektive bemerkbar, wodurch die Felsen „umzukippen" scheinen. Da helfen in **Bild 53** auch nicht die attraktiven Wolken, denn die kippenden Felsen und der abgeschnitten wirkende Vordergrund beweisen die misslungene Bildkomposition. In **Bild 54** habe ich dem Vordergrund zwar viel Raum gegeben, die Sandbank im Mittelgrund erscheint aber eher langweilig und im Hintergrund schließlich kippen die Felsen wieder deutlich zur Seite.

Von den Weitwinkelaufnahmen gefällt mir **Bild 56** am besten. In einer größeren Pfütze spiegelt sich der Himmel, außerdem liegen zwei Steine im Wasser. Während ich mich bei der Aufnahme der **Bilder 52** und **55** noch nicht für eine Betonung von Spiegelung oder Wolkenhimmel entscheiden konnte und die Horizontlinie daher noch in die Bildmitte gelegt habe, rückt in **Bild 56** die Wolkenspiegelung mit den Steinen klar in den Vordergrund. Der Kamerastandpunkt lag sehr tief und die

Horizontlinie liegt deshalb nicht so weit am oberen Rand, dass der Himmel vollständig ausgeblendet würde oder die Felsen stark kippen würden.

Fotografiert man mit dem Teleobjektiv, holt man die Felstrolle zwar näher und größer heran, aber die Bilder wirken wegen des fehlenden Vorder- und Mittelgrunds oftmals einfach nur zweidimensional „flach", wie in **Bild 59** zu sehen ist. Durch eine Positionsänderung hin an die linke Seite der Bucht kann ich zwar wieder den schönen Morgenhimmel betonen, und **Bild 57** zeigt auch die aufgehende Sonne an der Felskante. Dennoch bleiben dieses Bild und **Bild 58** irgendwie uninteressant und leblos – als Betrachter findet man kaum den Weg hinein in die Landschaft.

Ähnlich schwierig wie von der Bucht aus ist die Bildgestaltung von der Steilküste der Nachbarinsel aus. Man ist als Fotograf zwar ein wenig näher dran an Risin und Kellingin, aber als Vordergrund bietet sich allenfalls die Felskante an. Und die ist nicht auffällig zerfurcht, zerklüftet oder mit spannenden Details versehen, sondern schlicht mit Gras bewachsen, das von Schafen kurz gefressen ist. So fotografierte ich entweder die Felsen mit kurzen Brennweiten vor dem Farben- und Wolkenspiel am Himmel oder setzte mit Telebrennweiten die Felsen selbst in das Bildzentrum.

Einen Weg, die Felskante als Vordergrund mit in das Bild zu integrieren, zeigt das **Bild 61**. Durch eine knappe Belichtung erscheinen Risin und Kellingin als Schattenrisse und ergeben mit der ebenso dunklen Felskante im Vordergrund einen Rahmen für den Sonnenuntergang.

Ein Schleier aus Wolken

Das beste Foto entstand jedoch an einem völlig wolkenverhangenen Morgen auf der zweiten Färöer-Reise. Ich stand unten in der Bucht und registrierte, wie die Wolkengrenze beständig sank, sodass die höheren Felsen schon in der Wolkendecke verschwanden. Bei niedrigem ISO-Wert und geschlossener Blende verwischten in der langen Belichtungszeit die Wolken zu einem spannenden Schleier und auch die Wasseroberfläche in der Bucht wirkte dabei wie ein matter Spiegel (**Bild 51**). Das gefiel mir gut, akzentuierte aber die Felstrolle noch nicht genügend. Ich wollte die umstehenden Felsen möglichst ausblenden und Risin und Kellingin dadurch hervorheben, dass der gesamte Rest des Motivs in einem Schleier aus Wolken und aus der matten Glätte der Wasser-

Bild 51: KB-Vollformat,
2,8/70–200 mm bei 100 mm,
Blende 10, 30 Sekunden, ISO 50, Stativ

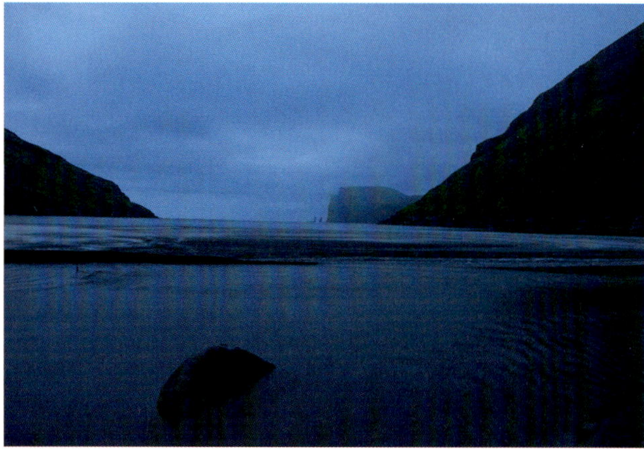

Bild 52: KB-Vollformat,
4/16–35 mm bei 21 mm,
Blende 22, 30 Sekunden, ISO 50, Stativ

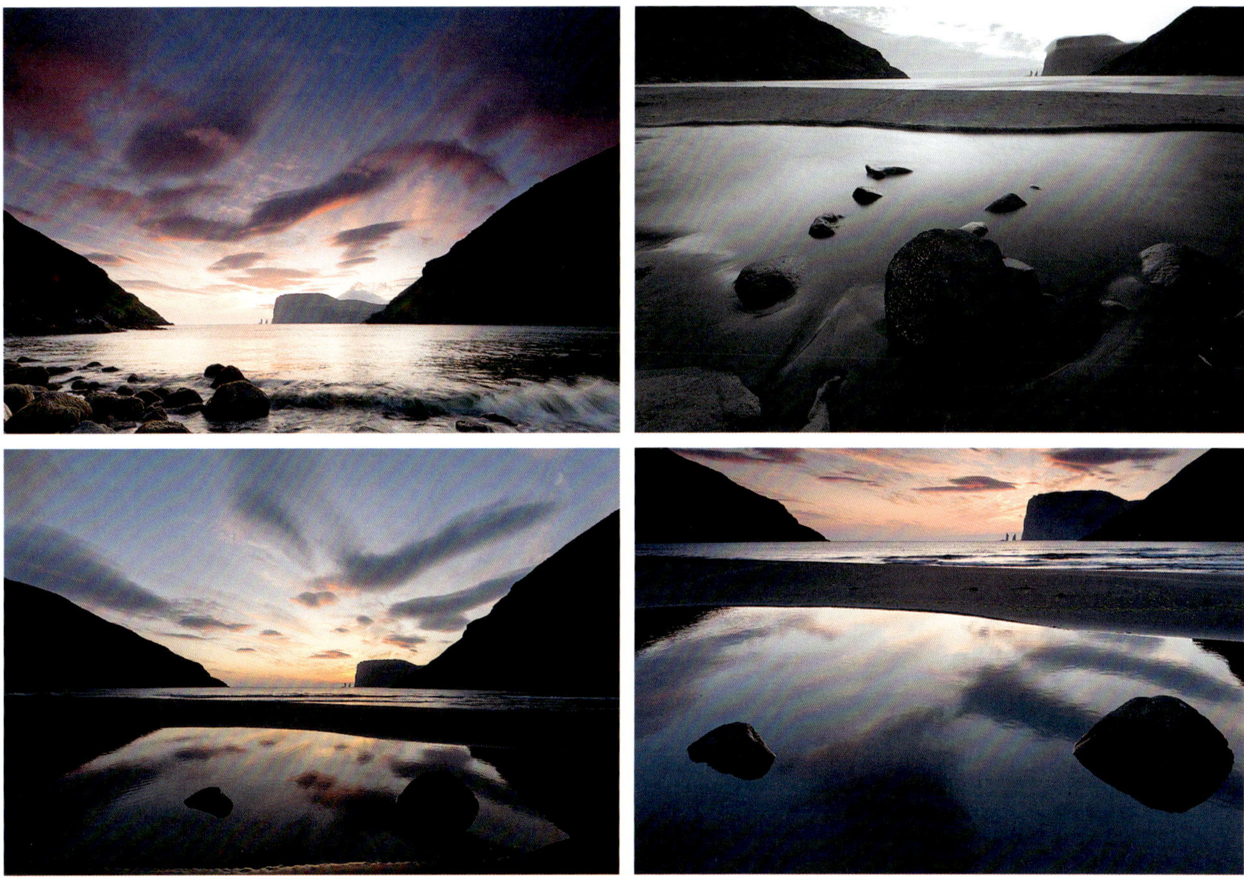

Bild 53: KB-Vollformat, 4/16–35 mm bei 16 mm, Blende 20, 1/4 Sekunde, ISO 200, Stativ

Bild 54: KB-Vollformat, 4/16–35 mm bei 16 mm, Blende 20, 13 Sekunden, ISO 200, Stativ

Bild 55: KB-Vollformat, 4/16–35 mm bei 16 mm, Blende 6,3, 1/200 Sekunde, ISO 200, Stativ

Bild 56: KB-Vollformat, 4/16–35 mm bei 20 mm, Blende 13, 1/13 Sekunde, ISO 200, Stativ

oberfläche heraustreten sollte. Vom Strand aus ging das aber nicht. Also machte ich mich auf den Weg, die Zufahrt zur Bucht hinauf. Von einer Stelle aus lagen die beiden Felsen direkt vor einem relativ hellen Streifen des Himmels, wodurch sie im Foto deutlich hervortreten. Durch die sonst herrschende Unschärfe sind Risin und Kellingin trotz des geringen Abbildungsmaßstabs absolut der Hingucker (**Bild 50**).

In diesem Fall sind es gerade die Abwesenheit störender Bildelemente und der rein zweidimensionale Charakter des Fotos, die seine Schönheit ausmachen.

Letztlich ist aus dem Wunsch, die Felstrolle unbedingt in ein klassisch-schönes Landschaftsbild mit Vorder-, Mittel- und Hintergrund einzubinden, ein flaches, fast abstraktes Bild geworden, das die Gegebenheiten vor Ort zwar kaum „richtig" abbildet, sie aber wunderschön interpretiert.

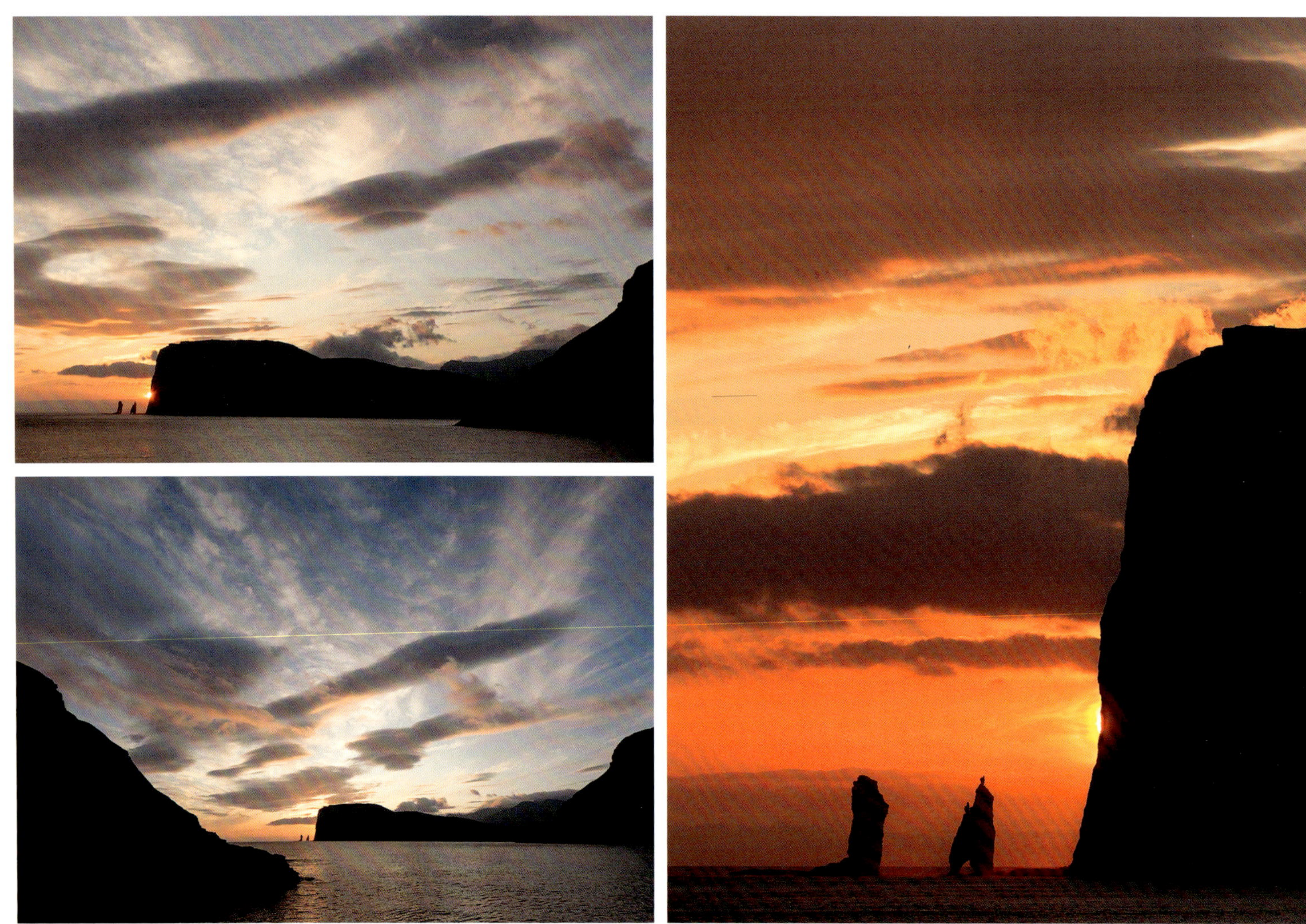

Die Felsen erscheinen – dank knapper Belichtung – als Schattenriss vor dem roten Morgenhimmel mit den schönen Wolken.
Alle drei Bilder entstanden innerhalb weniger Minuten und allen drei Bildern ist die Ausblendung des Vordergrunds gemeinsam.

Bild 57 (oben links): KB-Vollformat, 4/16–35 mm bei 20 mm, Blende 13, 1/60 Sekunde, ISO 200
Bild 58 (unten links): KB-Vollformat, 4/16–35 mm bei 35 mm, Blende 13, 1/30 Sekunde, ISO 200
Bild 59 (rechts): KB-Vollformat, 2,8/70–200 mm bei 200 mm, Blende 8, 1/200 Sekunde, ISO 200

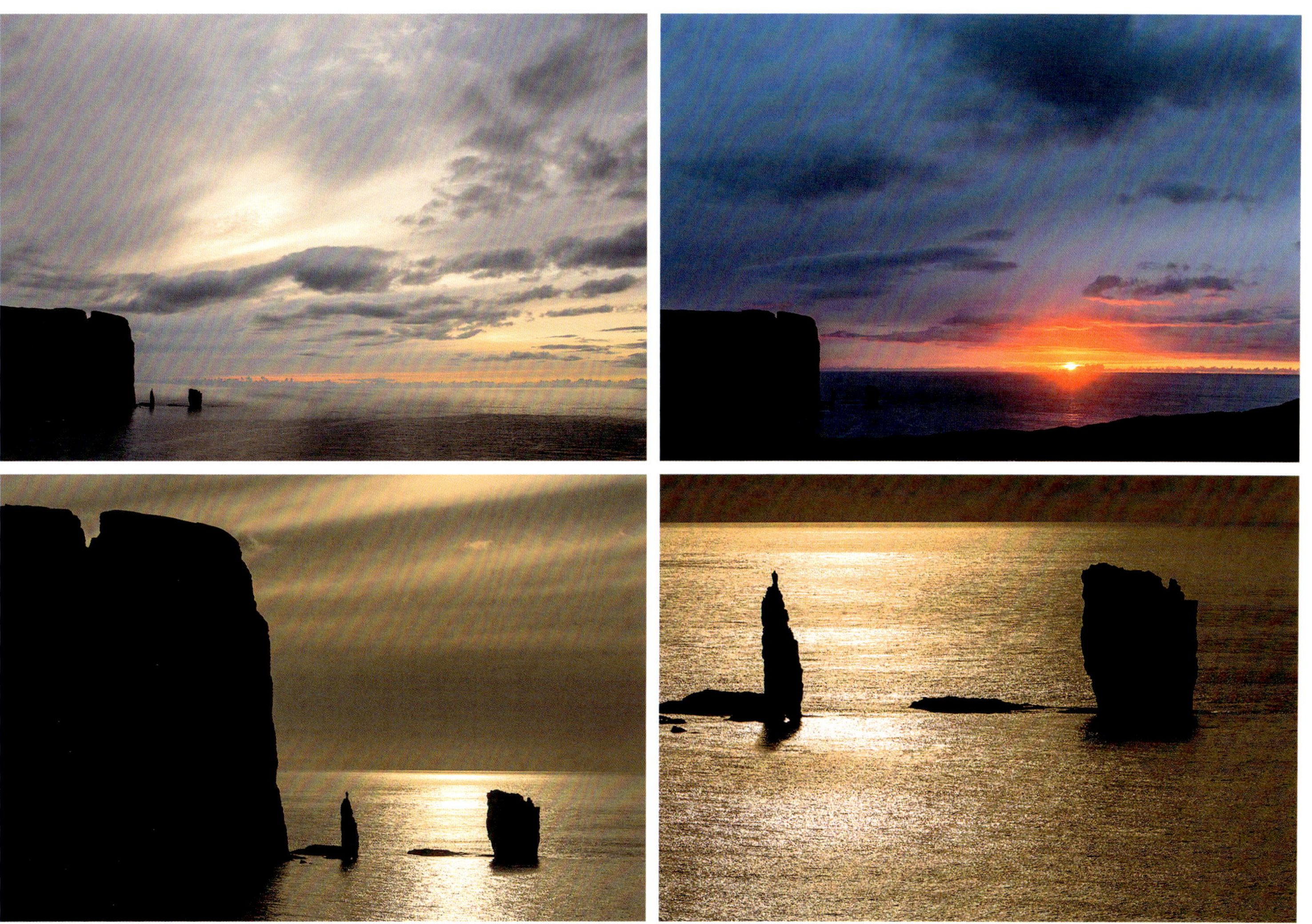

Diese vier Bilder entstanden etwa innerhalb von zweieinhalb Stunden. Ich hatte sehr darauf gehofft, dass die Sonne durch die zunächst dünne Wolkendecke schauen würde. Letztlich gab es aber nur kurz vor Sonnenuntergang für eine Minute Sonnenschein.

Bild 60 (oben links): KB-Vollformat, 3,5–4,5/28–70 mm bei 28 mm, Blende 8, 1/100 Sekunde, ISO 50
Bild 61 (oben rechts): KB-Vollformat, 4/16–35 mm bei 35 mm, Blende 9, 1/13 Sekunde, ISO 100, Stativ
Bild 62 (unten links): KB-Vollformat, 2,8/70–200 mm bei 100 mm, Blende 10, 1/1.250 Sekunde, ISO 200
Bild 63 (unten rechts): KB-Vollformat, 2,8/70–200 mm bei 200 mm, Blende 10, 1/640 Sekunde, ISO 50

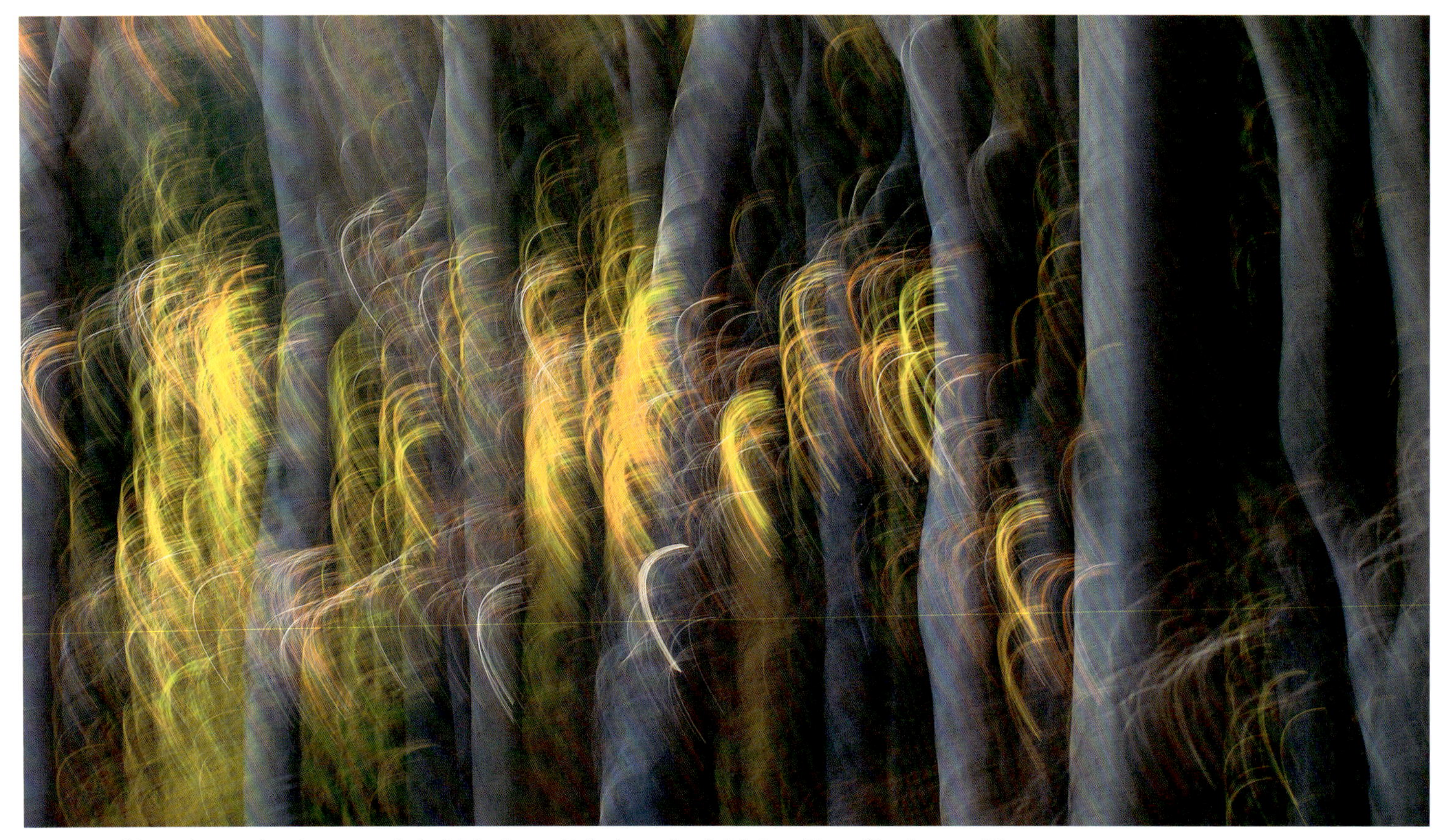

Bild 64: Die Rotationsbewegung habe ich in diesem Fall, eher unbeabsichtigt, ellipsenförmig ausgeführt. Das Ergebnis gefällt mir trotzdem – vielleicht auch gerade deswegen – sehr gut.

KB-Vollformat, 2,8/70–200 mm bei 120 mm, Blende 9, 1/10 Sekunde, ISO 50

Kreativ im Wald

Karsten Mosebach

Diese Aufnahme (**Bild 64**) repräsentiert all das, was ich am Wald so sehr liebe: mächtige, erhabene und uralte Baumstämme, deren Borke silbrig schimmert, dazu das flatterhafte, fast aufdringliche Bunt der Blätter. Trotz seiner Farbigkeit ist der Wald sowohl romantisch verwunschen als auch gefährlich düster. Seine Farben strahlen gleichzeitig Wärme und Kälte aus und ich kann den gesamten Lebenszyklus von Werden und Vergehen vor mir sehen.

Für mich ist der Wald einfach märchenhaft. Märchen erzählen wundersame Begebenheiten sowie fantastische und irreale Geschichten. Irreal ist sicherlich auch dieses Foto. Natürlich sieht der Wald nicht „wirklich" so aus. Als ich vor diesen Bäumen stand, war deren Borke nicht so weich und zart und die Blätter sahen in der Realität auch ganz anders aus, zwar bunt, aber nicht so zauberhaft, nicht so unerklärlich. Das Foto ist geheimnisvoll. Es verrät über den Wald viel weniger, als es Fragen aufwirft.

Rotieren, Schütteln, Wischen

Natürlich kann man den Wald auch anders fotografieren, ihn so darstellen, wie er da steht, ihn rein dokumentarisch abbilden. Meinen Vorstellungen vom Wald wird das aber nur selten gerecht. Wenn ich Bäume und Waldlandschaften fotografiere, „spiele" ich daher oft mit der Kamera, ich rotiere mit ihr um die optische Achse, verreiße sie zur Seite, schwenke sie auf und ab oder schüttele sie kräftig durch – und das alles während der Belichtungszeit. Welche Technik zu welchen Ergebnissen führt, das ist ein Aspekt in diesem Kapitel.

Kreisförmige Verwischungen erhält man durch Rotation der Kamera um die optische Achse. Zwei wichtige Parameter zur Beeinflussung von Form und Größe der Kringel sind die Verschlusszeit der Kamera sowie die Art der Rotation, mit der man die Kamera um die optische Achse rotieren lässt. Je größer der Durchmesser ist, mit dem man die Rotation ausführt, umso größer werden die Kreise im Bild und umso undeutlicher ist das Motiv abgebildet. Je länger die Belichtungszeit ist, desto eher erreicht man vollständige Kreise und desto unschärfer beziehungsweise undeutlicher erscheint das Motiv.

Wenn ich also kleine vollständige Kreise im Bild und gleichzeitig das dahinter liegende Motiv deutlich erkennen möchte, muss ich schnell in kleinen Kreisen und bei kurzer Belichtungszeit rotieren.

Kommt es mir dagegen vor allem auf die Kringel als Motiv an, dann wähle ich eine längere Verschlusszeit oder rotiere die Kamera langsam und mit einem größeren Durchmesser (**Bild 67**).

Ich wähle in den meisten Fällen Verschlusszeiten zwischen 1/20 und 1/2 Sekunde. Da ich vor allem mit der Zeitautomatik fotografiere, stelle ich die Blende und den ISO-Wert so ein, dass sich eine entsprechende Belichtungszeit ergibt. Anschließend richte ich die Kamera auf das Motiv und beginne mit der Rotationsbewegung. Erst wenn ich in einem gleichmäßigen Bewegungsfluss bin, löse ich tatsächlich aus. Bei Motiven im Gegenlicht, wie zum Beispiel bei den leuchtenden Blättern vor den dunklen Stämmen, oder bei Lichteinfall durch das Blätterdach kommen die Kreise besonders gut zur Geltung.

An den Fotos der Birken (**Bild 66**) kann man schön erkennen, dass auch der umgekehrte Fall gut funktioniert. Ungeeignet sind lediglich kontrastarme Motive. Da sich die Ergebnisse allerdings kaum zuverlässig vorhersagen lassen, muss man sich seinem Spieltrieb anvertrauen und einfach probieren und probieren und probieren …

An dieser Technik gefällt mir vor allem, dass die Bilder allesamt eine eher gemäldeartige Anmutung haben. Besonders deutlich sieht man das an den **Bildern 67** und **68**.

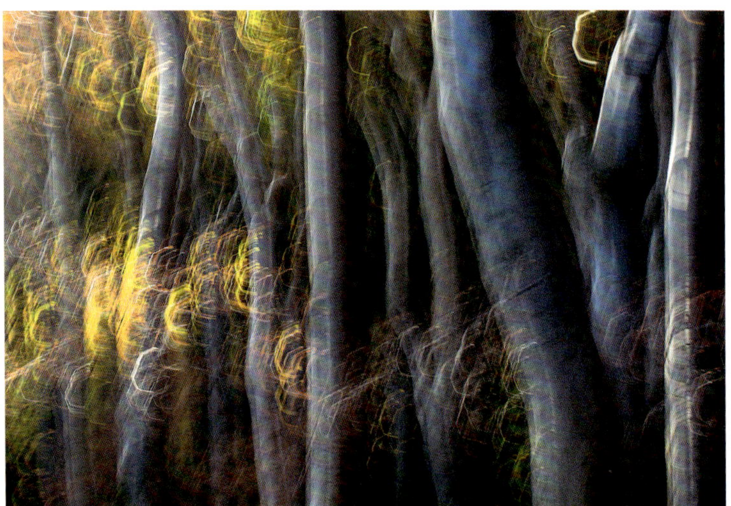

Bild 65: Hier ist mir keine kreisförmige Rotation gelungen, man sieht es deutlich an den „Ecken" in der Wischspur.

KB-Vollformat, 2,8/70–200 mm bei 120 mm, Bl. 9, 1/10 Sek., ISO 50

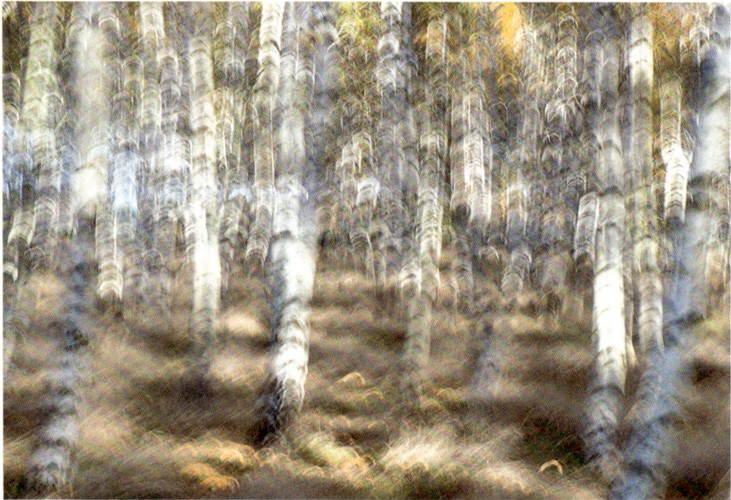

Bild 66: Die Lichtkreise liegen deckungsgleich mit den Baumstämmen. Die Abstraktion der dünnen Birken ist gelungen.

KB-Vollformat, 2,8/24–70 mm bei 60 mm, Bl. 14, 1/15 Sek., ISO 50

Irgendwie „geschüttelt" sieht ein Bild aus, wenn man die Kamera während der Aufnahme und bei aktivem Bildstabilisator ruckartig und unkontrolliert bewegt – etwa so, als würde man im Moment der Auslösung von einem mächtigen Niesanfall getroffen. Die Bildstabilisierung versucht dann verzweifelt die ungeregelte Bewegung ausgleichen. Im Foto zeigen sich diese Bewegungen als Lichtspuren (**Bild 69**). Wie bei den Rotationen eignen sich dafür kontrastreiche Motive besonders gut. Und auch für die Belichtungszeit gelten die gleichen Empfehlungen wie zuvor.

Will man den Effekt ein wenig mehr unter Kontrolle haben, verreißt man die Kamera während der Belichtungszeit gezielt in eine Richtung (**Bild 70**). Dann weisen die Lichtspuren alle gemeinsam in die entsprechende Richtung.

Eine dritte Option zur Erzeugung gemäldeartiger Verfremdungen ist die Wischtechnik. Dazu schwenkt man die Kamera während der Aufnahme horizontal oder vertikal. Die Entscheidung hängt vom jeweiligen Motiv ab. Fotografiert man Bäume, schwenkt man vertikal (**Bild 71**). Würde man bei vertikalen Motivstrukturen horizontal verschwenken, wäre das Ergebnis ein völlig unscharfes Bild. Der Grad der Unschärfe hängt von der Belichtungszeit und der Schwenkgeschwindigkeit ab. Tendenziell führen Kombinationen aus langsamen Schwenkbewegungen und langer Belichtungszeit zu größeren Unschärfen, während umgekehrte Kombinationen aus schnellen Bewegungen und kürzeren Belichtungszeiten weniger Unschärfe erzeugen. Zwischen diesen beiden Grenzfällen sind alle Varianten denkbar. Auch hier gilt, dass Ergebnisse nicht vorhersagbar sind. Oft beginne ich meine Versuche mit einer Belichtungszeit von einer 1/50 Sekunde. Dank der Digitalfotografie kann ich das Ergebnis direkt auf dem Monitor begutachten und dann entsprechend die Einstellungen verändern beziehungsweise die Wischgeschwindigkeit erhöhen oder verlangsamen.

Die Schwenks führe ich gleichmäßig aus, denn jeder seitliche Ruck zeigt sich entsprechend im Bild. Interessant kann es auch sein, wenn man bei längeren Belichtungszeiten die Kamera zunächst still hält und sie nur für einen kurzen Teil der Belichtungszeit schwenkt (**Bild 72**).

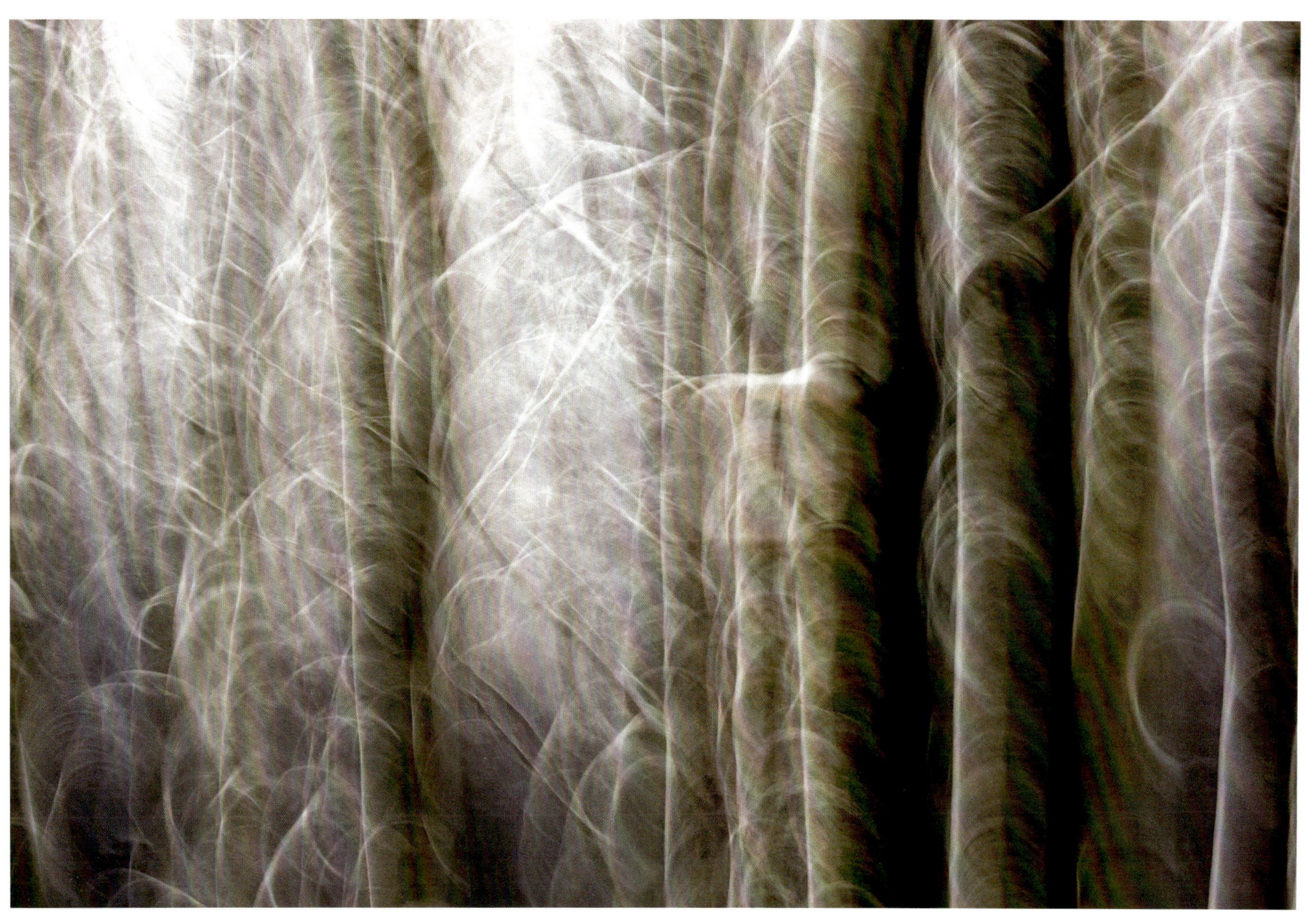

Bild 67: Das Bild besitzt eher die Anmutung eines Gemäldes als die einer Fotografie. Dass das Wetter an diesem Tag grau und trist war, sieht man dem Motiv nicht an.

KB-Vollformat, 4,5-5,6/80–400 mm bei 175 mm, Blende 11, 1/10 Sekunde, ISO 100

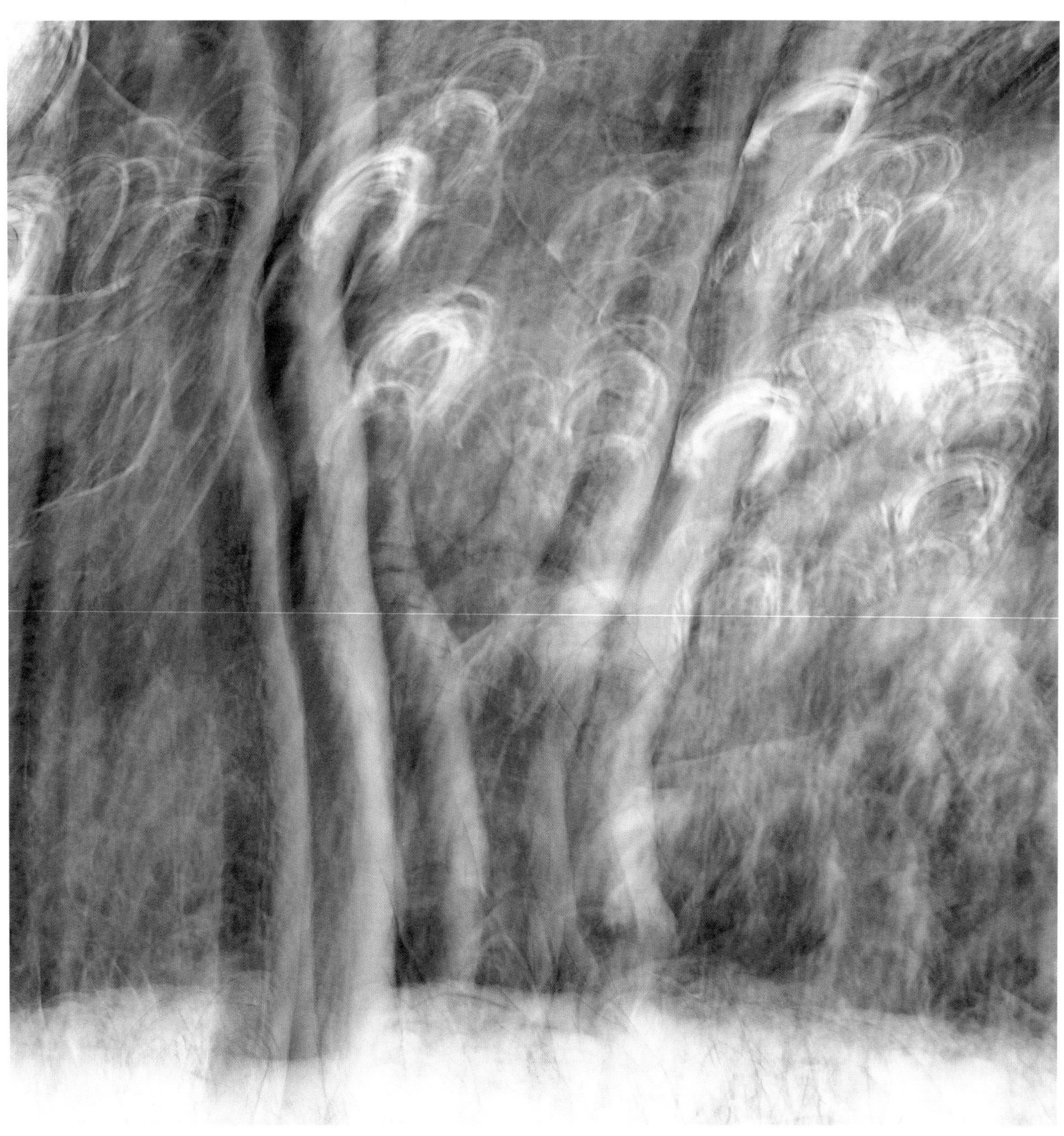

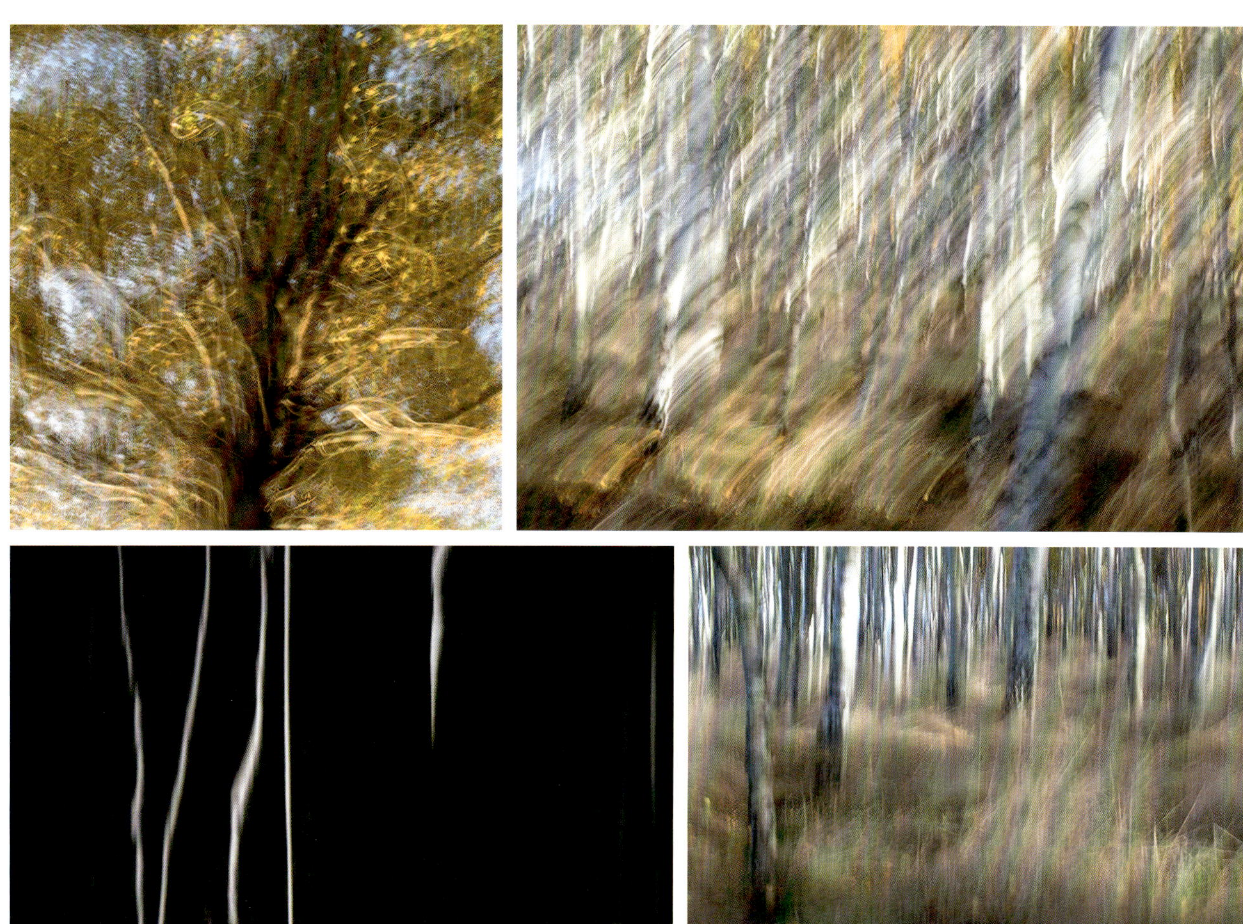

Ob man im Moment der Auslösung durch eine bewusste „Körperzuckung“ die Kamera kräftig verwackelt (**Bild 69**, o. l.), die Kamera nach rechts oben verreißt (**Bild 70**, o. r.), während der Aufnahme schwenkt (**Bild 71**, u. l.) oder im letzten Moment der Belichtungszeit die Kamera ruckartig nach oben schwenkt (**Bild 72**, u. r.) – die Ergebnisse sind immer wieder überraschend.

Bild 69 (oben links): KB-Vollformat, 2,8/70–200 mm bei 70 mm, Blende 16, 1/6 Sekunde, ISO 50
Bild 70 (oben rechts): KB-Vollformat, 2,8/24–70 mm bei 60 mm, Blende 14, 1/15 Sekunde, ISO 50
Bild 71 (unten links): KB-Vollformat, 4,5–5,6/80–400 mm bei 400 mm, Blende 5,6, 1/10 Sekunde, ISO 200, -1 1/3 LW
Bild 72 (unten rechts): KB-Vollformat, 2,8/70–200 mm bei 82 mm, Blende 22, 1/8 Sekunde, ISO 50

Bild 68: Dieser Effekt lässt sich mit Objektiven aller Brennweiten erzeugen. Mit längeren Brennweiten erzielt man jedoch leichter größere Kreise.

KB-Vollformat, 4,5–5,6/80–400 mm bei 175 mm, Blende 7,1, 1/6 Sekunde, ISO 50

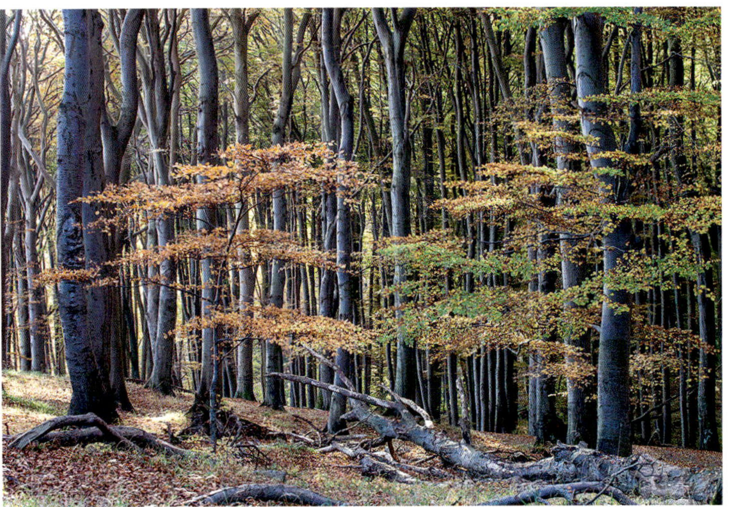

Bild 73: Herkömmliche Einfachbelichtung: Bei Blende 9 und relativ großem Objektabstand wird das Motiv durchgängig scharf.
KB-Vollformat, 2,8/70–200 mm bei 95 mm, Bl. 9, 1/2 Sek., ISO 50, Stativ

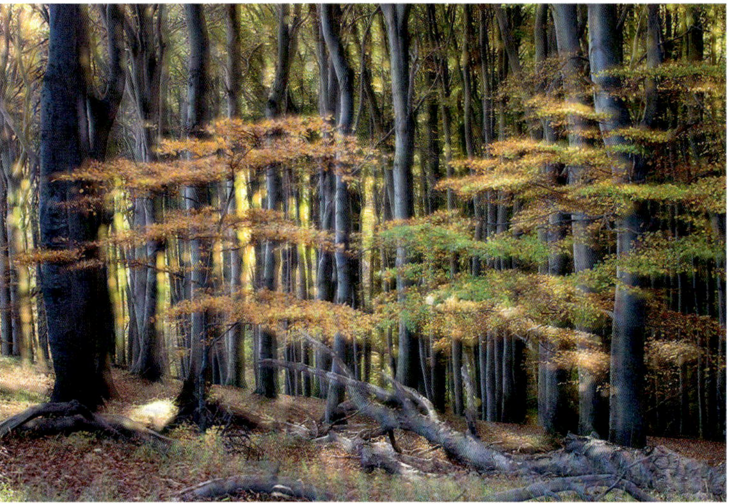

Bild 74: Mit einer Doppelbelichtung erscheint das Motiv weicher und sanfter – obwohl die Farben satter sind.
KB-Vollformat, 2,8/70–200 mm bei 70 mm, Blende 16, 1/6 Sekunde, Doppelbelichtung, ISO 50, Stativ

Mehrfachbelichtungen

Doppel- und Vielfachbelichtungen sind inzwischen bei nahezu allen Kameras problemlos möglich. Zunächst ruft man im Menü seiner Kamera den Punkt *Mehrfachbelichtung* auf. Dort kann man die Bildanzahl wählen, die kameraintern überlagert werden soll. Wie groß diese Anzahl ist, variiert teilweise von Hersteller zu Hersteller und von Modell zu Modell erheblich. Zwei müssen es mindestens sein, mehr als zehn sind es selten. Viele Kameras ermitteln aus den Belichtungsdaten der Einzelbilder automatisch einen Durchschnittswert, sodass man sich als Fotograf im Zweifelsfall wenig Gedanken um die korrekte Belichtung der ausgeführten Doppel- beziehungsweise Mehrfachbelichtungen machen muss. Lediglich einzelne Kameramodelle erlauben eine differenziertere Belichtungssteuerung. Am besten ist es, wenn die Kamera die überlagerten Einzelfotos zu einer fertigen RAW-Datei verarbeitet. So erhält man bei der späteren Bearbeitung der Bilder die optimale Bildqualität.

Hierbei lässt sich im Gegensatz zu den vorher beschriebenen Techniken mit ein wenig Übung das zu erwartende Ergebnis vor den Aufnahmen verhältnismäßig genau abschätzen. Will ich einem Motiv eine verträumte Anmutung geben, fotografiere ich eine Doppelbelichtung. Eines der beiden Bilder fokussiere ich bei einigermaßen geschlossener Blende scharf, die zweite Aufnahme fotografiere ich bei weit geöffneter Blende unscharf fokussiert auf dasselbe Motiv (**Bilder 73** und **74**). So erhält das Motiv einen unscharfen Rand – der Grad der Unschärfe hängt vom Grad der Defokussierung ab – beziehungsweise eine unscharfe Kontur. Die Doppelbelichtung ist scharf und unscharf zugleich, das Bild scheint weich und verträumt. Um die Einzelbilder passgenau zu überlagern, verwende ich bei derartigen Doppelbelichtungen immer ein Stativ.

Natürlich kann man auch beide Bilder mit offener Blende fotografieren. Oder man verzichtet bewusst auf die Defokussierung in der beschriebenen Art und fokussiert bei offener Blende ein Einzelbild auf den Vordergrund und das zweite Einzelbild auf den Hintergrund (**Bild 77**).

Spannende Ergebnisse können auch entstehen, wenn man zwei völlig unterschiedliche Motive jeweils scharf

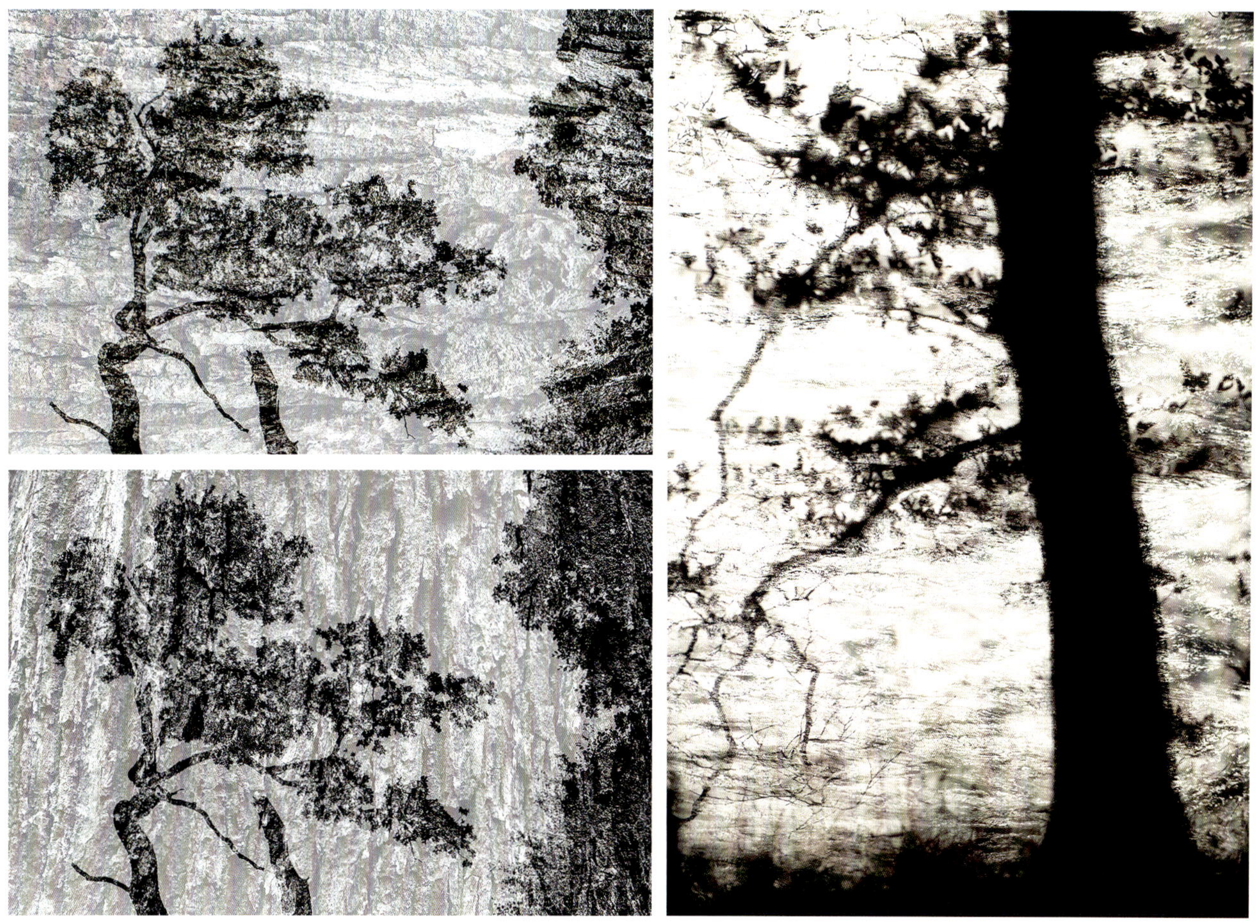

Bilder 75, 76, 77: Mit Doppelbelichtungen lassen sich verschiedene Motive in einem Bild vielfältig und kreativ kombinieren.

Bild 75 (oben links): *KB-Vollformat, 2,8/24–70 mm bei 58 mm, Blende 8, 1/20 Sekunde, ISO 320, Doppelbelichtung*
Bild 76 (unten links): *KB-Vollformat, 2,8/24–70 mm bei 58 mm, Blende 7,1, 1/20 Sekunde, ISO 500, Doppelbelichtung*
Bild 77 (rechts): *KB-Vollformat, 2,8/70–200 mm bei 160 mm, Blende 4, 1/8.000 Sekunde, ISO 50, Stativ, Doppelbelichtung*

fotografiert und beide zu einer Doppelbelichtung überlagert (**Bilder 75** bis **77**). Stehen die beiden Motive in einem inhaltlichen Zusammenhang zueinander, wie die Borke und die Krone einer Eiche (**Bilder 75** und **76**), kann man mit Doppelbelichtungen spannende Geschichten erzählen. Ein Stativ verwende ich bei derartigen Motiven vor allem dann, wenn ich eines der Einzelbilder andernfalls verwackeln würde. Während im ersten Fall der hier beschriebenen Doppelbelichtungen kein hoher Kontrast für eine optimale Bildwirkung im Motiv erforderlich ist, entfalten die zuletzt angesprochenen Bilder gerade auch aufgrund ihres hohen Kontrasts zwischen den Einzelbildern ihre besondere Wirkung.

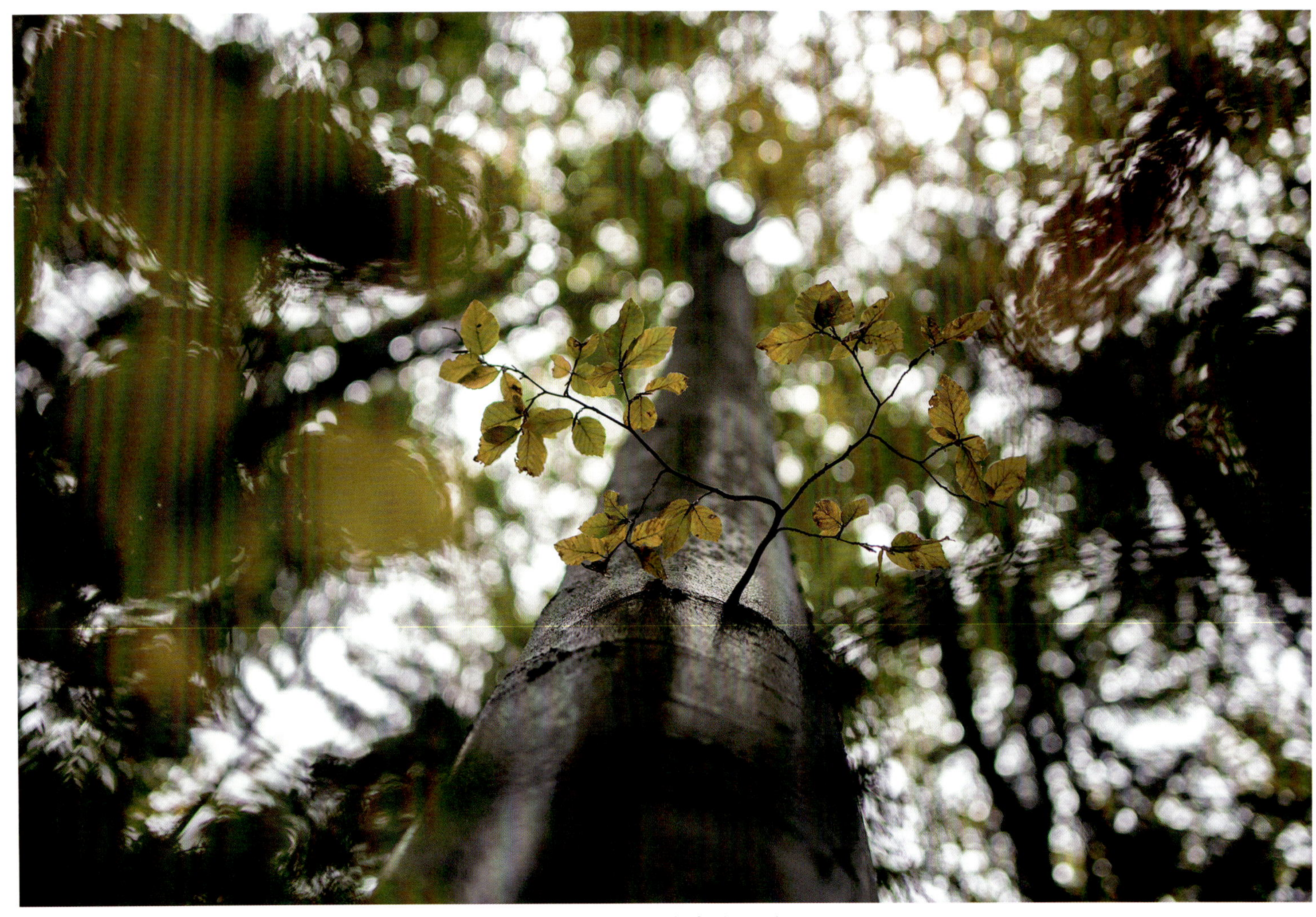

Bild 78: Zwischen den Zweigen im Zentrum des Bildes und der Kamera befinden sich noch weitere Blätter – sie verleihen dem Bild durch ihre Unschärfe einen Rahmen.

KB-Vollformat, 1,8/35 mm, Blende 1,8, 1/320 Sekunde, ISO 400

Bild 79: Die krummen und verwachsenen Äste kontrastieren wunderbar mit den geradlinig diagonal einfallenden Lichtstrahlen. Der Kontrast zwischen hellem Licht und dunklen Ästen ist genauso augenfällig.

KB-Vollformat, 4/500 mm, Blende 4, 1/640 Sekunde, ISO 640

Normale Fotos?

Wenn ich im Wald ohne diese zuvor beschriebenen Spielereien fotografiere, versuche ich besondere Perspektiven, Details oder Lichtsituationen einzufangen. Es ist ja nicht so, dass „normale Fotos“ im Wald generell unattraktiv wären. So mag ich es, an den Stämmen hinaufzuschauen (**Bild 78**), und bin gerne dann unterwegs, wenn es neblig ist oder sich einzelne Sonnenstrahlen durch den Nebel kämpfen (**Bild 79**). Mich fasziniert es auch stets, wie sehr bestimmte Motive mit dem Wetter ihr Aussehen verändern – und das manchmal innerhalb weniger Stunden.

Der Suche nach der richtigen Perspektive sollte man immer genügend Zeit einräumen. Als ich die Pilze am Stamm der dünnen Buche entdeckte (**Bild 80**), lief ich erst einmal langsam um den Baum herum. Dabei fiel mir auf, dass die Pilze recht transparent waren (**Bild 81**), was ich für die Bildgestaltung nutzen wollte. Ich positionierte mich direkt am Stamm unter den Pilzen und richtete die Kamera entlang des Stammes nach oben. Durch

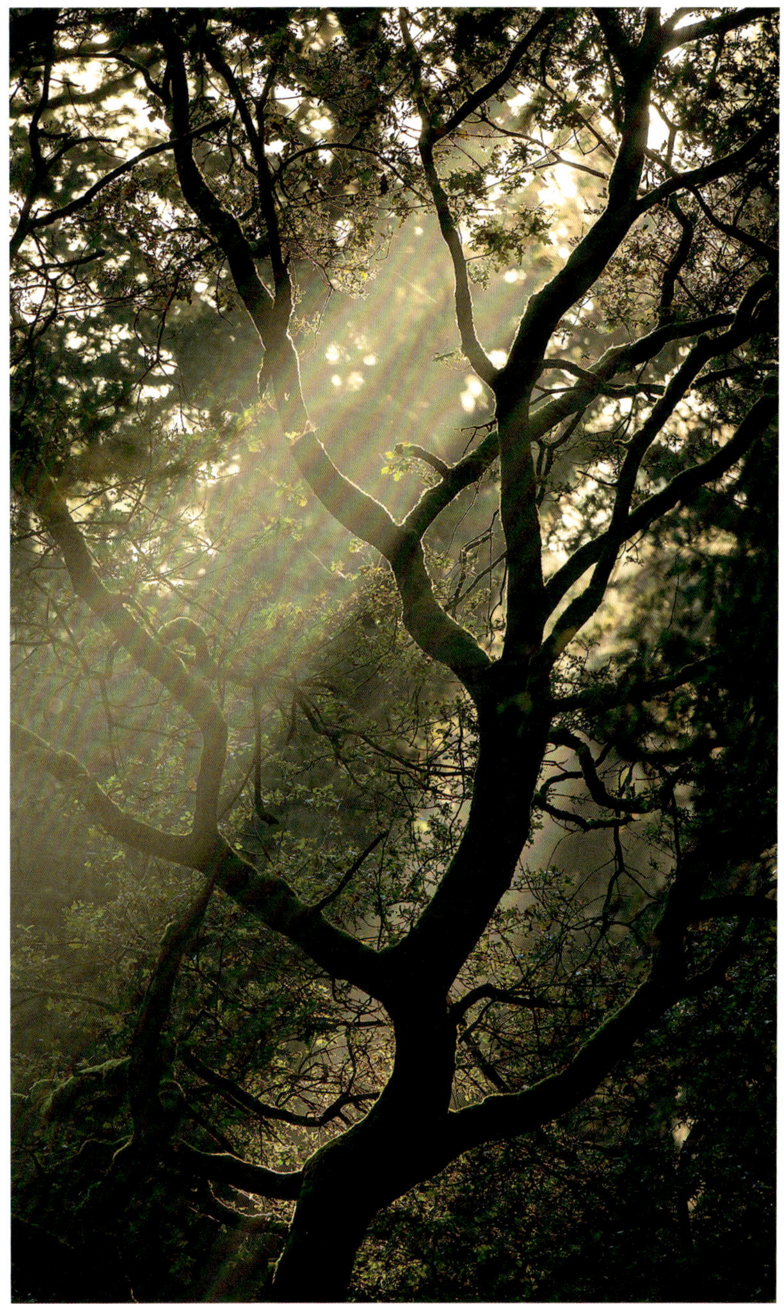

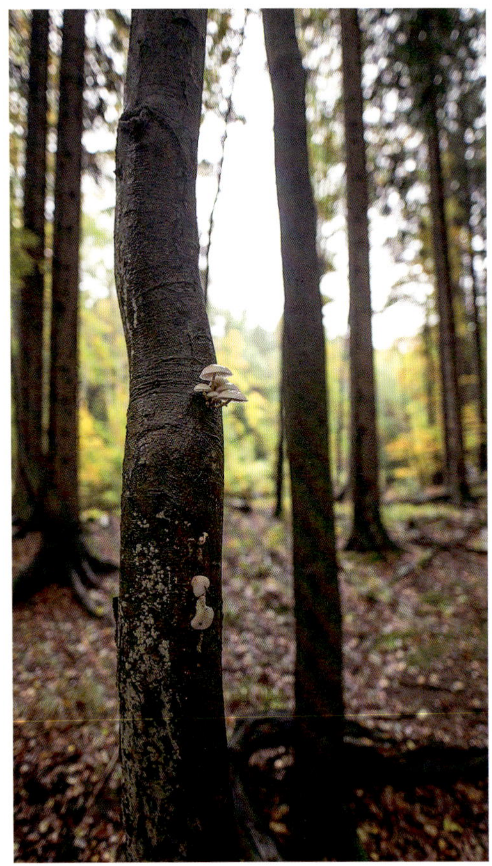
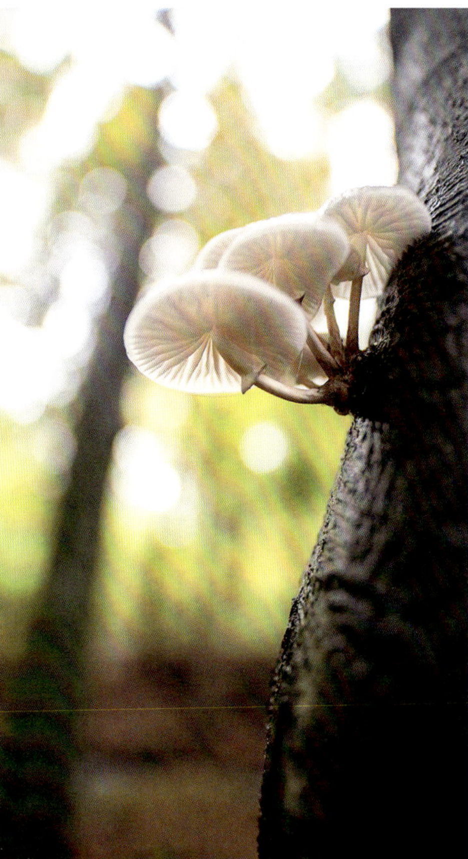
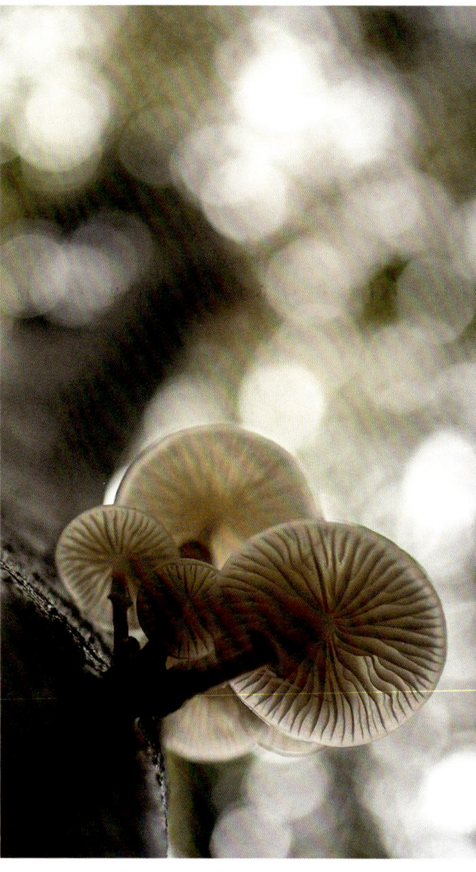

Aus dieser Perspektive (**Bild 80**, l.) erkennt man kaum das Potenzial des Pilzes als Fotoobjekt. In der Annäherung (**Bild 81**, M.) zeigt sich die Transparenz, die Bildidee ist geboren. Die Nähe zum Objekt (**Bild 82**, r.) lässt den Hintergrund verschwimmen.

Bild 80 (links): *KB-Vollformat, 1,4/20 mm, Blende 1,4, 1/250 Sekunde, ISO 400*
Bild 81 (Mitte): *KB-Vollformat, 1,4/20 mm, Blende 1,4, 1/50 Sekunde, ISO 400*
Bild 82 (rechts): *KB-Vollformat, 1,8/35 mm, Blende 1,8, 1/100 Sekunde, ISO 400*

eine knappe Belichtung sowie eine sehr geringe Schärfentiefe werden die Pilze zum bildbestimmenden Element, obwohl sie sehr klein abgebildet sind (**Bild 83**). Die schönen Lichtreflexe im Hintergrund greifen die runde Form der Pilze auf und füllen den freien Raum auf.

Bild 82 und **Bild 83** sind grundsätzlich gleich aufgebaut, wirken jedoch wegen kleiner Unterschiede im Detail deutlich anders. Das liegt zum einen an den verschiedenen Brennweiten und zum anderen am unterschiedlichen Abstand zwischen der Kamera und dem Pilz.

Bild 82 habe ich mit 35 mm Brennweite und einer geringen Aufnahmedistanz zum Pilz fotografiert, sodass er im Bild recht dominant erscheint. Jeder einzelne Lichtreflex im Hintergrund tritt ebenfalls deutlich hervor und wird wegen der offenen Blende von 1,8 kreisrund abgebildet.

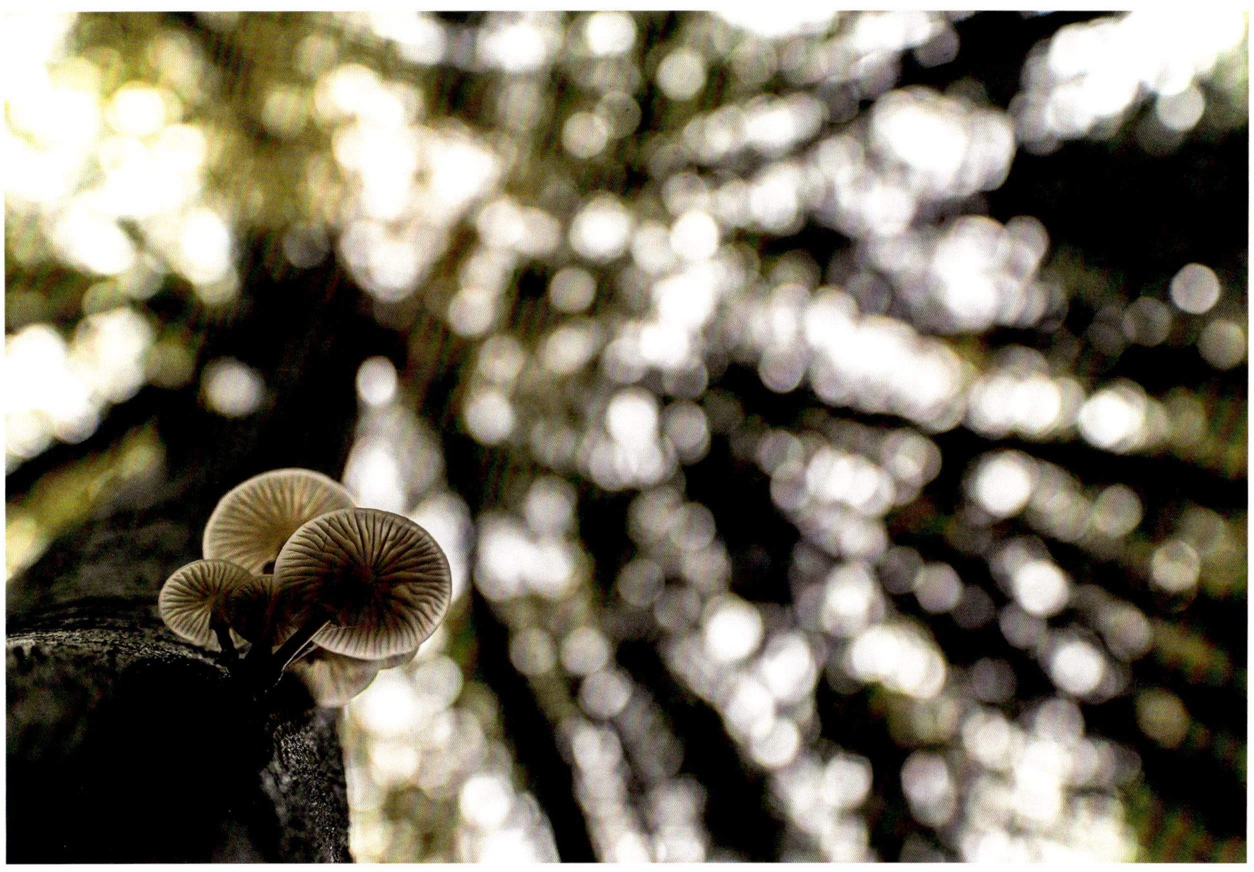

Bild 83: Der transparente Pilz, obwohl nur klein abgebildet, ist der Hingucker im Bild.
KB-Vollformat, 1,4/20 mm, Blende 1,4, 1/80 Sekunde, ISO 400

Zudem tritt durch den geringen Abstand zwischen Kamera und Pilz in **Bild 82** der Hintergrund dort scheinbar weit zurück, was zu einer sehr großen Unschärfe im Bildhintergrund führt und die Umgebung quasi auflöst. **Bild 83** dagegen habe ich mit 20 mm Brennweite und einer größeren Aufnahmedistanz fotografiert. Zunächst ist dadurch der Abbildungsmaßstab des Pilzes im Bild deutlich geringer und auch die Blendenreflexe fallen wesentlich kleiner aus. Außerdem ist der Hintergrund, obwohl hier sogar mit Blende 1,4 fotografiert, wegen der größeren Distanz zwischen Pilz und Kamera weniger unscharf als in **Bild 82**. Für mich ist **Bild 83** deutlich mehr als „nur" ein Pilzporträt. Das Bild funktioniert gleichzeitig auch als Lebensraumaufnahme, die dem Betrachter trotz der Unschärfe Informationen über die Umgebung des Pilzes liefert.

Geblitzte Bäume

Blitzlicht verwende ich im Wald sehr selten. Dass man Blitzgeräte aber durchaus beim Fotografieren von Bäumen einsetzen kann, möchte ich anhand zweier Bilder zeigen. Die **Bilder 84** und **85** entstanden an einem nebeligen Tag. Einige Buchen stehen vor einem Stück Fichtenwald, die gelben Blätter heben sich gut vor dem dunklen Hintergrund ab. Eine der Buchen hat ein paar Äste nahe am Waldboden, sonst sind die Buchenstämme völlig astfrei. Dieser Kontrast weckte mein Interesse.

Zunächst fotografierte ich die Szene im Hochformat (**Bild 84**) mit einer Doppelbelichtung. Um den schwachen Nebel ein wenig stärker und das Motiv insgesamt weicher erscheinen zu lassen, machte ich die erste Belichtung mit mittlerer Blende und stellte auf die kleine Astgruppe scharf. Für die zweite Belichtung öffnete ich die Blende und fokussierte irgendwo auf den Bereich vor den Bäumen. Anschließend wechselte ich in das Querformat, platzierte ein Blitzgerät vom Kamerastandpunkt aus gesehen direkt hinter dem Stamm und korrigierte in der Zeitautomatik der Kamera die Belichtung um drei Lichtwerte nach unten (**Bild 85**). Ich wollte das Bild düster erscheinen lassen und nur die Blätter der kleinen Astgruppe mit dem Blitzlicht anstrahlen. Trotz der Unterbelichtung erkennt man in der linken oberen Bildecke noch das Laub der Baumkronen im natürlichen Licht, was einen schönen Gegensatz zu dem Blitzlicht ergibt.

Der Umstand, dass zwei Bilder, die an exakt dem gleichen Ort innerhalb weniger Augenblicke entstanden sind, so unterschiedlich sein können, fasziniert mich immer wieder aufs Neue.

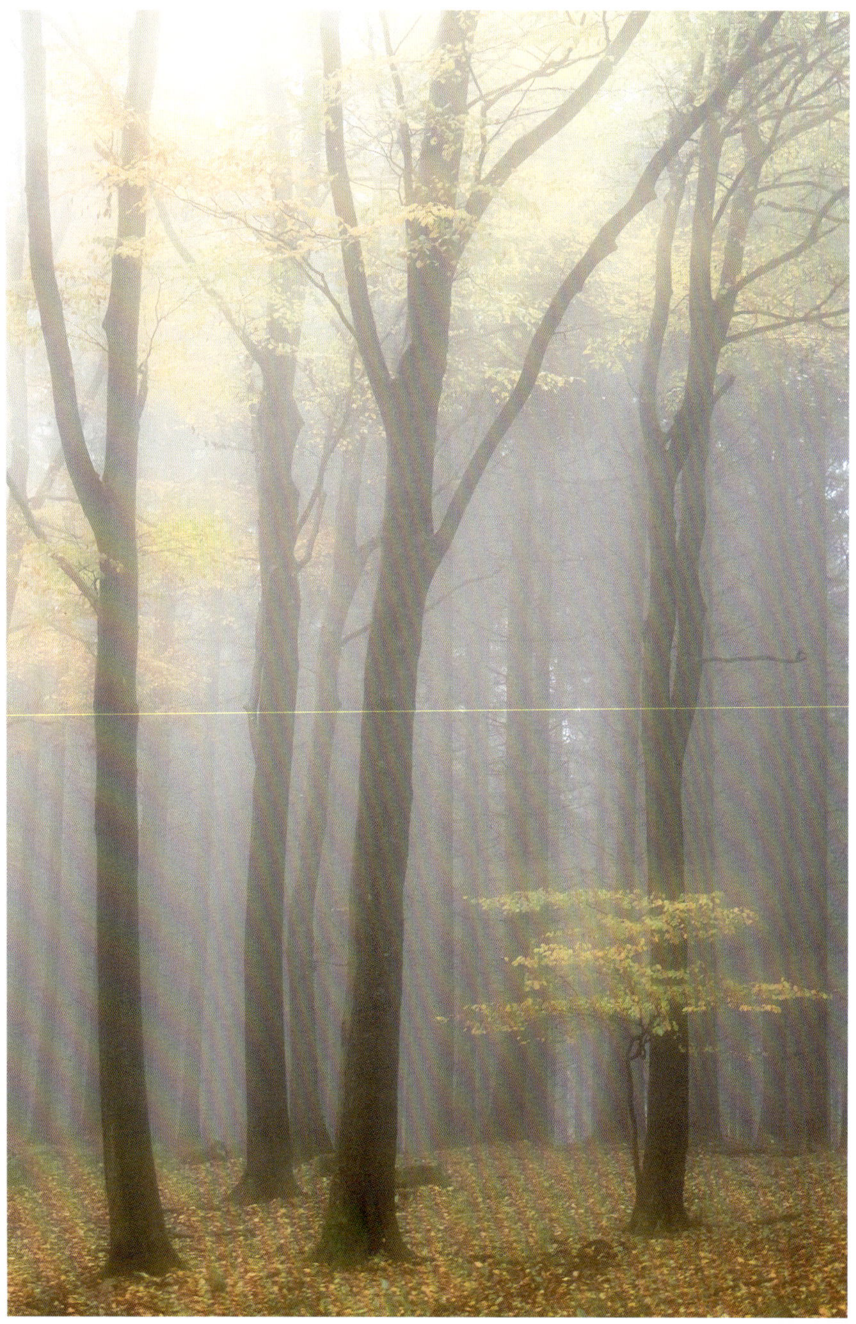

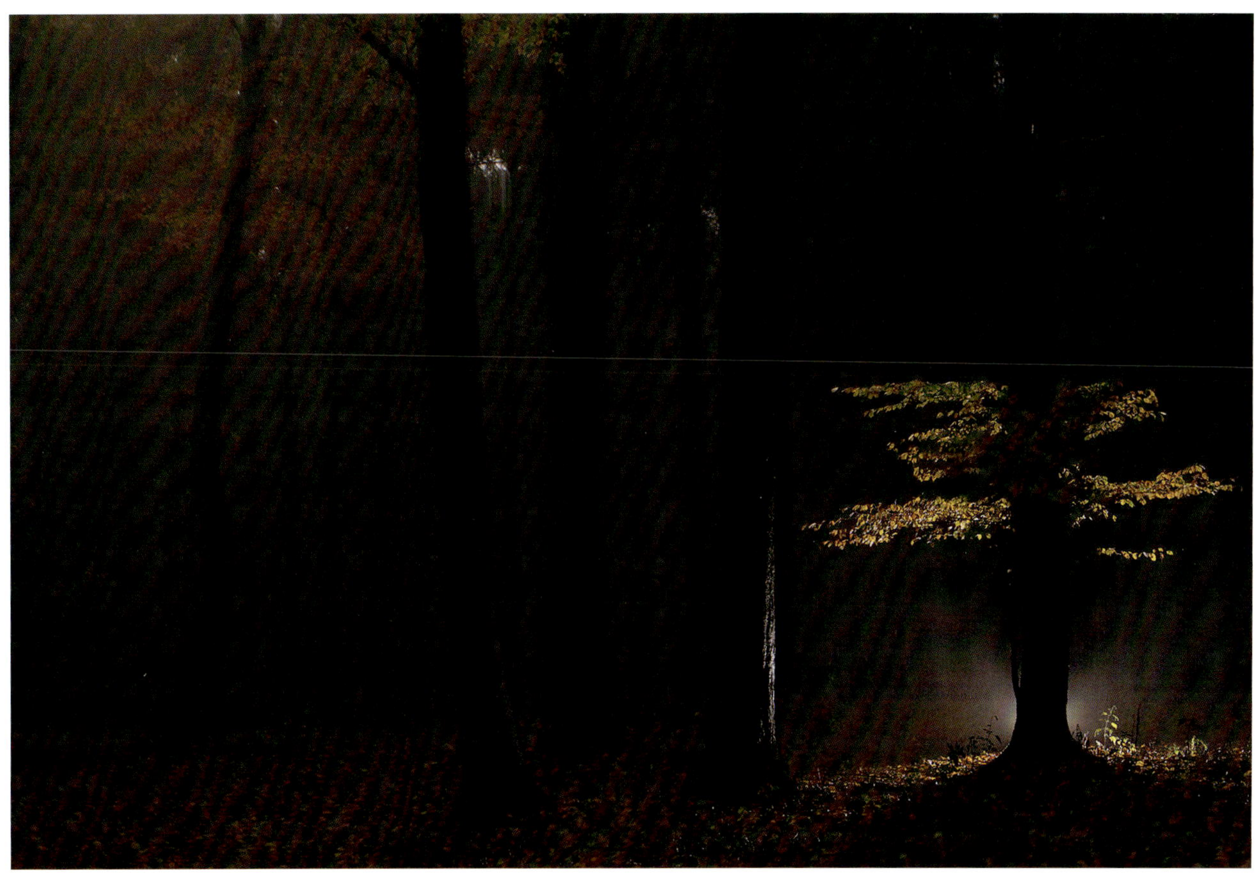

Bild 85: Die Helligkeit im Foto entspricht nicht der tatsächlichen Helligkeit vor Ort. Ich habe stark unterbelichtet, damit der Wald möglichst düster und dunkel erscheint.

KB-Vollformat, Objektiv 1,8/35 mm, Blende 16, 1/5 Sekunde, ISO 100, –3 LW, Blitz

Bild 84: Leichter Nebel im Spätherbst. Der ruhige Aufbau und die Doppelbelichtung verstärken den melancholischen Eindruck des Bildes.

KB-Vollformat, Objektiv 1,8/35 mm, Blende 6,3, 1/160 Sekunde, ISO 800, Doppelbelichtung (einmal fokussiert auf die Zweige unten rechts, einmal unscharf in den Vordergrund)

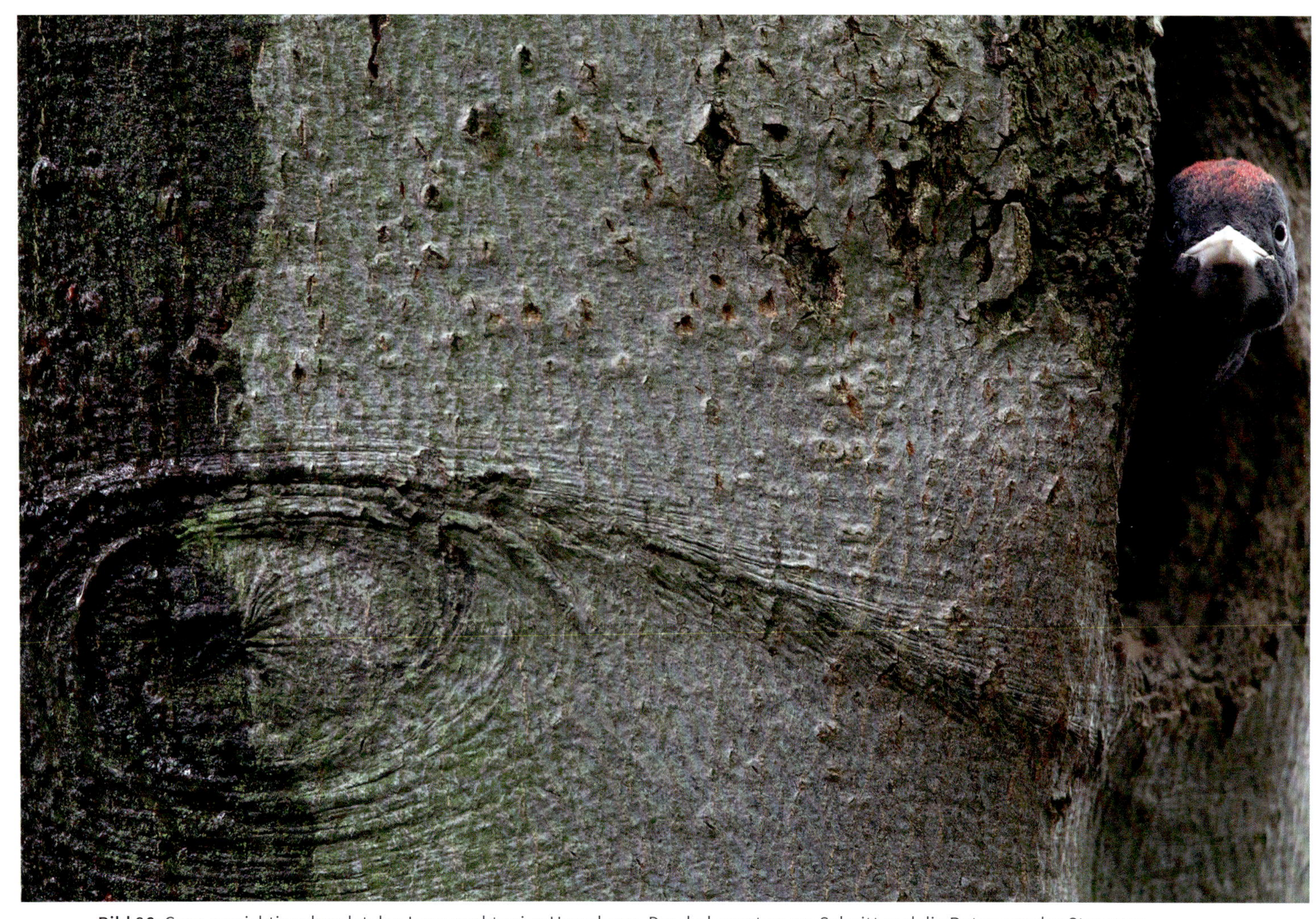

Bild 86: Ganz vorsichtig erkundet der Jungspecht seine Umgebung. Durch den extremen Schnitt und die Betonung des Stammes wird auf die Abhängigkeit des Tieres von den alten Bäumen hingewiesen. Die rote Kappe des Spechts ist ein Eyecatcher.

KB-Vollformat, 4/500 mm mit 1,4-fach-Konverter, Blende 5,6, 1/160 Sekunde, ISO 3.200, Stativ

Beim Schwarzspecht

Hermann Hirsch

Seine Heimlichkeit, die Präferenz für alte Wälder und ganz eigentümliche Rufe, die wie von einem anderen Kontinent klingen: Der Schwarzspecht hat auf mich schon immer eine ganz eigene Faszination ausgeübt. In Dortmund, meiner Heimatstadt, ist er zudem leider sehr selten zu Gesicht zu bekommen – auch dadurch wurde mein Wunsch nach Bildern vom Schwarzspecht immer größer. Meine ersten Fotos habe ich dann aber gemacht, als ich am wenigsten damit rechnete. Zusammen mit Kevin Winterhoff, einem guten Fotofreund, verbrachte ich einen ganzen Tag in seiner selbst gebauten Naturbeobachtungs- und Fotohütte in Hagen. Anders als Dortmund bietet Hagen deutlich mehr Wälder und Natur – perfekte Bedingungen also für Schwarzspechte.

Unverhoffte Begegnung

Das Licht des Tages schwand bereits und ein dichter Nebel schlich vom angrenzenden Wald auf uns zu. Wir brachen das Fotografieren ab und verließen die Hütte. Ein erfolgreicher Tag mit vielen Fotos, aber auch kalt gefrorenen Füßen lag hinter uns. Gerade als wir unsere Fotosachen in die Rucksäcke packen wollten, hörten wir ihn erneut – den Schwarzspecht.

Immer wieder mal hatten wir ihn in den Stunden zuvor vernommen. Aber jetzt war er sehr viel näher und wir bekamen ihn erstmalig zu Gesicht. Der Nebel bildete mit den Eichen einen wunderschönen Schwarz-Weiß-Kontrast. Der Kopf des Schwarzspechts hob sich wie ein Schattenriss von der Kontur des Baumes ab. Doch für ein gutes Bild war der Vogel zu weit entfernt (**Bild 91**). Kevin, der seine Sachen bereits verstaut hatte, bot mir an, mein Objektiv auf seiner Schulter abzulegen. So konnte ich die Kamera so lange problemlos auf der perfekten Höhe halten, bis der Schwarzspecht abfliegen würde (**Bild 92**). Nur wenige Augenblicke später tat er das auch und ich schoss eine Serie von drei Bildern. Die mittlere Variante zeigt den Vogel in einer idealen Haltung und in einer schön aufgebauten Komposition (**Bild 93**). Das Bild war absolut nicht planbar – und dennoch ist es ein gelungener Beweis dafür, dass man die Kamera erst einpacken sollte, wenn es wirklich dunkel ist oder jegliche Fotomöglichkeit ausgeschlossen ist.

Schwarzspecht am Baum

Viele meiner Bilder entstehen spontan. Nicht zwingend wie das oben beschriebene, sondern vielmehr durch das Entwickeln neuer Ideen beim Fotografieren

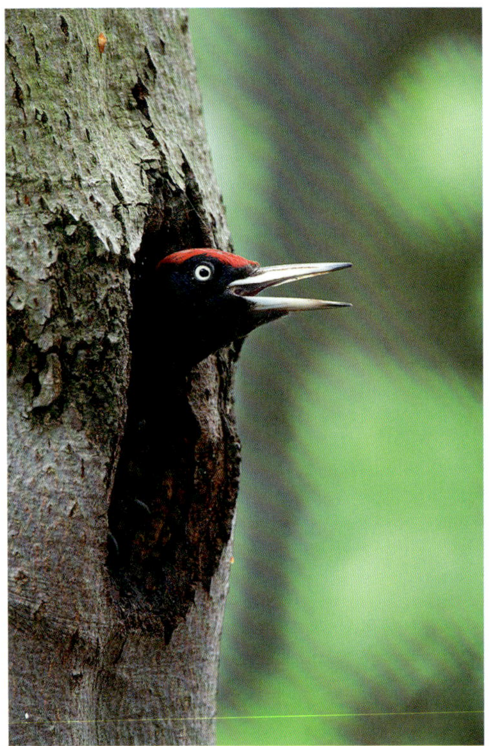
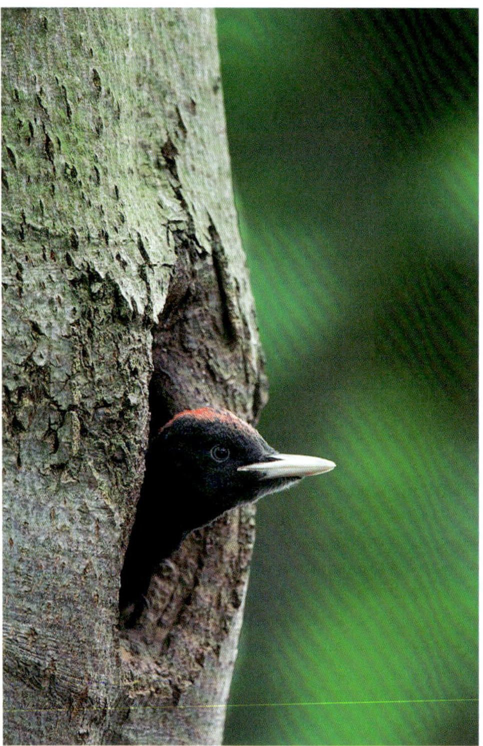
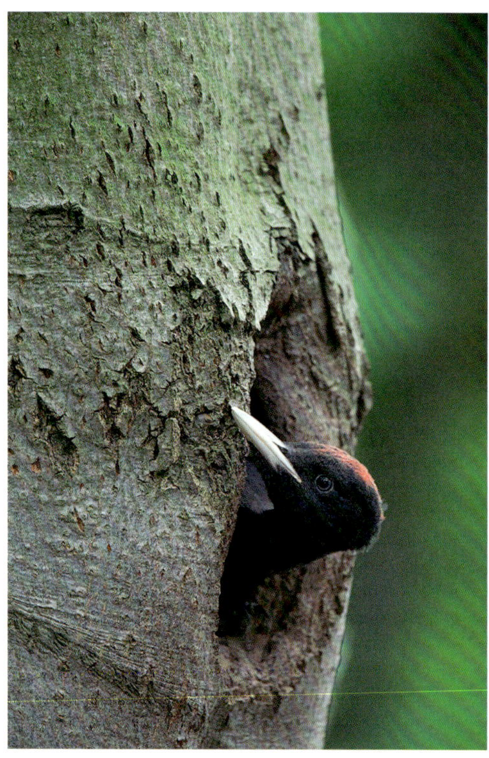

Bilder 87, 88, 89: Ich verfolgte mit meiner Kamera die Bewegung und die Blickrichtung des Schwarzspechtes. So entdeckte ich zufällig einen Schnitt, in dem der Baum einen großen Teil des Bildes einnahm.

Bild 87: *KB-Vollformat, 4/500 mm mit 1,4-fach-Konverter, Blende 7,1, 1/160 Sekunde, ISO 800, Stativ*
Bild 88: *KB-Vollformat, 4/500 mm mit 1,4-fach-Konverter, Blende 5,6, 1/60 Sekunde, ISO 3.200, Stativ*
Bild 89: *KB-Vollformat, 4/500 mm mit 1,4-fach-Konverter, Blende 5,6, 1/100 Sekunde, ISO 3.200, Stativ*

einer Art. Ein gutes Beispiel hierfür ist mein Ansitz an einer Schwarzspechthöhle. Als ich die Leiter im Nachbarbaum der Spechthöhle erklomm, malte ich mir schon eine Vielzahl möglicher Bilder aus. Szenen des Fütterns etwa, bei denen die Jungvögel weit aus dem Baum ragend um Nahrung betteln, und Altvögel, die die Höhle inspizieren.

Oben angekommen begann ich mich auf genau diese Bilder einzuschießen. Es war ein reines Abbilden von dem, was ich durch meine Kamera sah, und erforderte nicht viel – außer Zeit. Schnell waren zwar einige zufriedenstellende Bilder (**87, 88, 89**) im Kasten, aber kein außergewöhnliches.

Die Jungvögel in der Höhle waren schon sehr groß, kurz vorm Ausfliegen. Während ihre Eltern nicht in Blickweite waren, vertrieben sie sich die Zeit damit, den Kopf aus der Höhle zu strecken und neugierig ihre Umgebung zu erkunden. Diese Szenen nutzte ich natürlich für Fotos.

Da die Altvögel immer ziemlich lange brauchten, um neues Futter heranzuschaffen, war ich zum einen zeitlich nicht unter Druck, zum anderen hatte ich meine

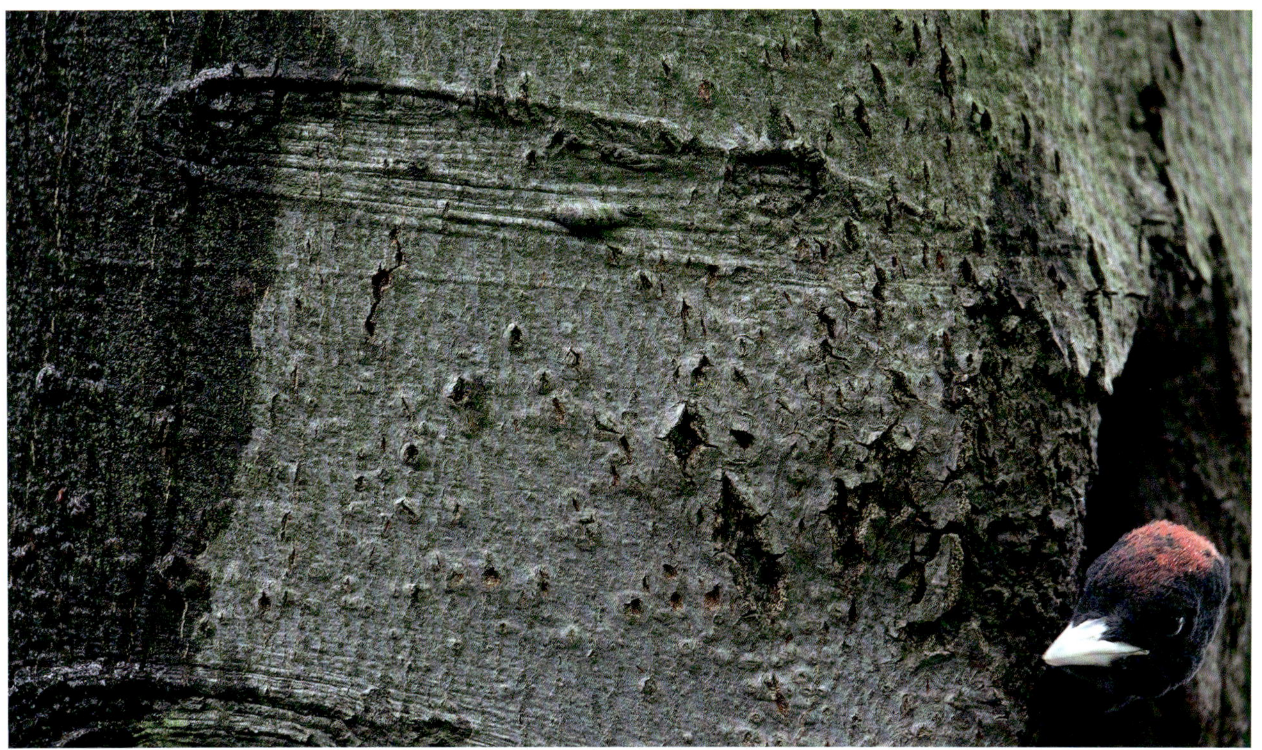

Bild 90: Der Wechsel ins Querformat unterstützt die Bildwirkung noch. Nun galt es, nur den richtigen Moment abzuwarten, in dem der Specht mich genau anschaute.
KB-Vollformat, 4/500 mm mit 1,4-fach-Konverter, Blende 5,6, 1/160 Sekunde, ISO 3.200, Stativ

geplanten Bilder bereits fertig. Nun konnte völlig erwartungsfrei Fotos machen, die sich von den anderen abheben würden. Ein Stadium, in dem ich nicht selten die Bilder mache, die ich rückblickend am schönsten finde.

Ich ließ mich treiben und verschob den Eingang der Höhle und mit ihm den Kopf des Jungvogels von links nach rechts und von oben nach unten (**Bilder 88 und 89**). Ich wechselte vom Querformat zum Hochformat und wählte lange Belichtungen, um die Bewegungen der Bäume im Hintergrund darzustellen. Ich belichtete mal sehr hell, mal recht dunkel. Ich machte also Spielereien, die nur möglich sind, wenn man über längere Zeit ein gleichbleibendes Motiv vor sich hat.

Schnell wurde mir klar, dass eine dunkle Belichtung die rote Kappe des Vogels besonders schön zur Geltung bringen würde. Auch der Stamm wirkte, dunkel belichtet, sehr spannend. Ich nahm ihn so formatfüllend wie möglich ins Bild, ohne dabei den Specht abzuschneiden. Plötzlich fiel mir auf, dass die Höhle etwas im Baumstamm zurücksprang, ich also

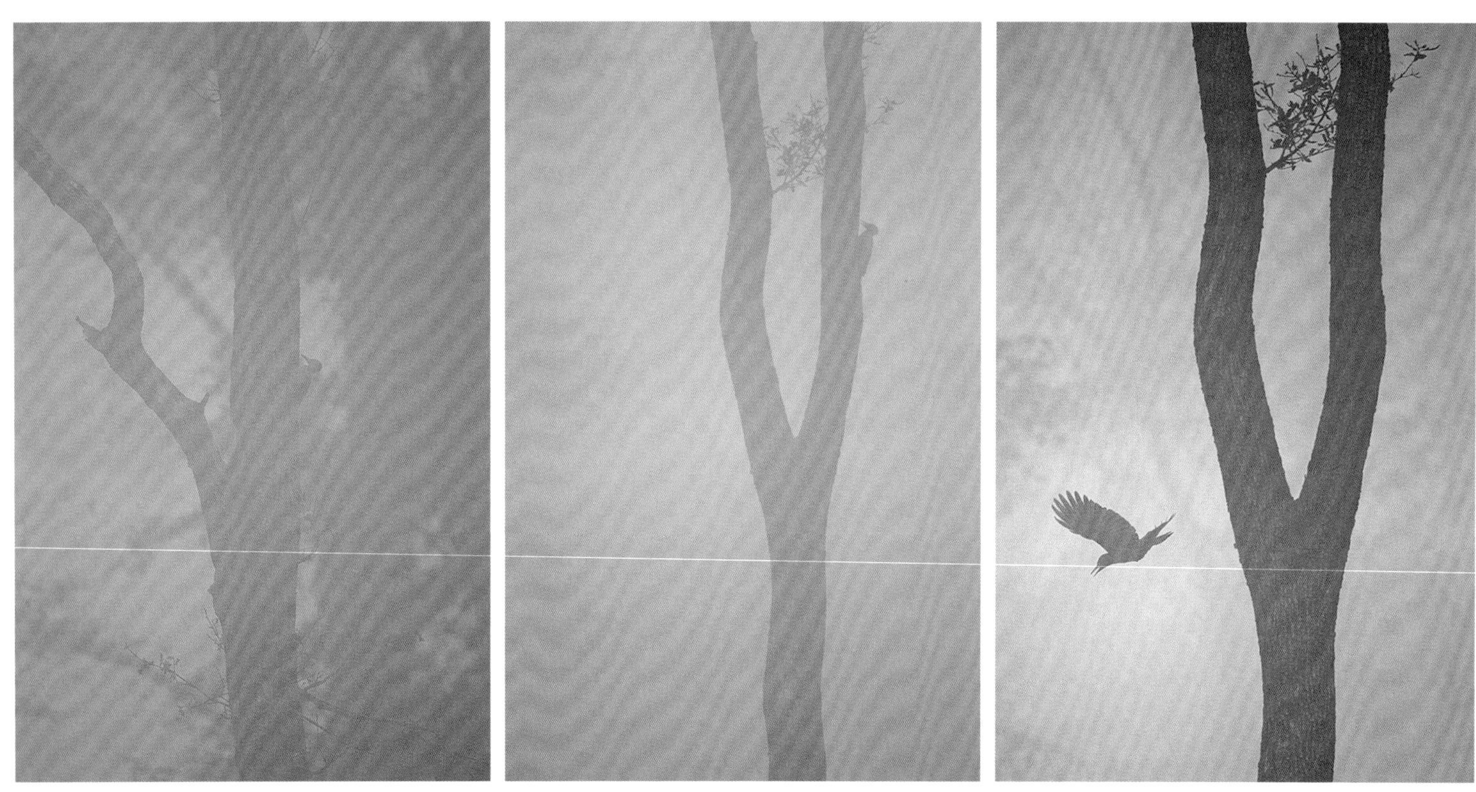

Bilder 91, 92, 93: Durch das Verfolgen des Spechts durch den Kamerasucher konnte ich ihn auch an schwer einsehbaren Stellen nicht verlieren. Permanent baute ich das Bild so auf, dass ein abfliegender Specht genug Platz hätte. Beim Abflug heißt es, schnell zu sein!

Bild 91 (links): KB-Vollformat, 4/500 mm, Blende 4, 1/2.500 Sekunde, ISO 800
Bild 92 (Mitte): KB-Vollformat, 4/500 mm, Blende 4, 1/1.000 Sekunde, ISO 400
Bild 93 (rechts): KB-Vollformat, 4/500 mm, Blende 4, 1/1.250 Sekunde, ISO 400

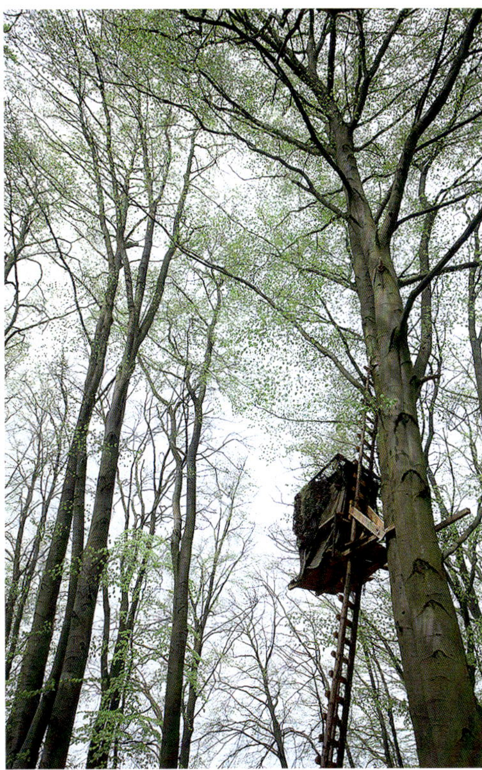

Bild 94: Schwarzspechte bewohnen die Kronen der Bäume. Wer mit ihnen auf Augenhöhe gelangen möchte, muss hoch hinaus – Platz für Höhenangst gibt es hier nicht. Diese Beobachtungskanzel hängt im Nachbarbaum zur Schwarzspechthöhle und kann bei Ranger-Tours.de gebucht werden.

den Bildausschnitt so wählen konnte, dass nur der Stamm mit einem Specht darauf zu sehen war.

Nun saß ich schon etwa vier Stunden, völlig in Gedanken versunken, in meinem Versteck. Das Wetter verschlechterte sich zunehmend und die Bäume begannen auf den neun Metern Höhe, in denen ich mich befand, stark zu schwanken. Ich musste also permanent meinen Bildausschnitt anpassen und genau den Moment abwarten, an dem mein Baum und der gegenüberliegende in der ursprünglichen Konstellation zueinanderstanden. Natürlich hätte ich auch einfach abbrechen und es am nächsten Tag wieder versuchen können. Da die Jungen aber schon so groß waren und ich noch nicht das Bild im Kasten hatte, von dem ich träumte, harrte ich aus.

Der Wind trug einen starken Sommerregen heran, der mich durch das offene Dach des Verstecks allmählich durchnässte. Der Niederschlag hatte aber auch einen positiven Einfluss auf mein Bild. Der Stamm wurde auf der linken, also der dem Spechtloch abgewandten Seite beregnet und somit dunkler. Das ergab für mich den idealen Abschluss des linken Bildrands (**Bild 90**). Der Wind klang schon wieder ab und es wurde dämmriger im Wald, als endlich alles passte. Die Bäume bewegten sich für einen Moment nicht, der junge Specht schaute in die Kamera und ich löste aus (**Bild 86**).

Vollkommen durchnässt, aber glücklich baute ich meine Sachen ab und begann den Abstieg aus dem Baum. Zurück auf der Leiter, dachte ich über meine Erwartungen an den Tag und die tatsächlich erreichten Resultate nach. Beide lagen doch sehr weit auseinander. Die produzierten Fotos gefielen mir aber eindeutig besser als die geplanten.

Glücklich kam ich wieder auf dem Boden an. Am kommenden Tag waren die Jungvögel bereits ausgeflogen. Welch ein Glück, dass ich meine Chance genutzt und die Bilder sofort gemacht hatte.

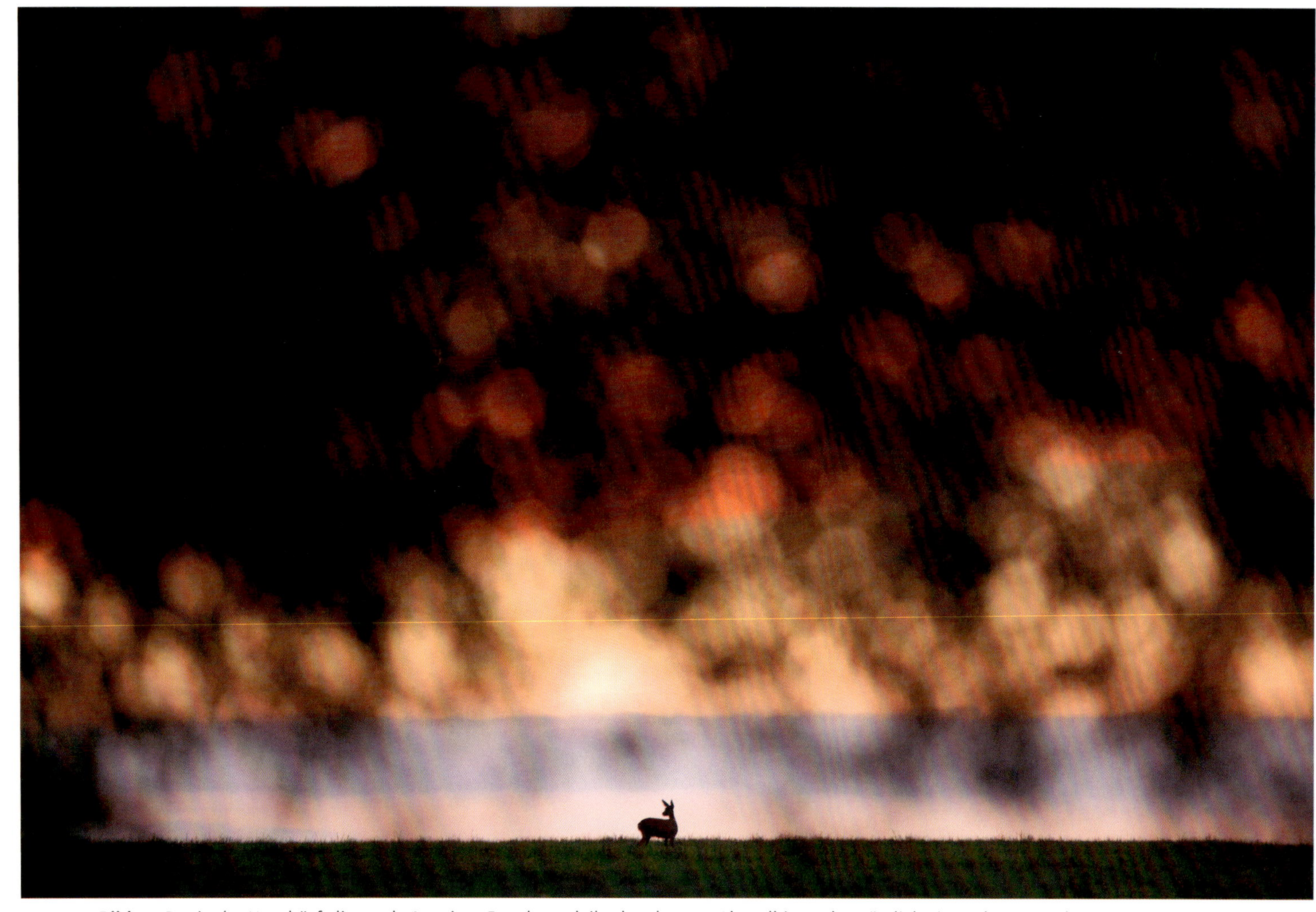

Bild 95: Der in der Unschärfe liegende Ast eines Buschs verleiht dem bunten Abendhimmel zusätzlich eine schöne Struktur. Damit die Unschärfekreise auch ganz rund sind, musste die Blende komplett geöffnet bleiben.

KB-Vollformat, 2,8/120–300 mm bei 300 mm, Blende 2,8, 1/100 Sekunde, ISO 400

Auf Fotopirsch bei den Rehen

Hermann Hirsch

Rehe gibt es in jeder Großstadt. Häufig leben sie so heimlich, dass man sie nur selten oder gar nicht zu Gesicht bekommt. In ländlichen Regionen hingegen gehören sie zum alltäglichen Bild, wenn sie am Rande einer Schnellstraße alleine oder in einem ganzen Sprung äsen (**Bilder 98**, **100** und **105**). Eben diese Momente sind es, die mich zu meinen meisten Rehfotos gebracht haben.

Im Sommer, wenn die Sonne lange vor Arbeitsbeginn aufgeht, fahre ich gerne mit dem Auto durch genau solche ländlichen Gebiete in Dortmund. Die Tiere haben sich hier an den ständigen Autoverkehr viel mehr gewöhnt als an Spaziergänger. So sind aus dem Auto deutlich geringere Fluchtdistanzen zu beobachten als zu Fuß. Manchmal kann man sich ihnen rollenderweise und mit bereits ausgeschaltetem Motor bis auf unter 15 Meter nähern. Für formatfüllende Fotos von Rehen auf Wiesen oder Rapsfeldern (**Bild 99**) ist das für mich eine ideale Methode. Geht es aber darum, Bilder zu machen, bei denen man das Tier mehr in seinem Lebensraum darstellen möchte, ist man mit dem Auto oft zu unbeweglich.

Nachdem ich einige der Standardbilder im Kasten hatte, begann ich also die Stellen, von denen ich ohnehin wusste, dass dort häufig Rehe anzutreffen sind, zu Fuß zu erkunden. Nur mit meiner Kamera und dem Teleobjektiv in der Hand, umkreiste ich diese Gebiete, um besonders in den Stunden vor Sonnenaufgang und nach Sonnenuntergang Rehe als Scherenschnitte vor dem Himmel abzubilden. Für mich bringt das immer eine sehr erfrischende Abwechslung in eine Serie über eine bestimmte Gattung. Da der reine Himmel doch meistens sehr eintönig im Bild erschien, suchte ich mir jene Stellen aus, die etwas hinter der Baumgrenze, weiter im Wald lagen. So konnte ich durch das herabhängende Laub Strukturen in den Himmel integrieren (**Bild 102**). Hierbei galt es, einen ausgewogenen Mittelweg aus gewollter Dynamik im Himmel einerseits und einer nicht zu starken Ablenkung andererseits zu finden. Die Parameter, die das beeinflussten, waren erstens die Öffnung der Blende, zweitens der Abstand zum Laub und drittens die Distanz zwischen dem Laub und den Rehen.

Auf die ersten beiden Parameter hatte ich direkten Einfluss. Ich begann also, mal etwas näher, mal etwas weiter an der

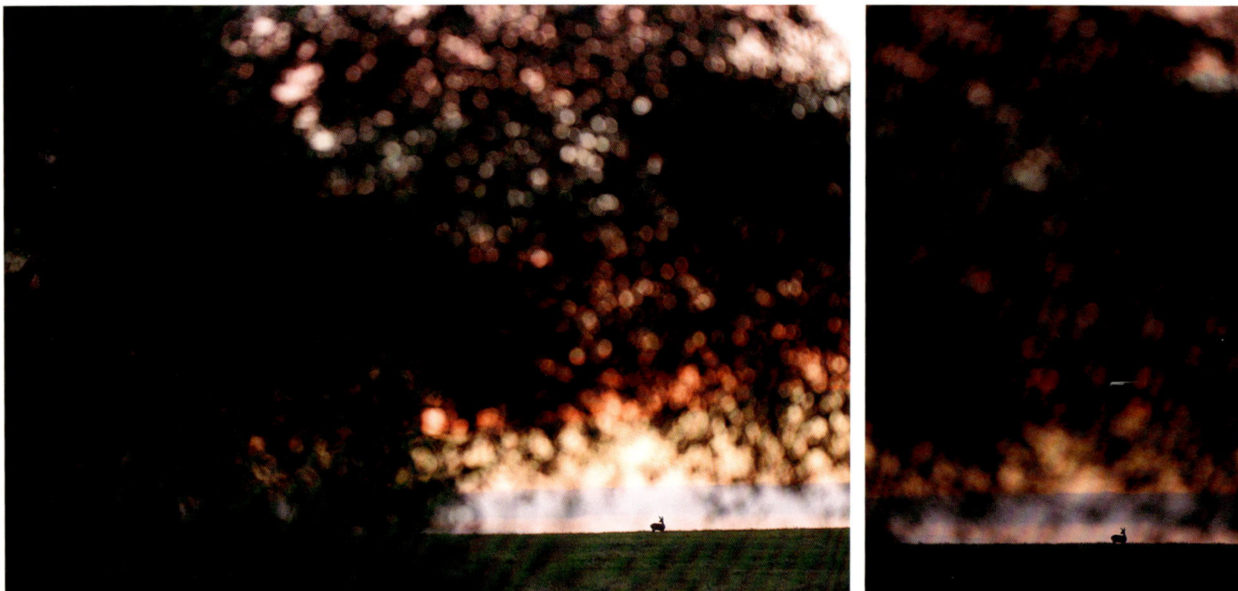

Bilder 96, 97: Manchmal muss man erst ein paar Bilder machen, um das Verhalten des unscharfen Astes auf die Bildwirkung einschätzen zu können: Besonders der gleichmäßige Bereich direkt über dem Reh gefiel mir gut (**Bild 96**, links). Im Hochformat (**Bild 97**, rechts) gab es im oberen Bildteil zu wenig Licht für Unschärfekreise.

Bild 96 (links): KB-Vollformat, 2,8/120–300 mm bei 300 mm, Blende 2,8, 1/60 Sekunde, ISO 400
Bild 97 (rechts): KB-Vollformat, 2,8/120–300 mm bei 180 mm, Blende 2,8, 1/160 Sekunde, ISO 400

Waldgrenze zu fotografieren (**Bilder 96, 97**) und die Blende dabei mal mehr und mal weniger zu schließen. Als ich die für mich ideale Kombination gefunden hatte, galt es, nur noch darauf zu hoffen, dass die Rehe auch den richtigen Abstand zum Wald einhalten würden. Nun fehlte mir nur noch ein spannend gefärbter Himmel im Hintergrund. Um auch die letzten beiden Faktoren auf eine schöne Art und Weise zu verwirklichen, war Zeit nötig. Viel Zeit! Deutlich mehr Zeit, als ich zunächst annahm. Mal war der Himmel stahlgrau, mal der Sprung Rehe durch einen Jogger oder einen streunenden Hund in Aufregung versetzt. Als es letztendlich doch noch klappte (**Bild 95**), machte ich innerlich Luftsprünge unter meinem Tarnumhang.

Nur ein paar Tage später wurde die Jagdsaison auf die Rehe eröffnet. Für den Fotografen bedeutet das in der Regel mehr oder weniger das Ende für Projekte wie meins. Daher mein Tipp: Informieren Sie sich, von wann bis wann die Jagdsaison dauert und nehmen Sie am besten Kontakt mit dem ortsansässigen Jäger auf, um ungeplante Begegnungen zu vermeiden. Auch hilfreiche Tipps bekommen Sie beim netten zuständigen Förster besser als überall anders.

Bild 98: Die weite Landschaft kann durch einen Größenvergleich noch weiter aussehen. Ein Reh, so klein, dass man es kaum erkennen kann, sorgt für ein starkes Tiefengefühl in einem sonst stark zweidimensionalen Bild.

KB-Vollformat, 2/135 mm, Blende 2, 1/8.000 Sekunde, ISO 200

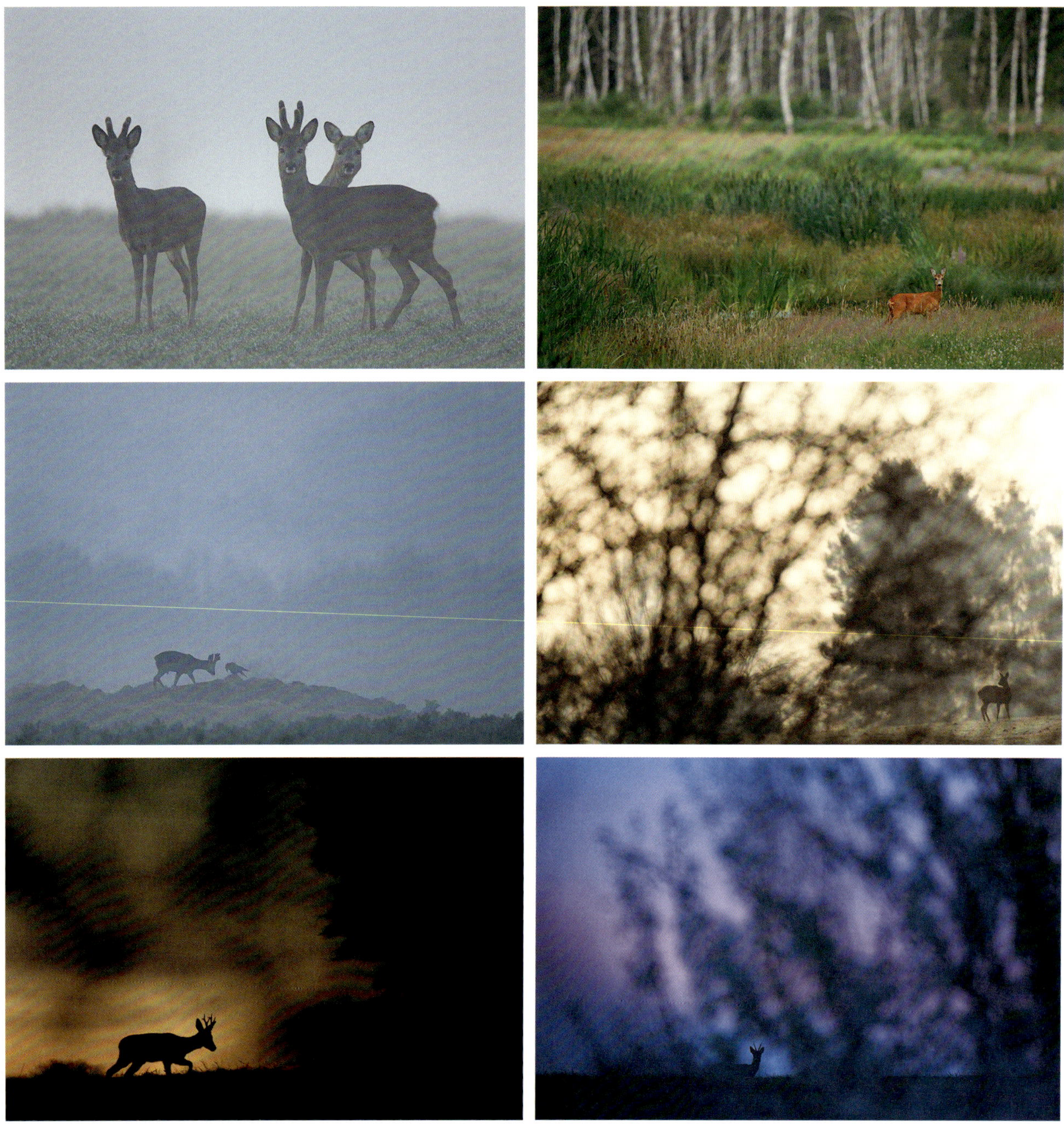

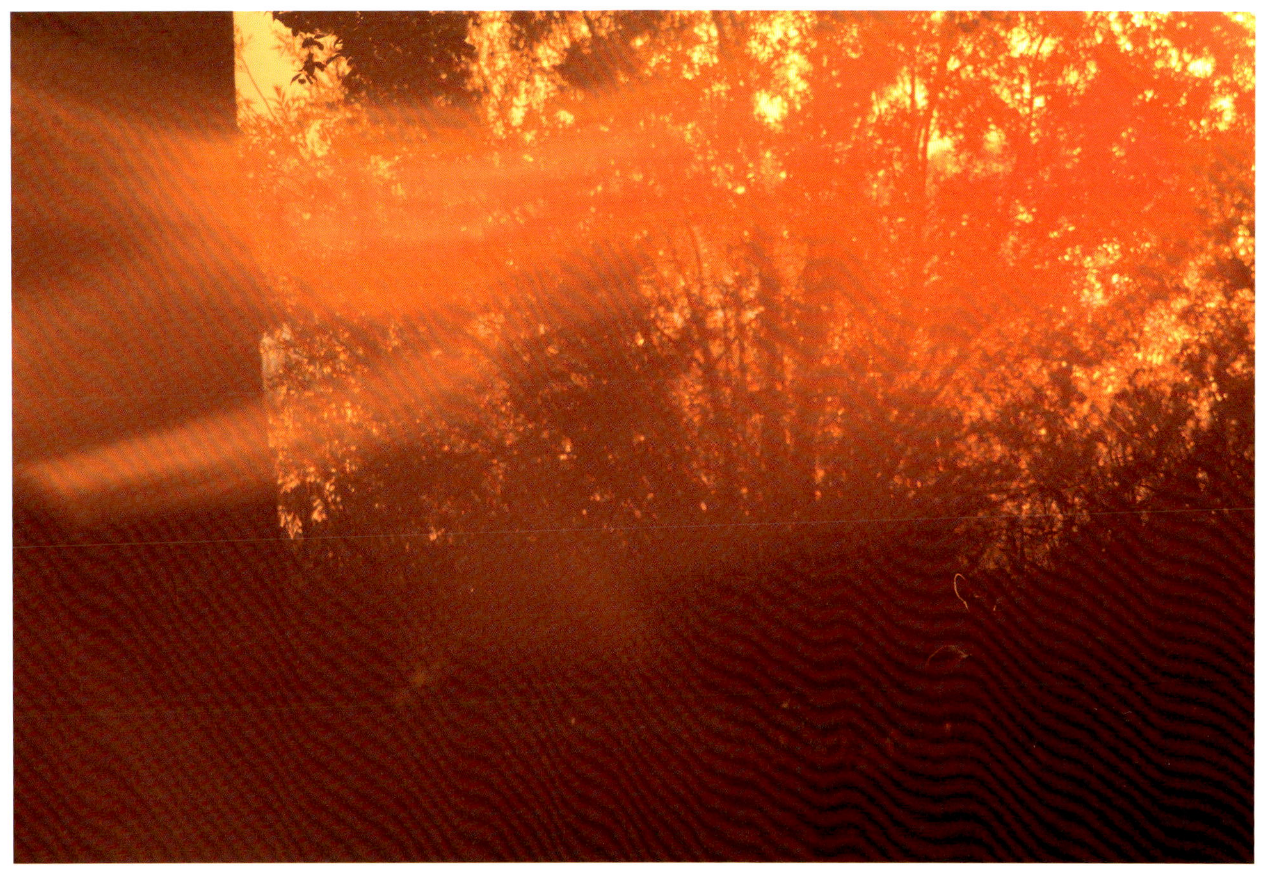

Bild 105: Die Reflexion im oberen Bildteil entstand durch Auflegen der Kamera auf meine Motorhaube. Das Licht wurde von ihr reflektiert und auf die Frontlinse gespiegelt. Das Bild entstand nur durch Zufall und beweist einmal mehr: Probieren geht über Studieren.

KB-Vollformat, 4/500 mm, Blende 9, 1/200 Sekunde, ISO 200

Bild 99: KB-Vollformat, 4/500 mm mit 1,4-fach-Konverter, Blende 5,6, 1/250 Sekunde, ISO 800

Bild 100: KB-Vollformat, 2,8/400 mm, Blende 3,5, 1/160 Sekunde, ISO 800

Bild 101: KB-Vollformat, 4/500 mm, Blende 4, 1/320 Sekunde, ISO 800

Bild 102: KB-Vollformat, 4/500 mm, Blende 4,5, 1/1.600 Sekunde, ISO 200

Bild 103: KB-Vollformat, 4/500 mm, Blende 4, 1/200 Sekunde, ISO 4.000

Bild 104: KB-Vollformat, 4/500 mm, Blende 4, 1/125 Sekunde, ISO 800

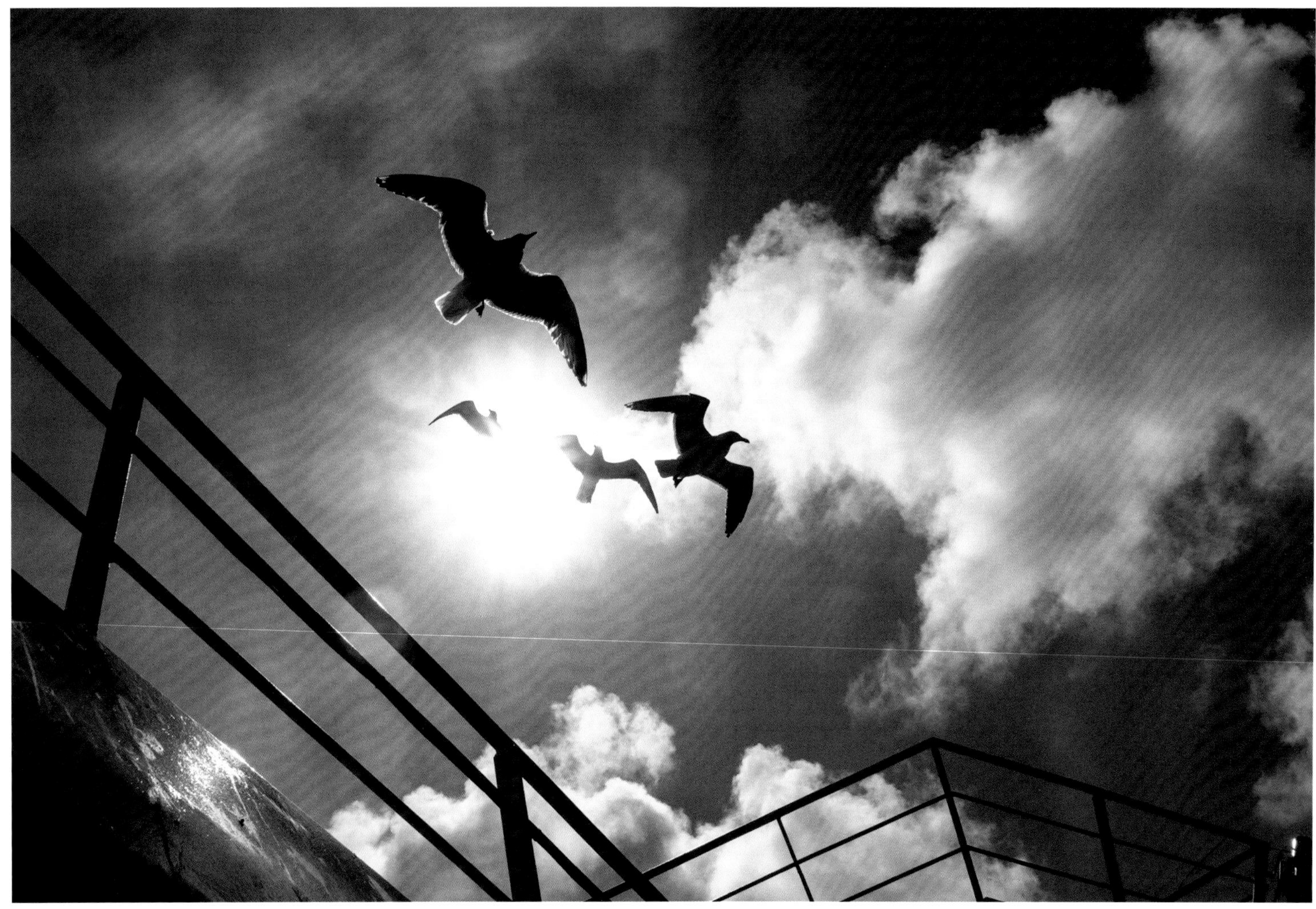

Bild 106: Wie aus einer Quelle Wasser entspringt, so scheinen die Möwen in diesem Bild direkt aus der Sonne zu kommen. Das Bild ist voller Kontraste: Im grellen Licht gibt es auch ohne die Schwarz-Weiß-Umsetzung nur wenige Mitteltöne. Und die weichen Konturen der Wolken stehen im Widerspruch zu den geraden Strukturen des Geländers. Zudem konturiert das grelle Licht die am größten abgebildete Möwe. Die unzähligen Reflexe verleihen meiner Ansicht nach dem Motiv noch das i-Tüpfelchen.

KB-Vollformat, 2,8/24–70 mm bei 24 mm, Blende 22, 1/8.000 Sekunde, ISO 100

Motivvielfalt auf Texel

Hermann Hirsch und Karsten Mosebach

Was machen zwei Fotografen aus ein und demselben Motiv, aus derselben Location, zur selben Zeit? Dieser Frage sind wir bei einem Fotoausflug auf die niederländische Nordseeinsel Texel nachgegangen.

Die Überfahrt

Hermann: Ich finde immer wieder cool an der Insel Texel, dass das Fotografieren schon beginnt, bevor man angekommen ist – nämlich auf der Fähre.

Karsten: Und wir hatten dazu noch richtig Glück mit dem Wetter. Strahlender Sonnenschein, knackig blauer Himmel und watteweiche, weiße Wölkchen.

Hermann: Die Möwen waren natürlich auch wieder da, so wie immer. Sie fliegen um das Schiff herum und warten auf Brot werfende Passagiere.

Karsten: Was mir an **Bild 106** sehr gut gefällt, ist die grafische Komponente, besonders in der Schwarz-Weiß-Umsetzung. Das Geländer des Oberdecks am unteren Bildrand mit seinen klaren und geraden Linien ergänzt sehr gut die weichen Wolkenstrukturen oben rechts im Bild. Die Möwen als Silhouetten flankieren die strahlende Sonne, ein Vogel ist nur halb zu sehen, er scheint direkt aus der Sonne zu kommen. Ich habe die Blende vollkommen zugedreht, auf Blende 22, die ISO-Zahl liegt im mittleren Bereich, die Verschlusszeit ist kurz. Beim Fotografieren war mir gar nicht aufgefallen, dass sich jedes Staubkörnchen auf der Linse als Fleck bemerkbar macht. Aber das verleiht dem Bild das i-Tüpfelchen.

Hermann: Man ist natürlich geneigt, ständig nach oben zu schauen und auch zu fotografieren, da die Möwen dort so ein Spektakel machen. Der Blick in die entgegengesetzte Richtung nach unten ist für mich aber genauso spannend. Am Bug des Schiffes fliegen Flussseeschwalben auf und ab, um durch die Fähre aufgespülte Fische abzusammeln. Da die Vögel sehr hell sind und das Meer sehr dunkel erscheint, kann man mithilfe einer Unterbelichtung und einer Schwarz-Weiß-Konvertierung ebenfalls eine sehr grafische Wirkung erzielen. Hinzu kommt die durch die Bugwelle der Fähre erzeugte Struktur im Wasser, die ständig in Bewegung ist (**Bild 114**). Diese Faktoren haben aber auch einen hohen Ausschuss zur Folge, der durch ungünstige Windverhältnisse oder direktes Sonnenlicht noch erhöht wird.

Karsten: Interessanterweise zeigen diese ersten Eindrücke, wie unterschiedlich unsere Sichtweisen sind. Während ich mich sofort nach oben orientiert habe, hast du nach unten fotografiert. Wir haben also ganz verschiedene Bilder gemacht, obwohl wir beide uns gleichzeitig auf denselben paar Quadratmetern Boot befunden haben.

Hermann: Das macht es aber auch so spannend, was parallel an unterschiedlichen Bildern möglich ist.

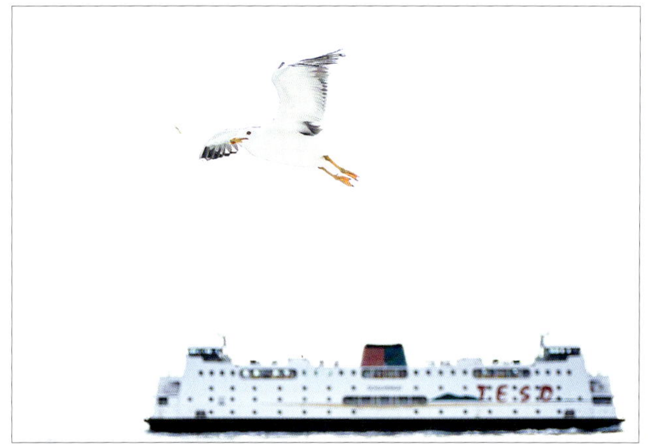

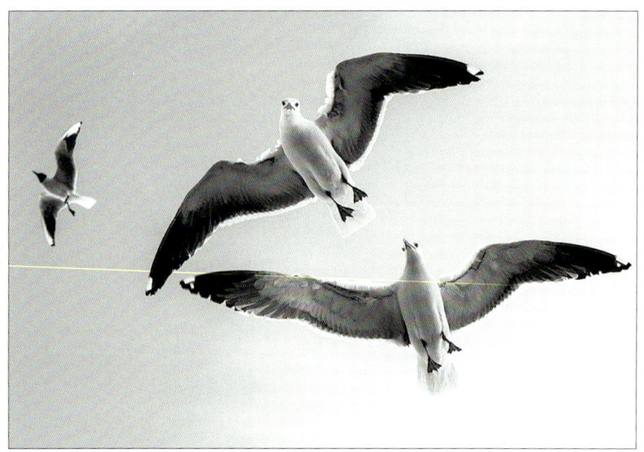

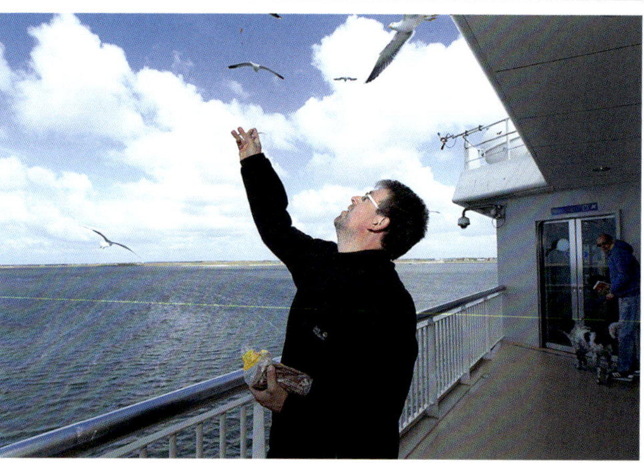

Sämtliche Möwenbilder auf dieser Doppelseite wurden mithilfe von Blitzlicht angefertigt. Die hellen Tiere vor dem hellen Himmel sollten nicht als Silhouette, sondern im Stil einer High-Key-Aufnahme dargestellt werden. **Bild 109** (u. l.) entstand zunächst einfach mit dem Systemblitz in der Zeitautomatik ohne Belichtungskorrektur. Dabei erschien der Himmel aber noch nicht hell genug. Für die weiteren **Bilder 107** (o. l.) und **108** (o. r.) erfolgte eine satte Belichtungskorrektur von +2 LW. So erscheint der Himmel völlig weiß und ausgefressen und auch die Tiere haben nur noch wenig Zeichnung in den Flügeln.

Bild 107 (oben links): KB-Vollformat, 2,8/24–70 mm bei 24 mm, Blende 11, 1/250 Sekunde, ISO 200, +2 LW, Blitz

Bild 108 (oben rechts): KB-Vollformat, 2,8/24–70 mm bei 24 mm, Blende 11, 1/250 Sekunde, ISO 200, +2 LW, Blitz

Bild 109 (unten links): KB-Vollformat, 2,8/24–70 mm bei 24 mm, Blende 11, 1/250 Sekunde, ISO 200, Blitz

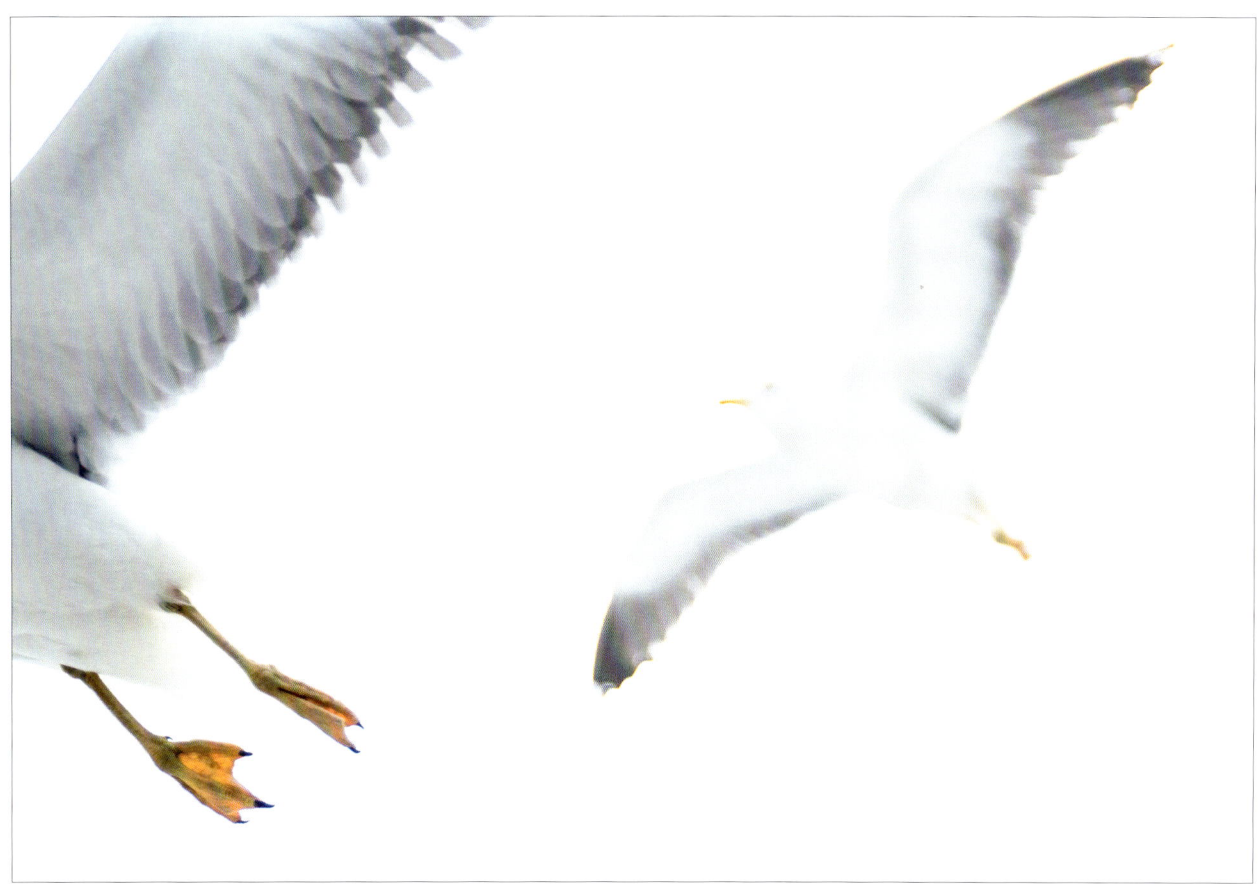

Bild 111: Muss das Hauptmotiv vollständig im Bild zu sehen sein? Nicht unbedingt. Der Anschnitt erzeugt Spannung und wirft Fragen auf: Wie sieht das Tier aus? Wo will es hin? Ohne seinen „Gegenpart“, das unscharf abgebildete Tier in der rechten Bildhälfte, wäre das Motiv aber langweilig. Die farbliche Reduktion auf Gelb, Weiß und Schwarz trägt wesentlich zur Bildwirkung bei.

KB-Vollformat, 2,8/24–70 mm bei 35 mm, Blende 11, 1/250 Sekunde, ISO 200, +2 LW, Blitz

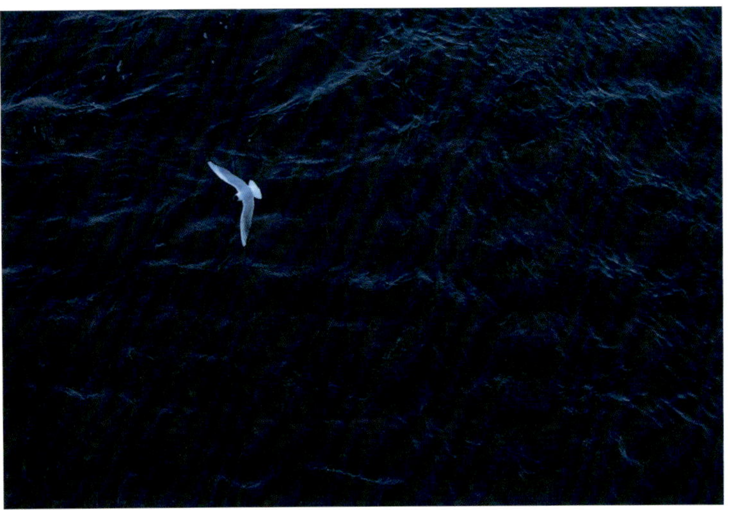

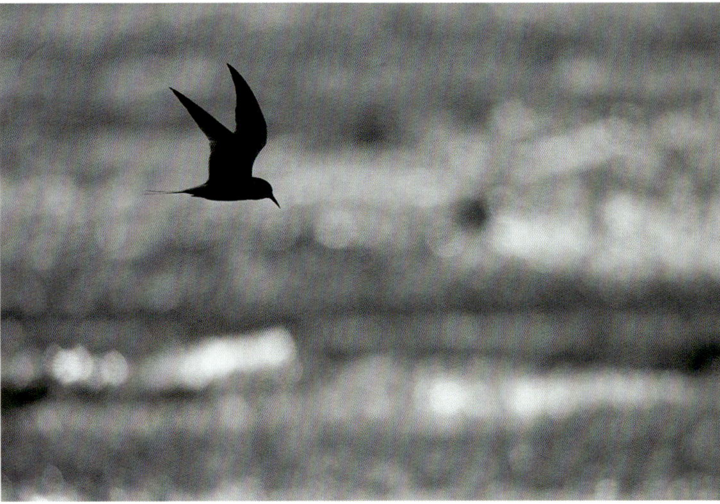

Bilder 112, 113: Parallel zur Fähre fliegen Dutzende Seevögel und präsentieren den Passagieren auf den Decks vielfältige Flugstudien.

Bild 112 (links): *KB-Vollformat, 4/70–200 mm bei 70 mm, Blende 6,3, 1/1.000 Sekunde, ISO 800*

Bild 113 (rechts): *KB-Vollformat, 5,6/800 mm, Blende 5,6, 1/6.400 Sekunde, ISO 100*

Begegnung mit der Uferschnepfe

Hermann: Wenn man auf Texel unterwegs ist, begegnet man normalerweise auch Uferschnepfen. Im Zentrum der Insel gibt es einige große Wiesenflächen, die von Hauptstraßen durchzogen werden. Hier findet man im Frühling eigentlich immer Exemplare – wie auch dieses Jahr.

Karsten: Einen Abend waren wir gemeinsam fotografieren, aber es war schon zu dunkel und das Wetter war hundsmiserabel, es regnete Bindfäden. Aber auf der Straße saß immer wieder ein Vogel, den wir gerne unter besseren Bedingungen fotografiert hätten. Also verabredeten wir uns für den nächsten Morgen. Als ich eintraf, warst du zwar noch nicht da, aber die Schnepfe saß schon auf der Straße. Ich habe das Auto abgestellt, konnte mich ihr annähern und begann zu fotografieren. Mir schwebte vor, den Vogel auf der Farbmarkierung der Straße zu fotografieren, aber das haute nicht so richtig hin. Nie stand die Schnepfe wirklich auf der Markierung und so spielte ich mit den Linien herum, als plötzlich von hinten ein Auto kam. Ich freute mich sehr, denn ich wollte das Licht der Autoscheinwerfer hinter das Tier setzen. Aber schon ein paar Sekunden später dachte ich, dass der Vogel sicher gleich wegfliegt, wenn das Auto noch näher kommt.

Hermann: Dem war aber nicht so, weil ich in dem Auto saß. Auf die noch große Entfernung sah ich, dass du auf der Straße vor dem Vogel lagst und fotografiertest. Ich erkannte glücklicherweise die Situation und versuchte, mein Auto genau von dir aus gesehen hinter dem Vogel zu positionieren. Natürlich konnten wir nicht kommunizieren, also spielte ich im langsamen Heranfahren alle unterschiedlichen Lichter ab, die mein Auto zu bieten hatte. Normales Abblendlicht, Fernlicht, Standlicht und Blinker. Letztlich war wohl das Standlicht am besten.

Karsten: Ganz genau! Dafür könnte ich dich heute noch knutschen. Etwas Besseres hätte mir da nicht passieren können (**Bilder 115** und **116**). Diese beiden Bilder könnten unterschiedlicher nicht sein, obwohl sie doch binnen zwei Sekunden entstanden. Einmal ist das Abblendlicht, einmal das Standlicht im Hintergrund zu sehen. Im ersten Fall erscheint das Bild wie in tiefster Nacht aufgenommen, im zweiten wie in der frühen Dämmerung.

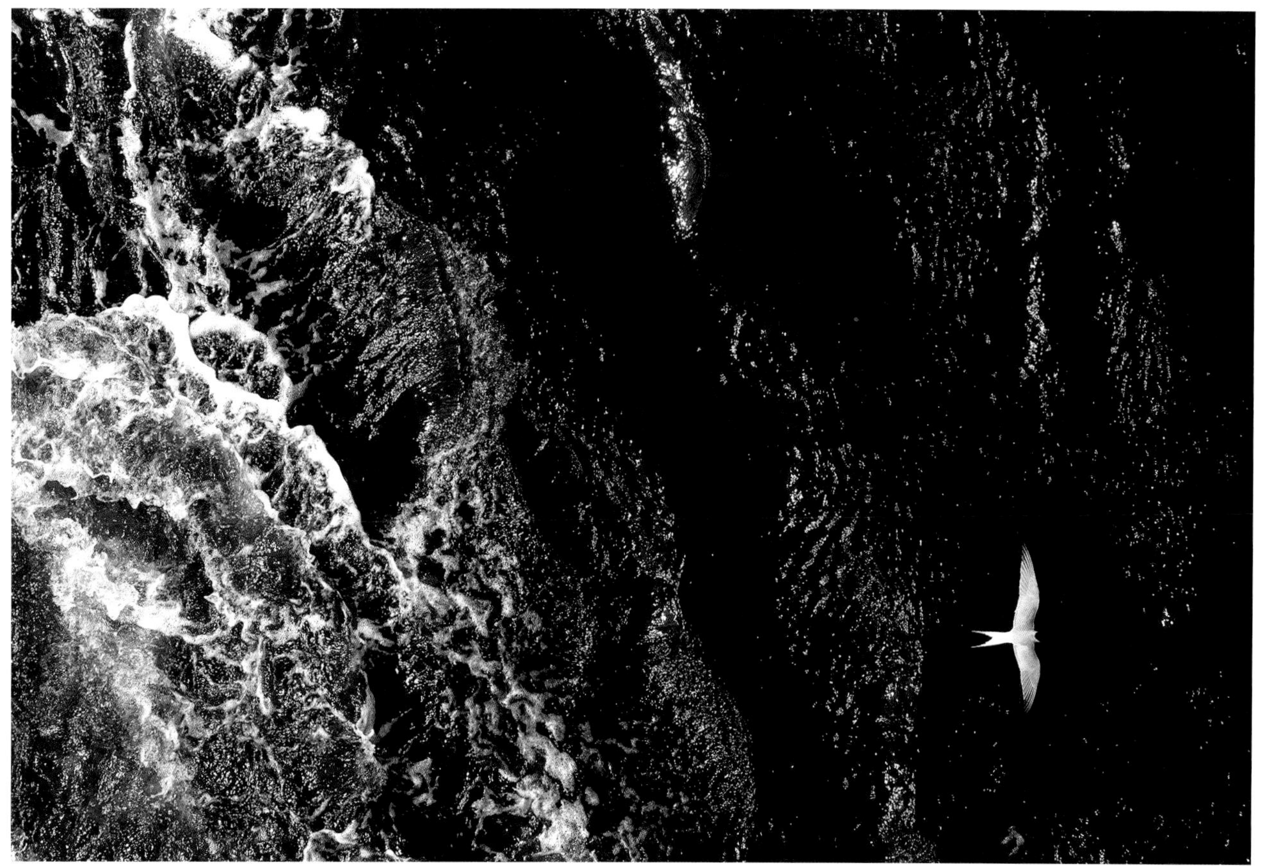

Bild 114: In der von der Fähre aufgewühlten See entstehen grafische Strukturen. Die wild durcheinander fliegenden Seeschwalben richtig zu positionieren, benötigt viele Aufnahmen und letztlich auch etwas Glück.
KB-Vollformat, 4/70–200 mm bei 70 mm, Blende 7,1, 1/5.000 Sekunde, ISO 400

Hermann: Schön, dass bei **Bild 118** alles gepasst hat. Die Scheinwerfer waren räumlich nicht voneinander getrennt und das Licht nicht zu grell. Außerdem liegt der ganze Kopf der Schnepfe im Lichtkegel, ein wirklich sehr, sehr schönes Bild!

Karsten: Glücklich bin ich auch, dass technisch alles stimmte. Es war morgens lange vor Sonnenaufgang, ich wählte etwa ISO 3.000. Dabei lag ich, natürlich ohne Stativ, auf der Straße und versuchte das Objektiv irgendwie ruhig zu halten. Viele Bilder sind leider unscharf geworden, aber bei diesem einen war alles perfekt.

Hermann: Was will man mehr? Nach den Fotoshootings auf der Straße hofften wir natürlich auf weitere Motive mit den Schnepfen. Häufig sieht man sie auch als

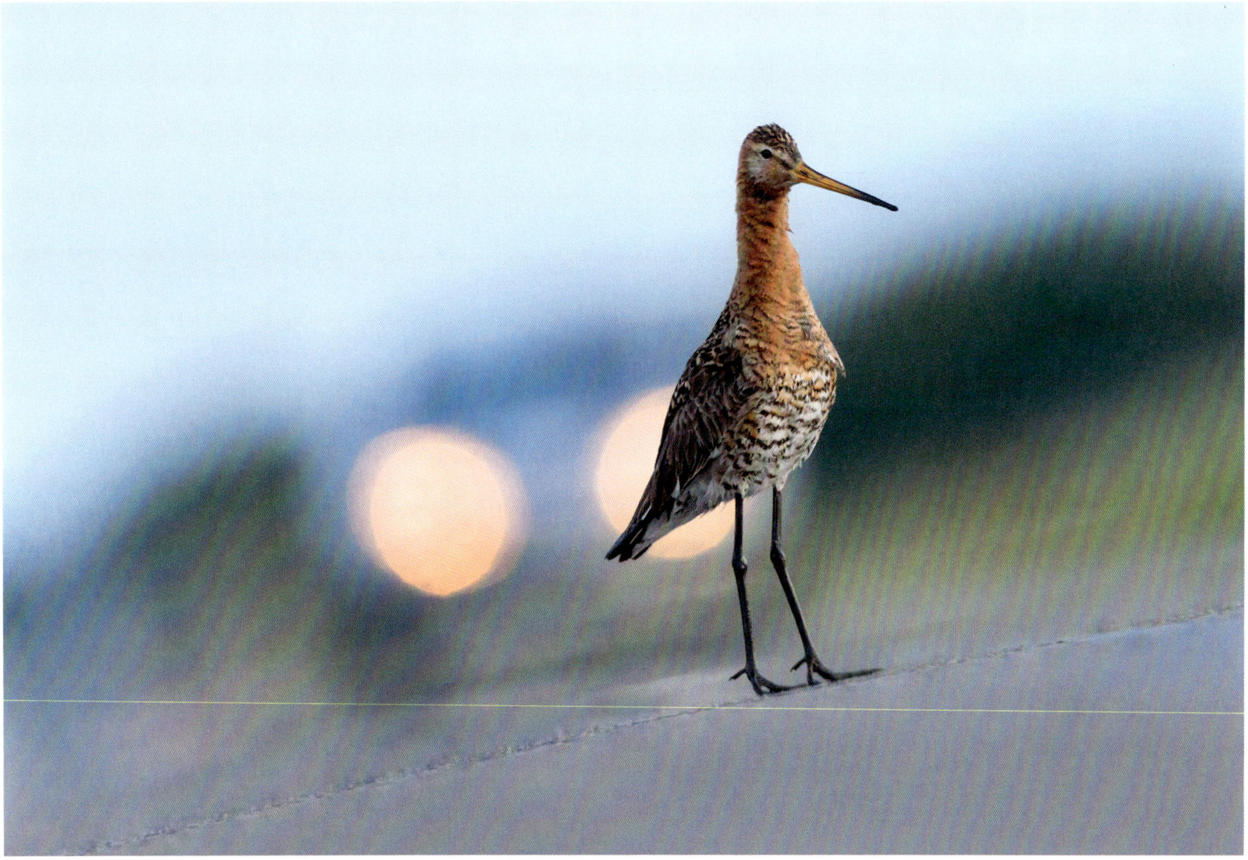

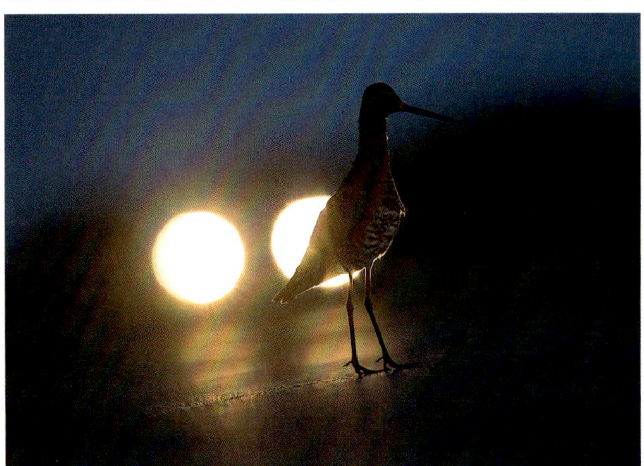

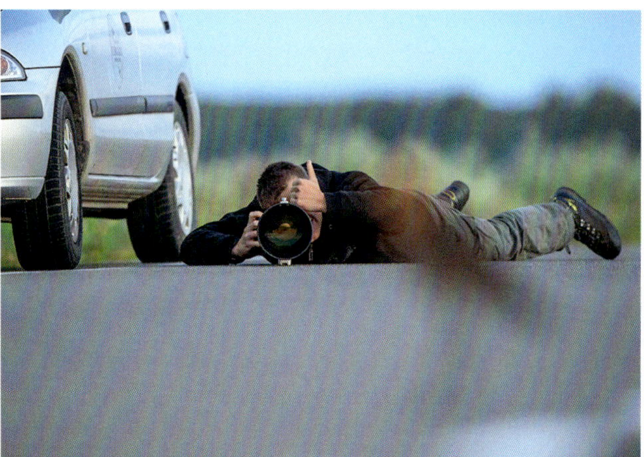

Bild 115 (linke Seite, oben): Als Hermann mich mit dem Auto erreicht, wechselt er vom Abblendlicht (Bild 116) in das Standlicht. In diesem schwachen Licht erkennt man gut die Umgebung und dass der Vogel auf der Straße steht. Mit der leichten Kameraneigung wirkt die Szene dynamischer als mit einer horizontalen Linienführung.
KB-Vollformat, 4/500 mm, Blende 5, 1/160 Sekunde, ISO 2.500

Bild 116 (linke Seite, unten links): Das Abblendlicht strahlt sehr hell, fast gleicht die Szene einer Nachtaufnahme.
KB-Vollformat, 4/500 mm, Blende 5, 1/1000 Sekunde, ISO 2.500

Bild 117 (linke Seite, unten rechts): „Daumen hoch" für den tollen Moment – auch wenn wir uns gerade gegenseitig fotografieren und nicht den Vogel zwischen uns.
KB-Vollformat, 4/500 mm, Blende 5, 1/80 Sekunde, ISO 2.500

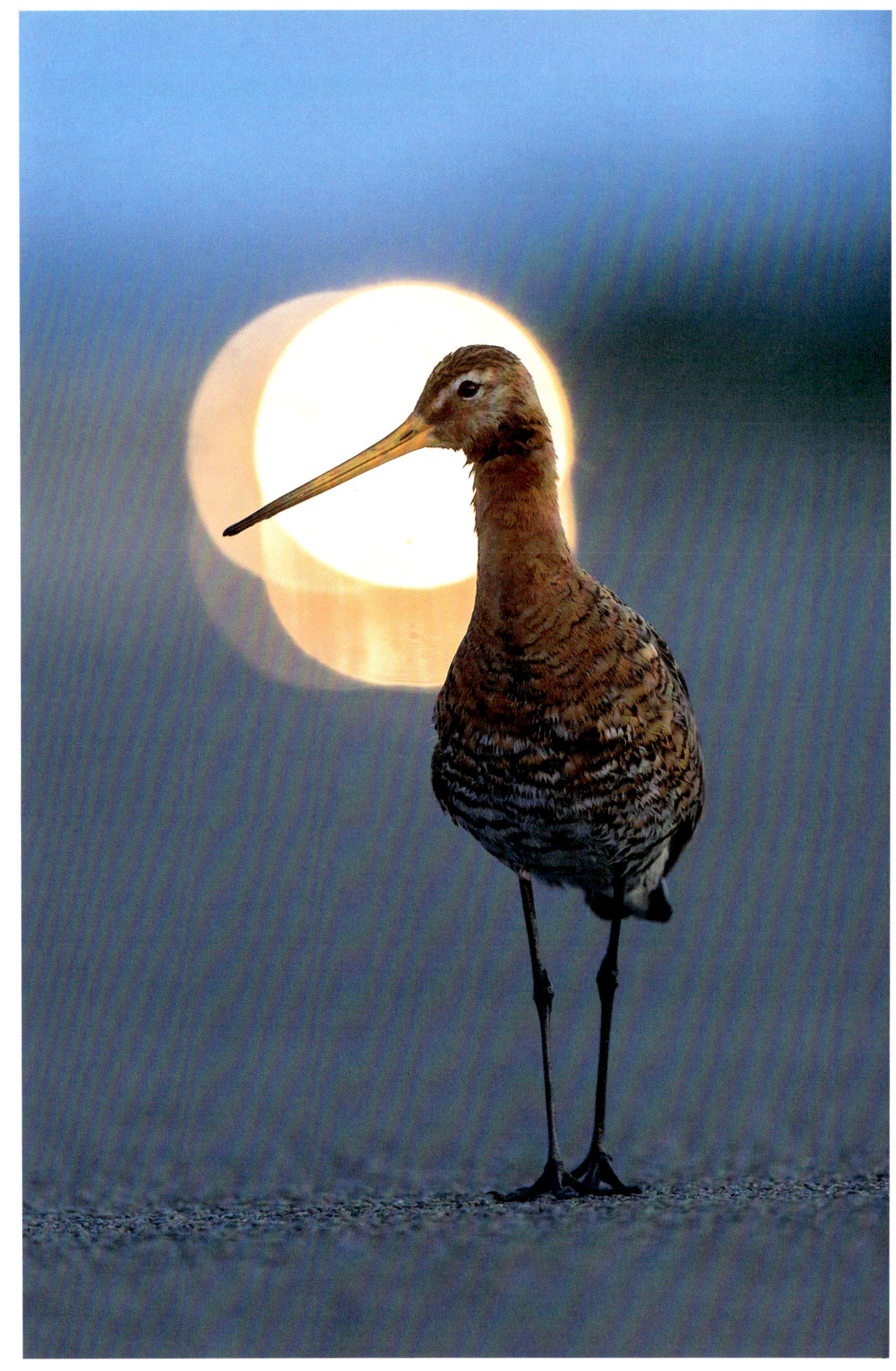

Bild 118: Das Auto nähert sich, ist aber noch recht weit entfernt, die Lichtpunkte der Scheinwerfer erscheinen daher noch als ein großer „Lichtfleck". Hektisch nutze ich den Moment, um den Kopf der Uferschnepfe samt Schnabel vor das Licht zu bekommen.
KB-Vollformat, 4/500 mm, Blende 5, 1/160 Sekunde, ISO 2.500

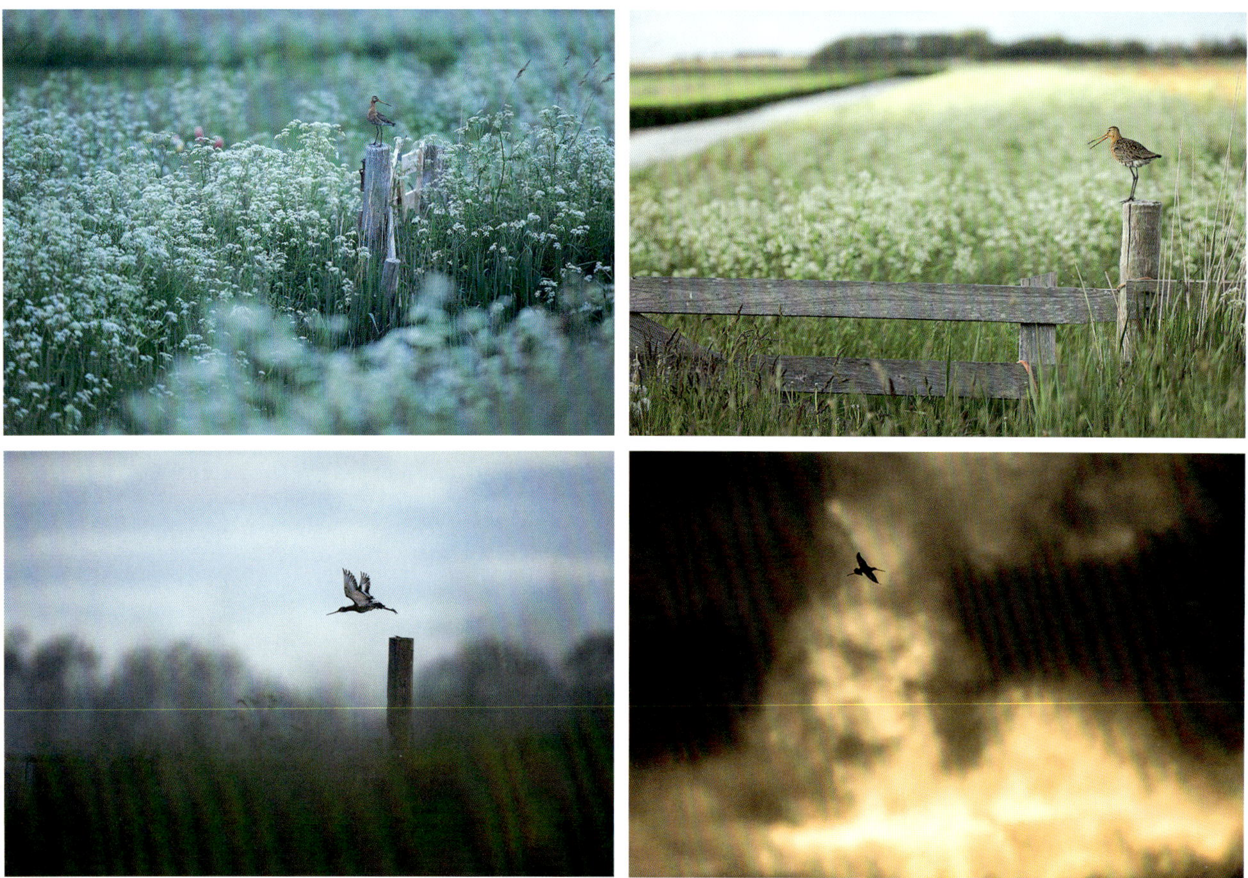

Bild 119 (oben links): KB-Vollformat, 5,6/800 mm, Blende 5,6, 1/60 Sekunde, ISO 2.500
Bild 120 (oben rechts): KB-Vollformat, 4/200–400 mm bei 200 mm, Blende 4,5, 1/320 Sekunde, ISO 125
Bild 121 (unten links): KB-Vollformat, 5,6/800 mm, Blende 5,6, 1/640 Sekunde, ISO 1.000
Bild 122 (unten rechts): KB-Vollformat, 4/500 mm, Blende 5,6, 1/8.000 Sekunde, ISO 200

„Pfahlsitzer", wie wir sagen, auf Weidezäunen sitzen.

Karsten: Sie sitzen dort häufig, wenn das Nest in der Umgebung ist. Von dort haben sie einen guten Überblick, was nicht der Fall wäre, würden sie im hohen Gras hocken. Während der Zeit der Balz und der anschließenden Brutphase sind die Tiere überhaupt sehr aktiv. Erst werben sie um Partner, später suchen und verteidigen sie ihre Reviere und beschützen ihre Jungen. Und immer fliegen sie dabei mit viel Radau umher. Kurzum: Es gibt zahlreiche Fotogelegenheiten. Auf Texel sind die Uferschnepfen an Touristen gewöhnt, sie fliegen nicht mal vom Weidepfahl am Straßenrand auf, wenn ein Radfahrer vorbeikommt.

Hermann: An den **Bildern 119** bis **121** gefällt mir besonders gut, dass sie trotz prinzipiell gleicher Situation so grundlegend unterschiedlich aussehen. **Bild 119** wurde leicht von oben herab aufgenommen, die gesamte Wiese ist voller weißer

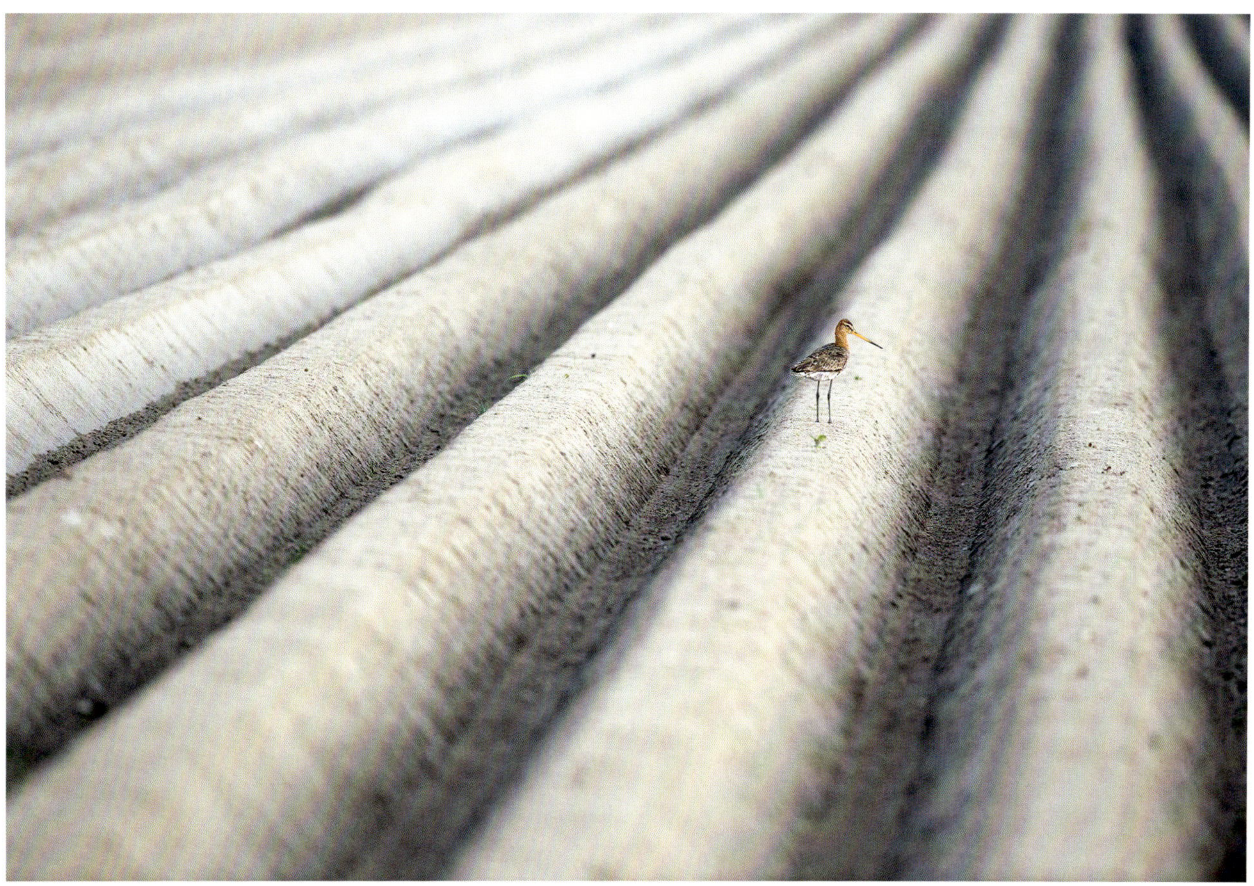

Bild 123: Das Linienmuster füllt das gesamte Bildfeld aus und baut eine schöne Spannung auf. Der Blick des Betrachters wird auf die Uferschnepfe hingeführt, die durch die knappe Schärfenebene besonders hervorgehoben wird.

KB-Vollformat, 4/500 mm, Blende 4,5, 1/250 Sekunde, ISO 800

Blüten, der Horizont ist nicht im Bild zu sehen. Der Vogel ist gut im Bild platziert und die elegante Körperhaltung des Tieres bringt seine ganze Schönheit voll zur Geltung. Dagegen ist **Bild 120** direkt aus Augenhöhe der Schnepfe fotografiert, der Horizont ist als dünner Streifen am oberen Bildrand zu erkennen. Ganz besonders stimmungsvoll finde ich **Bild 121**, das aus einer sehr tiefen Perspektive aufgenommen wurde. Alle Vegetation verschwimmt in Unschärfe, was perfekt zum dämmrigen Licht passt.

Karsten: Wenn die Tiere einander zu nahe kommen, fliegen sie auf und versuchen den vermeintlichen Gegner zu vertreiben. Häufig hat man am Himmel tolle Wolken und vor allem zur Zeit von Sonnenauf- oder -untergang auch noch besonders starke Farben.

Hermann: Das gibt einem als Fotograf natürlich noch einmal die Chance, das Tier auf eine andere und auch spektakuläre Art in Szene zu setzen (**Bild 122**).

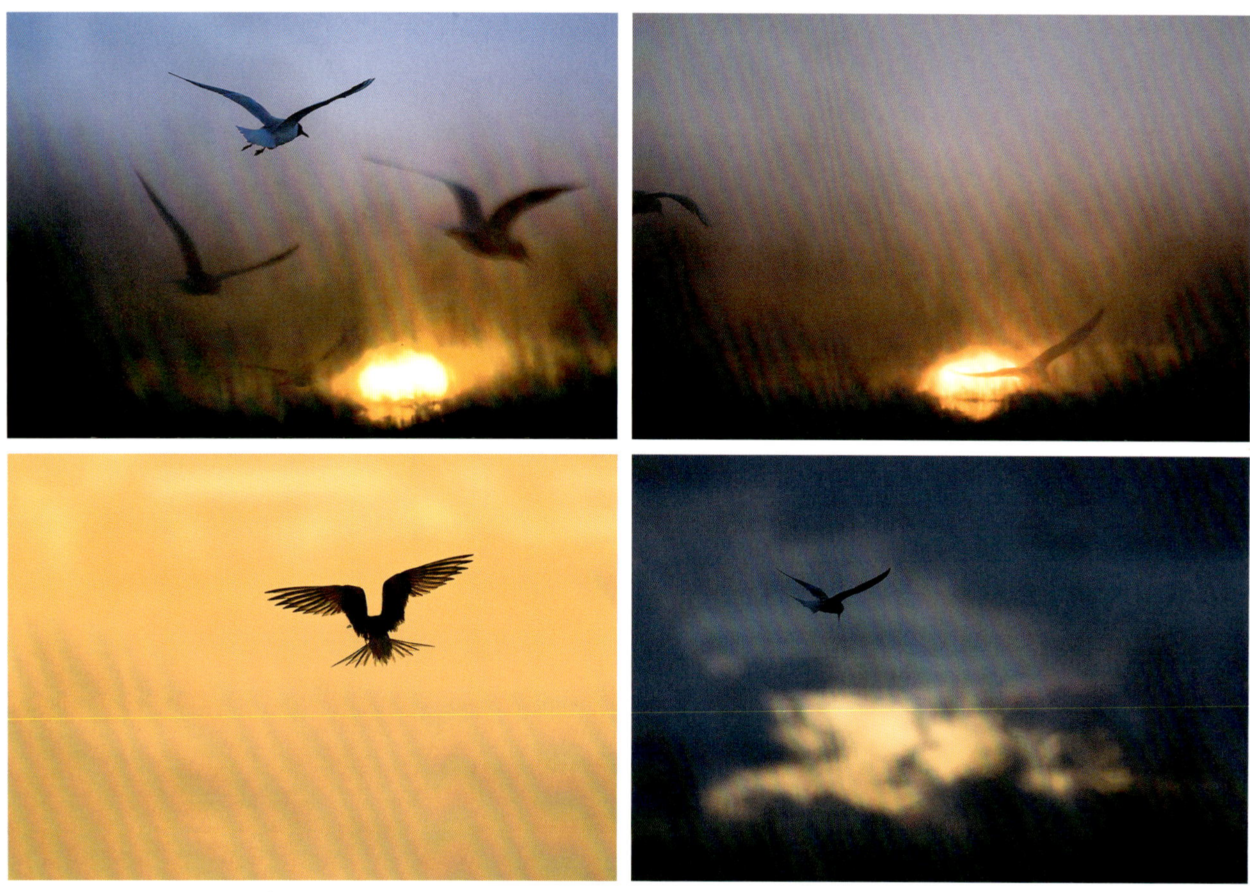

Bild 124 (oben links): KB-Vollformat, 4/500 mm, Blende 4,5, 1/400 Sekunde, ISO 2.500
Bild 125 (oben rechts): KB-Vollformat, 4/500 mm, Blende 4, 1/500 Sekunde, ISO 125
Bild 126 (unten links): KB-Vollformat, 4/500 mm, Blende 5,6, 1/2.500 Sekunde, ISO 400
Bild 127 (unten rechts): KB-Vollformat, 4/500 mm, Blende 4, 1/1.250 Sekunde, ISO 1.000

Die Flussseeschwalben-Kolonie
Hermann: Von vorangegangenen Reisen her kannten wir eine Flussseeschwalbenkolonie, bei der es sich immer wieder lohnt, vorbeizuschauen. Besonders zum Sonnenuntergang ergeben sich schöne Stimmungen, da von dem Standpunkt, den man einnehmen muss, die Sonne genau hinter der Kolonie untergeht. Dieses Jahr haben wir die Vögel durch das Gras des Deiches fotografiert. Obwohl permanent reger Flugverkehr herrscht, ist es mitunter gar nicht so einfach, harmonische Konstellationen (**Bild 124**) im Bild zu erreichen. Der Ausschuss ist auch hier sehr hoch. Daher bleibt einem oft nichts anderes übrig, als stumpf draufzuhalten.
Karsten: Richtig toll gefällt mir auch das **Bild 128**, das du fotografiert hast. Die Atmosphäre mit den großen, teils roten, teils dunkelschwarzen Wolkenbergen hast

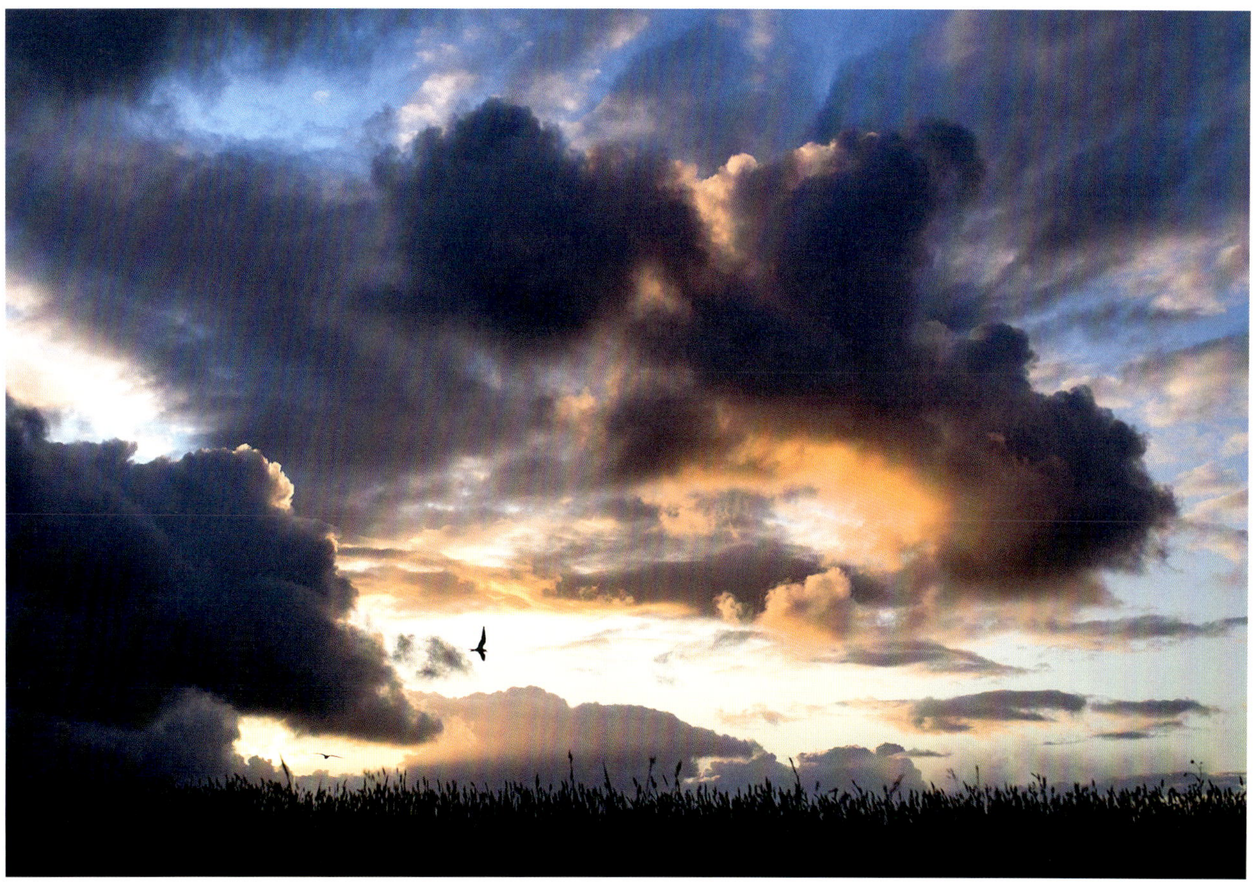

Bild 128: Die dramatische Wolkenformation erlaubt eine spektakuläre Darstellung der Flussseeschwalben in ihrem Lebensraum.
KB-Vollformat, 1,4/35 mm, Blende 2,8, 1/2.000 Sekunde, ISO 100

du super eingefangen. Das Besondere an dem Bild sind aber die beiden Flussseeschwalben, die an den hellsten Stellen im Bild als Silhouette zu sehen sind.
Hermann: Diese atemberaubenden Wolkenformationen kamen bei den Teleaufnahmen erst noch gar nicht so richtig rüber (**Bilder 124, 125, 127**). Mithilfe einer kurzen Brennweite wirkten sie deutlich besser. Jetzt galt es, nur noch darauf zu warten, dass eine oder mehrere Flussseeschwalben durch die hellste Stelle des Bildes fliegen, was trotz vieler Tiere in der Luft etwas dauern kann.
Karsten: Dieses Detail setzt dem Bild die Krone auf. Während du dich darauf konzentriert hast, mit kurzen Brennweiten die Stimmung einzufangen, habe ich mit dem Tele versucht, einzelne Vögel vor den bunten Himmelsfarben in Szene zu setzen (**Bild 126**).

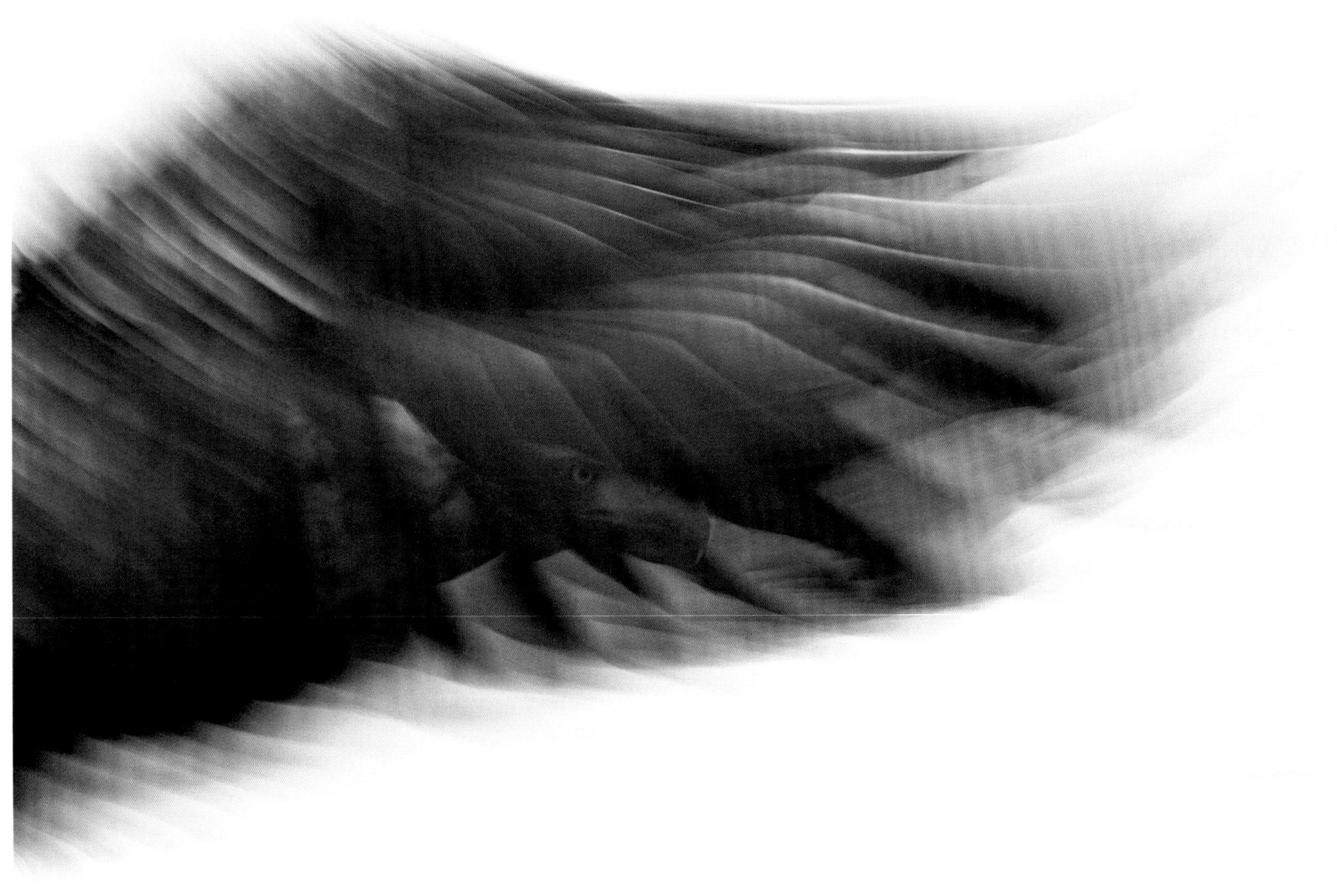

Bild 129: Durch eine längere Belichtungszeit und das gezielte Mitschwenken der Bewegung des Adlers erscheinen die Flügel verwischt und sehr dynamisch, der Kopf hingegen bleibt scharf. Ein Bild, das sehr viel Zeit und viele Anläufe benötigte. Durchhalten lohnt sich!

KB-Vollformat, 4/500 mm, Blende 8, 1/60 Sekunde, ISO 200

Zu Besuch beim Adlermann

Hermann Hirsch

Kaum ein Vogel übt bei der ersten Begegnung solch einen Reiz auf den Betrachter aus wie ein Adler. Es war in Norwegen, als ich das erste Mal einen dieser mächtigen Vögel sah. Weit, weit entfernt zog ein Seeadler über einer Papageitaucherkolonie seine Runden und spähte nach etwas Essbarem. Gute Fotos waren leider unmöglich, meine Begeisterung für dieses Tier aber war geweckt.

Drei Jahre später trat ich einen viermonatigen Aufenthalt in Mecklenburg-Vorpommern an. Ich wohnte bei meinem Freund Fred Bollmann, der dort geführte Touren durch die Feldberger Seenlandschaft anbietet. Fred Bollmann ist weithin auch als *Adlermann* bekannt. Die bei ihm entstehenden Aufnahmen von Seeadlern, die Fische von der Oberfläche greifen, haben weit über die Grenzen Mecklenburgs ihre Berühmtheit erlangt.

Unterwegs mit Fred und Luzi

An einem meiner ersten Tage fahren wir gemeinsam mit der *Flotten Luzi*, einem flachen Beobachtungsboot, auf einen nahe gelegenen See. Lautstark ruft Fred, winkt mit einem Fisch. Und anstatt alle Tiere zu verscheuchen, geschieht das für mich Unvorstellbare: Ein Seeadler nähert sich mit langsamen, kraftvollen Flügelschlägen und hält direkt auf uns zu. Nun reduziert er seine Geschwindigkeit und streicht im Gleitflug über uns hinweg. Mit der Präzision eines Chirurgen sammelt er die toten Fische von der Wasseroberfläche und fliegt mit ihnen davon. Fünfmal wiederholt sich die Szene und immer wieder bin ich von der Nähe zu diesem eigentlich so scheuen Tier fasziniert.

Bereits nach dem ersten Morgen habe ich schon mehr Fotos im Kasten, als ich erhofft hatte. Ich bin überglücklich. In den nächsten Tagen fahre ich regelmäßig mit Fred hinaus. Immer besser werden meine Bilder. Alle gestochen scharf, im perfekten Licht, mit schönen Hintergründen. Doch irgendwann ist mir das nicht mehr genug. Ich nehme mir vor, den Adler mehr in seiner dynamischen Bewegung festzuhalten. Ich beginne zu wischen, sprich: mit einer längeren Belichtungszeit und dem Mitziehen der Kamera parallel zum Tier die Bewegungen des Vogels und die seiner Flügel im Bild einzufangen.

Was in der Theorie einfach klingt, ist in der Realität deutlich schwieriger. Der Adler setzt seine Schwingen nach dem Anflug erst dann wieder kraftvoll ein, wenn er den Fisch gepackt hat und Höhe gewinnen muss. Genau in diesem Moment ändert er aber auch sehr abrupt seine Geschwindigkeit. Aus einem sehr gleichmäßigen Gleitflug wird ein fast hektisches Auf und Ab. Die Kamera hier so exakt mitzuführen, dass das Auge des Vogels als Fixpunkt im Bild noch scharf zu erkennen ist, der Rest des Vogels, hier im Idealfall die Schwingen,

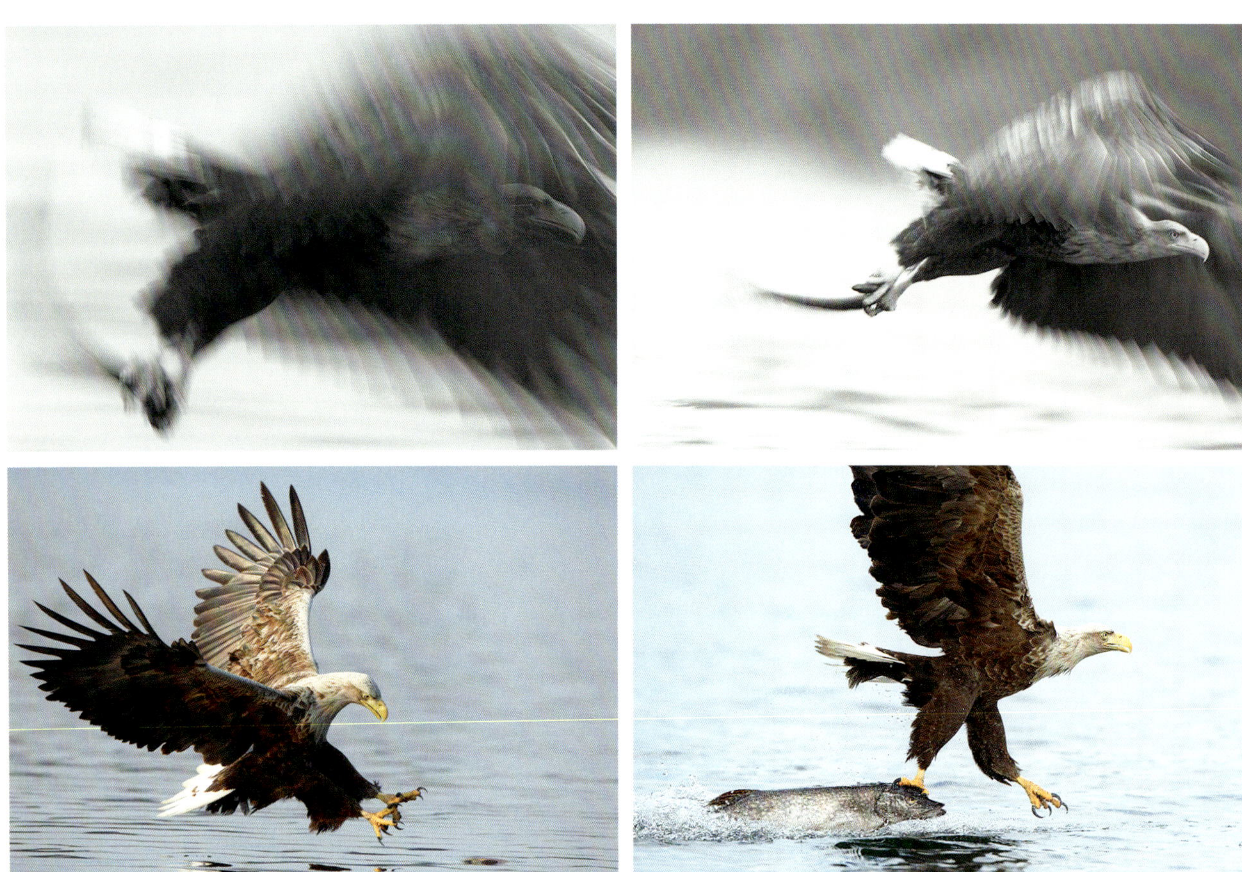

Bilder 130, 131, 132, 133: Um den Adler perfekt mitzuziehen, braucht es etwas Übung. Mit kurzen Belichtungszeiten zu üben, ist zu empfehlen. Auch hier warten tolle Motive.

Bild 130 (oben links): *KB-Vollformat, 4/500 mm, Blende 8, 1/30 Sekunde, ISO 400*
Bild 131 (oben rechts): *KB-Vollformat, 4/500 mm, Blende 5, 1/80 Sekunde, ISO 400*
Bild 132 (unten links): *KB-Vollformat, 4/500 mm, Blende 6,3, 1/2.000 Sekunde, ISO 800*
Bild 133 (unten rechts): *KB-Vollformat, 4/500 mm, Blende 6,3, 1/2.000 Sekunde, ISO 1.250*

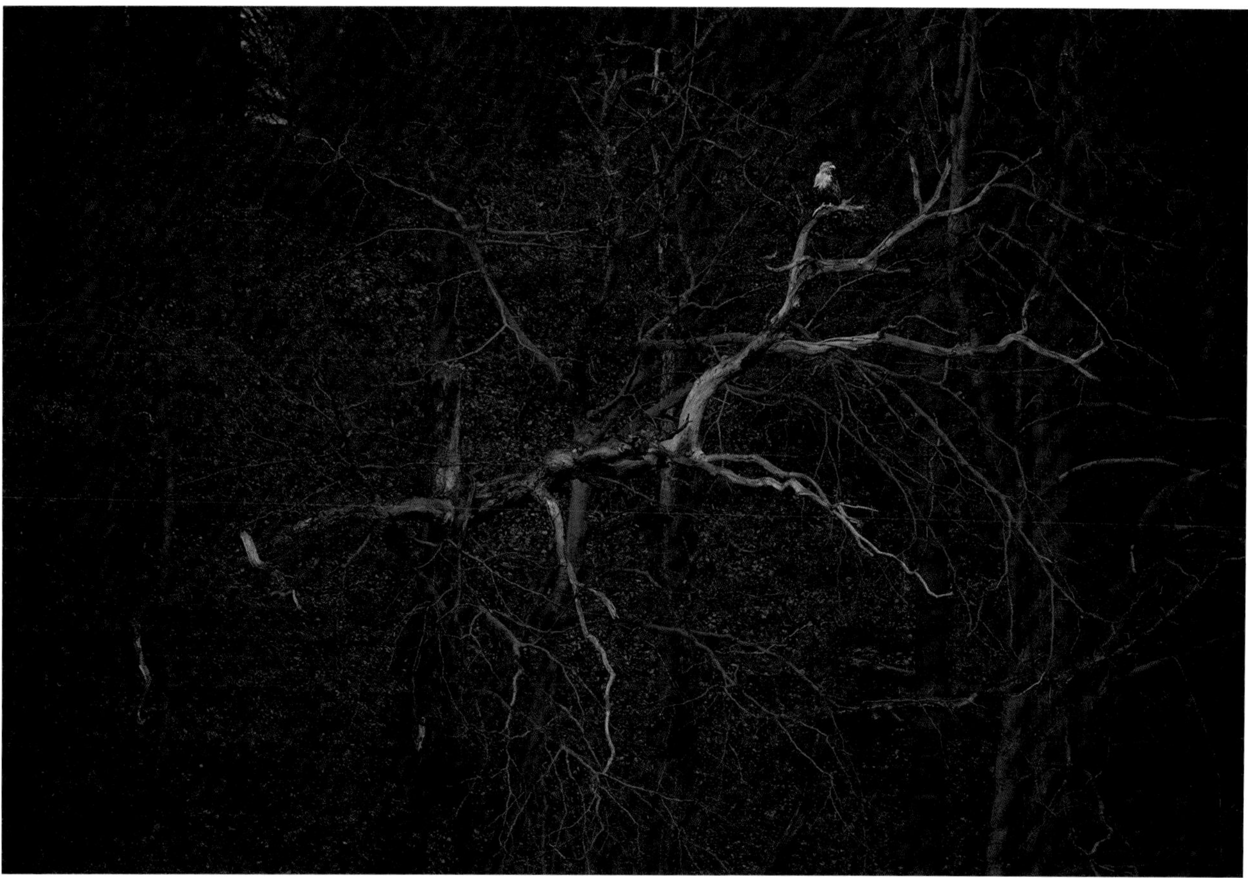

Bild 134: Auf einem toten Ast frisst der Seeadler seine Beute. Durch eine starke Unterbelichtung werden sowohl der helle Ast als auch der Adler betont. Beide lösen sich aus dem dunklen Wald heraus. Unmittelbar nach dem Anflug des Vogels nur auf die Kamera zu schauen, kann hier kontraproduktiv sein. Szenen wie diese können einem in dem Fall durch die Lappen gehen.

KB-Vollformat, 4/200–400 mm mit 1,4-fach-Konverter bei effektiv 560 mm, Blende 6,3, 1/640 Sekunde, ISO 800

aber verschwommen sind, scheint mir zunächst unmöglich. Mehr als zwanzig Tage mit mehreren Anflügen pro Ausfahrt dauert es, bis es endlich klappt.

Ein sehr bedeckter Tag, der für viele normale Bilder eher kontraproduktiv wäre, bringt schließlich den Durchbruch. Viel Licht und vor allem starke Kontraste kann ich für mein Vorhaben sowieso nicht gebrauchen. Der Adler kommt angeflogen wie immer und ich verfolge ihn mit meiner Kamera wie an jedem der vergangenen Tage auch. Dreimal löse ich aus, dann passt alles perfekt: Der Kopf und das Auge des Adlers sind scharf abgebildet, die Flügel in der Bewegung durch die relativ lange Belichtungszeit von 1/60 Sekunde unscharf und verwischt.

Nach so vielen vergeblichen Versuchen endlich das Bild zu machen, das man sich schon so lange wünscht, ist für mich das Größte. Und es ist die Bestätigung dafür, dass es sich lohnt, beharrlich zu bleiben und nicht vorzeitig aufzugeben.

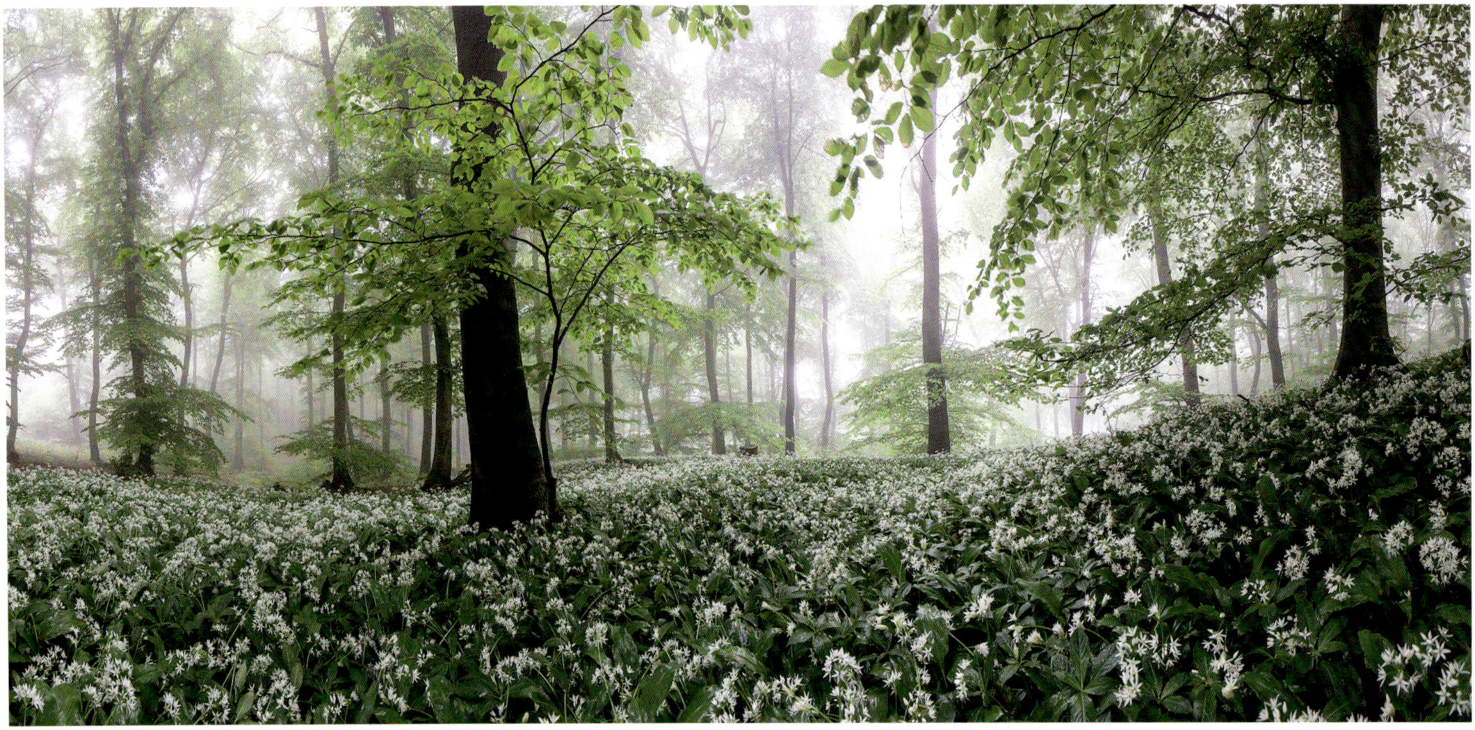

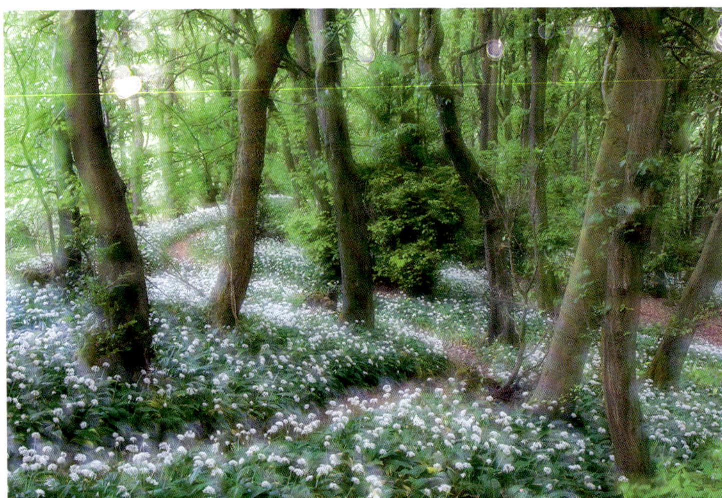

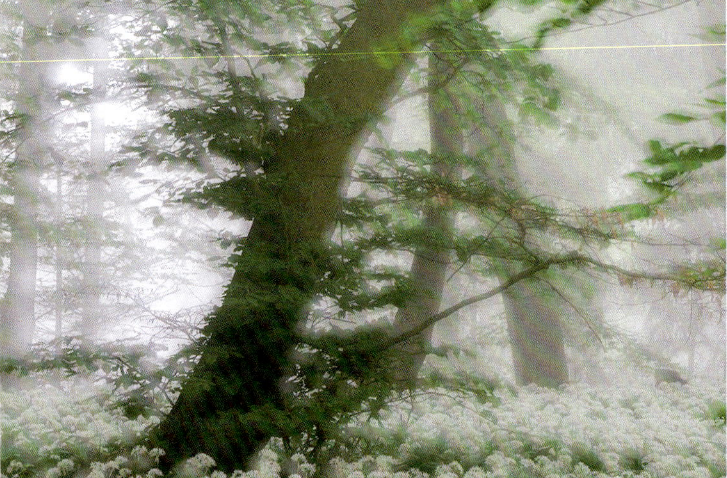

Meine Lieblingsaufnahmen hinsichtlich der Darstellung des Lebensraums der Bärlauchpflanze. Denn neben der rein sachlichen Abbildung des Bärlauchteppichs im Wald vermitteln die Bilder jeweils noch ihre ganz eigene Stimmung.

Bild 135 (oben): *KB-Vollformat, 2,8/14–24 mm bei 14 mm, Blende 8, 1/3 Sekunde, ISO 320, Stativ mit Panoramakopf, zusammengesetzt aus sieben Hochformataufnahmen, arrangiert in Photoshop*

Bild 136 (unten links): *APS-C-Format, 3,3–4,5/24–50 mm bei 32 mm, ISO 200, Stativ; erste Belichtung bei Blende 22 auf den Baum fokussiert, die zweite Belichtung erfolgte bei geöffneter Blende mit einer Fokussierung auf den Bildvordergrund*

Bild 137 (unten rechts): *KB-Vollformat, 2,8/70–200 mm bei 70 mm, ISO 200, Stativ; erste Belichtung bei Blende 20 auf den Baum fokussiert, die zweite Belichtung erfolgte bei geöffneter Blende mit einer Fokussierung kurz vor der Naheinstellgrenze*

Bärlauchteppich im Wald

Karsten Mosebach

Herrlich! Dieser Duft! Ich bin zwar noch ein gutes Stück von meinem Ziel entfernt, doch das intensive und typisch knoblauchartige Aroma des Bärlauchs schwappt mir schon entgegen. Nachdem es am Abend zuvor geregnet hatte, war die Nacht windstill und kühl. Da konnte sich das Bärlaucharoma voll entfalten. Nun liegt ein leichter Nebel über dem Teutoburger Wald, der sich mit dem Geruch von Bärlauch vermischt.

Es ist Anfang Mai und ich laufe bergan zum Kamm des Teutos. Ich wohne direkt am Fuß des niedrigen Mittelgebirges und habe das Glück, dass in der Nähe meines Heimatortes der Bärlauch an zahlreichen Stellen beidseits des Hermannsweges zum Teil große und zusammenhängende Bestände bildet. Einer davon ist heute mein Ziel. Seit vielen Jahren fotografiere ich ihn in jedem Frühjahr.

Blütenteppich im Nebel

Bei nebeligem Wetter sind die weißen Bärlauchblüten im satten und vielleicht sogar regennassen Grün ihrer Blätter ein echter Hingucker. Vor allem in Verbindung mit den frisch-grünen Blättern der Buchen und der nebelerfüllten Luft. An solchen Tagen versuche ich mich oft an Übersichts- oder Panoramaaufnahmen. Dafür nutze ich gerne ein Weitwinkelobjektiv und mache mich zunächst auf die Suche nach einem geeigneten Vordergrund. Für einen lebendigen Eindruck von Landschaft und Lebensraum achte ich auf eine Bildgestaltung mit Vorder-, Mittel- und Hintergrund. Oft setze ich die Kamera nur wenige Zentimeter über dem Blütenteppich ein und im Vordergrund befinden sich einzelne Blüten, eine Farnpflanze oder eine Wurzel, vielleicht auch mal ein knorriges Stück Totholz.

Gerade für die Darstellung der schieren Weite der Bärlauchbestände eignen sich Panoramafotos sehr gut (**Bild 135**). Anders als im normalen Kleinbildformat (**Bilder 136, 137**) geht der Betrachter in Panoramen mit den Augen intensiver „spazieren“ und erfreut sich an dem Detailreichtum sowie der Tiefe der Bilder. Für meine Panoramafotos nutze ich einen einfachen Panoramakopf und mache, allein weil ich keine Lust auf mehr Aufwand habe, einzeilige Panoramen mit einem Weitwinkelobjektiv im Hochformat.

Eine unter vielen

Das schwerste Stück Arbeit bei Weitwinkelaufnahmen ist die Suche nach dem perfekten Vordergrund. Weder darf er zu klein noch zu groß sein. Als Brücke in das Bild hinein muss er den Blick des Betrachters zunächst auf sich ziehen, bevor er ihn in den Hintergrund führt. Und für die richtige Tiefenwirkung muss es vom Vordergrund über den Mittelgrund bis in den Hintergrund eine Verbindung zwischen den Bildteilen geben.

Die geduldige Suche nach den stimmigen Bildelementen fällt mir oft schwer. Ich neige dazu, zu hastig zu sein. Ständig fürchte ich dann, dass eine gute Lichtstimmung gleich wieder vorbei sein und ich den besten Zeitpunkt zum Auslösen verpassen könnte. Fällt mir auf, dass ich hektisch werde, halte ich kurz inne und atme tief durch. Ohne die nötige Ruhe werden die Bilder meistens nichts. Entweder ist der Aufbau nicht stimmig oder ich übersehe störende Bildelemente.

Die **Bilder 138** bis **141** zeigen die Annäherung an eine einzelne Pflanze mit einer Serie, die ich mit einem Fisheye-Objektiv aufgenommen habe. Zunächst stehe ich vor einem Flickenteppich aus Blüten. Aus der Ferne sehen sie alle gleich aus. Doch in der Bildmitte, links neben der freien Stelle, scheint sich ein besonders schönes Exemplar zu befinden (**Bild 138**). Beim Annähern bestätigt sich dieser Eindruck. Die Blüten stehen gerade und hoch aufwärtsgerichtet. Die Blätter sind makellos und umgeben die Blüten voll und dicht. Der erste ernsthafte Versuch ist aber wenig überzeugend (**Bild 139**), denn die offenen Stellen links und vor allem rechts stören den Bildaufbau. Die Idee, die Sonne in den Hintergrund hinter das Hauptmotiv zu bringen, scheint aber vielversprechend.

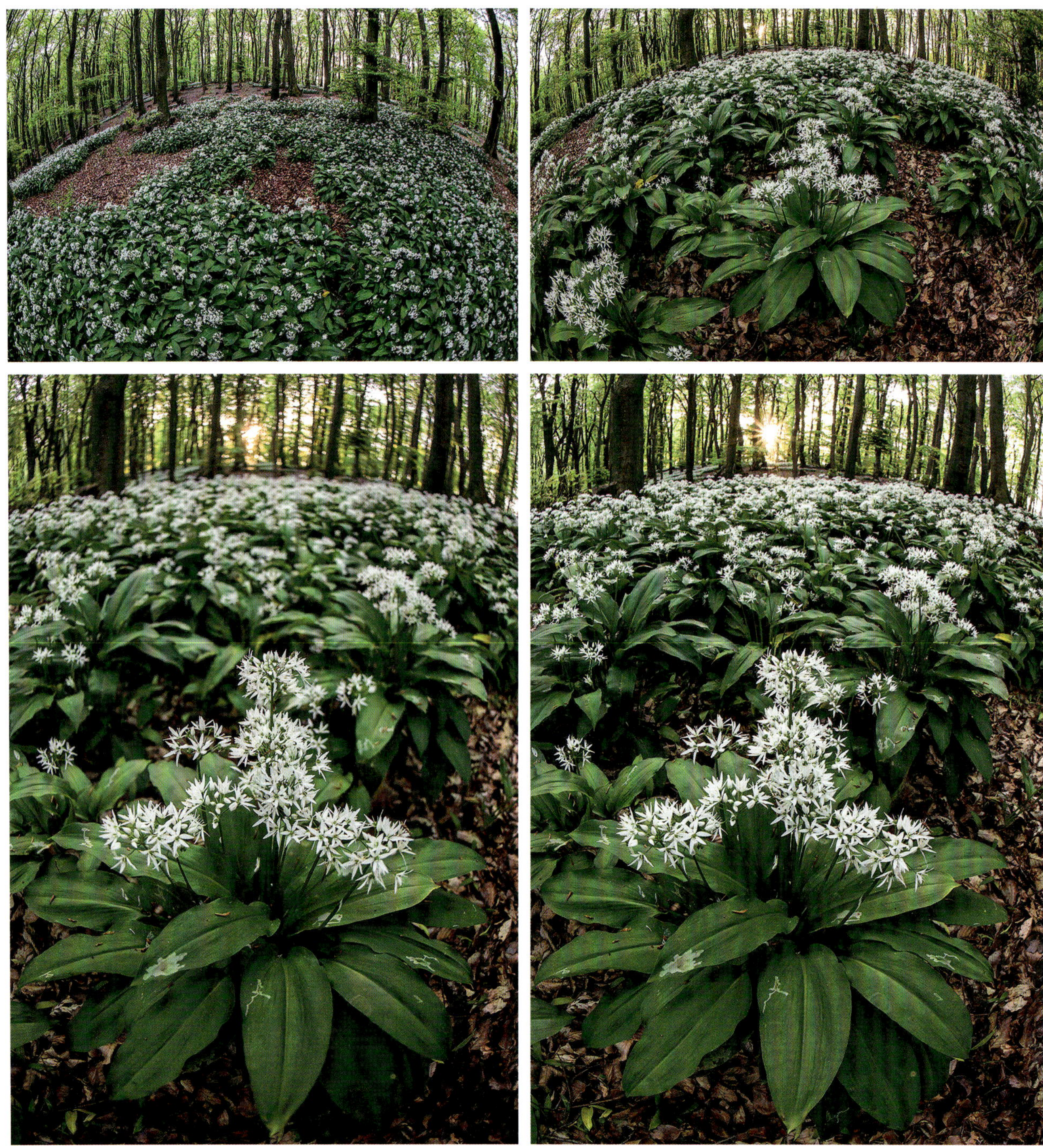

Bilder 138 (o. l.) und **139** (o. r.): Annäherung an das Hauptmotiv. Im Zentrum von Bild 138, direkt am Rand der freien Stelle, befindet sich eine besonders schön gewachsene Pflanze, die in den Bildern 140 und 141 zum zentralen Motiv wird. Ein Effekt bei der Fisheye-Fotografie: der extrem gekrümmte Horizont. Solange man nur wenige derartige Fotos betrachtet, bleibt der Effekt überraschend.
KB-Vollformat, 2,8/16 mm Fisheye, Blende 8, 1/60 Sekunde, ISO 500

Bild 140 (u. l.): Alle störenden Elemente in der Umgebung der Pflanze sind ausgeblendet, die offene Blende fokussiert den Blick auf den Bärlauch im Vordergrund. Aber die Sonne im Bildhintergrund erscheint nur als unscharf abgegrenzter und hell ausgefressener Fleck – und damit wenig attraktiv.
KB-Vollformat, 2,8/16 mm Fisheye, Blende 4, 1/100 Sekunde, ISO 320

Bild 141 (u. r.): Bei geschlossener Blende erhält die Sonne ihr typisches sternförmiges Aussehen. Trotz der insgesamt größeren Schärfentiefe dient die Pflanze im Vordergrund allein durch ihre Größe immer noch als markanter Blickfang.
KB-Vollformat, 2,8/16 mm Fisheye, Blende 10, 1/6 Sekunde, ISO 320

Um die störenden Bildelemente auszublenden, wechsele ich in das Hochformat. Die Blende ist von den letzten Aufnahmen noch offen, und so fotografiere ich direkt weiter. Die Sonne im Hintergrund erscheint so allerdings nur als randloser und undefinierter Fleck (**Bild 140**). Also schließe ich die Blende, damit die Sonne den dann typischen Strahlenfächer aussendet. Aber noch bevor ich weiterfotografieren kann, ist die Sonne bereits wenige Millimeter gewandert und hinter den nächsten Blättern verschwunden. Ich warte und hoffe, dass sie noch einmal hervorlugt – doch leider vergeblich. Also bin ich direkt am folgenden Abend, der zum Glück auch sonnig war, zur selben Stelle gelaufen und habe die Pflanze erneut fotografiert, diesmal aber mit geschlossener Blende (**Bild 141**).

Immer wieder hin

Dieses Beispiel verdeutlicht den unschätzbaren Vorteil, den wohnortnahe Fotoziele mit sich bringen. Man kann immer wieder hin! Gefällt mir heute das Wetter nicht, gehe ich eben morgen. Kann ich heute nicht zum Sonnenaufgang vor Ort sein, klappt es vielleicht morgen.

Wenn die Anfahrt oder der Anmarsch nur wenige Minuten dauert, lohnt es sich auch, nur mal eben zwischendurch für ein bestimmtes Bild vorbeizuschauen. All diese Vorteile hat man ausschließlich bei Motiven in der Nachbarschaft. Man kann seine Motive über lange Zeiträume beobachten und zum günstigsten Fotozeitpunkt vor Ort sein. Kriegt man in einem Jahr das Wunschbild nicht hin, klappt es vielleicht im nächsten. Viele Bildideen reifen auch erst durch oder sogar wegen der immer wiederkehrenden Anwesenheit heran. Auf diese Weise gelingen im Laufe der Zeit Bilder, die man kaum mittels einzelner oder auch wiederholter Anwesenheit in fernen Gebieten machen kann. Denn fotografisch interessant ist der Bärlauch letztlich vom ersten Austreiben der Blätter über die beginnende Blütezeit (**Bild 142**) bis nach dem Ende der Blütezeit, wenn schließlich alle Halme umknicken und der Samen in den Kapseln herangereift ist (**Bild 145**).

Motive für alle Brennweiten

Wenn ich zum Bärlauch gehe, bleibt keine Brennweite zu Hause. Im Grunde lassen sich alle denkbaren Objektive sinnvoll einsetzen, nicht nur Weitwinkelobjektive. Mit dem Makroobjektiv kann ich gut einzelne Pflanzen aus dem Bärlauchteppich isolieren oder Details festhalten. Mit langen Brennweiten kann man Pflanzengruppen akzentuieren oder, in Verbindung mit Zwischenringen, Ausschnitte herausgreifen.

Gegenlichtaufnahmen reizen mich am meisten. Bei der Gestaltung der Gegenlichtaufnahmen beziehe ich oft das mehr oder weniger durchlässige Blätterdach in die Bilder ein. Befindet sich die Kamera sehr nah am Boden und ist sie mit einem Makro oder einer langen Telebrennweite bestückt, kann ich leicht vielfältig mit den Lichtreflexen im Hintergrund spielen, die sich bilden, wenn Sonnenlicht durch die Blätter fällt, wie zum Beispiel bei den **Bildern 143, 144** und **147**. Die Größe der Lichtreflexe variiert mit der Blende. Bei offener Blende zeigen sich große und runde Lichtpunkte. Klein und zumeist vieleckig dagegen sind die Lichtreflexe bei geschlossener Blende.

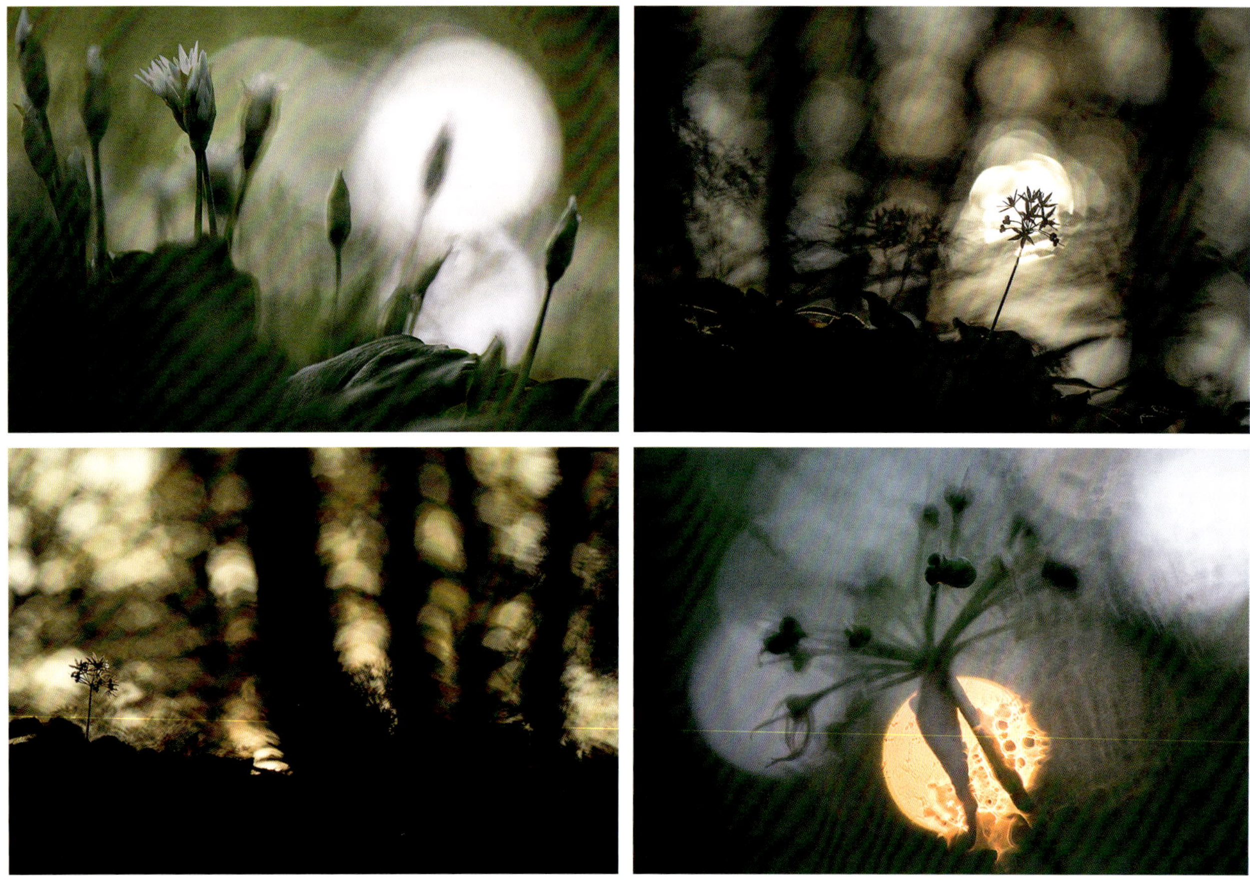

Bärlauch ist im Knospenstadium (**Bild 142**), zur Vollblüte (**Bilder 143** und **144**) und nach der Blütezeit (**Bild 145**) ein spannendes Motiv.

Bild 142 (oben links): *KB-Vollformat, 4,5–5,6/80–400 mm bei 400 mm, Blende 5,6, 1/100 Sekunde, ISO 400*
Bild 143 (oben rechts): *KB-Vollformat, 4/200 mm, Blende 4, 1/2.500 Sekunde, ISO 125, –2 LW*
Bild 144 (unten links): *KB-Vollformat, 4/200 mm, Blende , 1/640 Sekunde, ISO 200, Stativ*
Bild 145 (unten rechts): *KB-Vollformat, 1,8/35 mm, Blende 1,8, 1/160 Sekunde, ISO 1.000, +1,5 LW, Stativ*

Häufig fotografiere ich einzelne, im Schatten liegende Pflanzen vor hellem Hintergrund (**Bild 143** und **Bilder 147** bis **149**) oder angestrahlte Blumen vor einem dunklen Hintergrund (**Bilder 144** und **146**). Da die wandernde Sonne nahezu sekündlich ein anderes, neues Schattenmuster auf den Waldboden wirft, ist rasches, nicht hastiges – siehe oben – Arbeiten nötig. Denn nicht selten passiert es, dass das Einrichten des Bildausschnittes zu lange dauert. Und ein Lichtstrahl, der fotogen eine Blüte streift, ist weitergezogen, bevor ich zum Auslösen gekommen bin.

Auch die korrekte Belichtung ist nicht immer einfach. Spitzlichter belichte ich oftmals mehrere Stufen unter (**Bild 143**). Um eine einzelne Blüte vor einem hellen Hintergrund gut durchzeichnet darzustellen, muss ich wiederum eventuell sogar einige Stufen überbelichten (**Bild 145**).

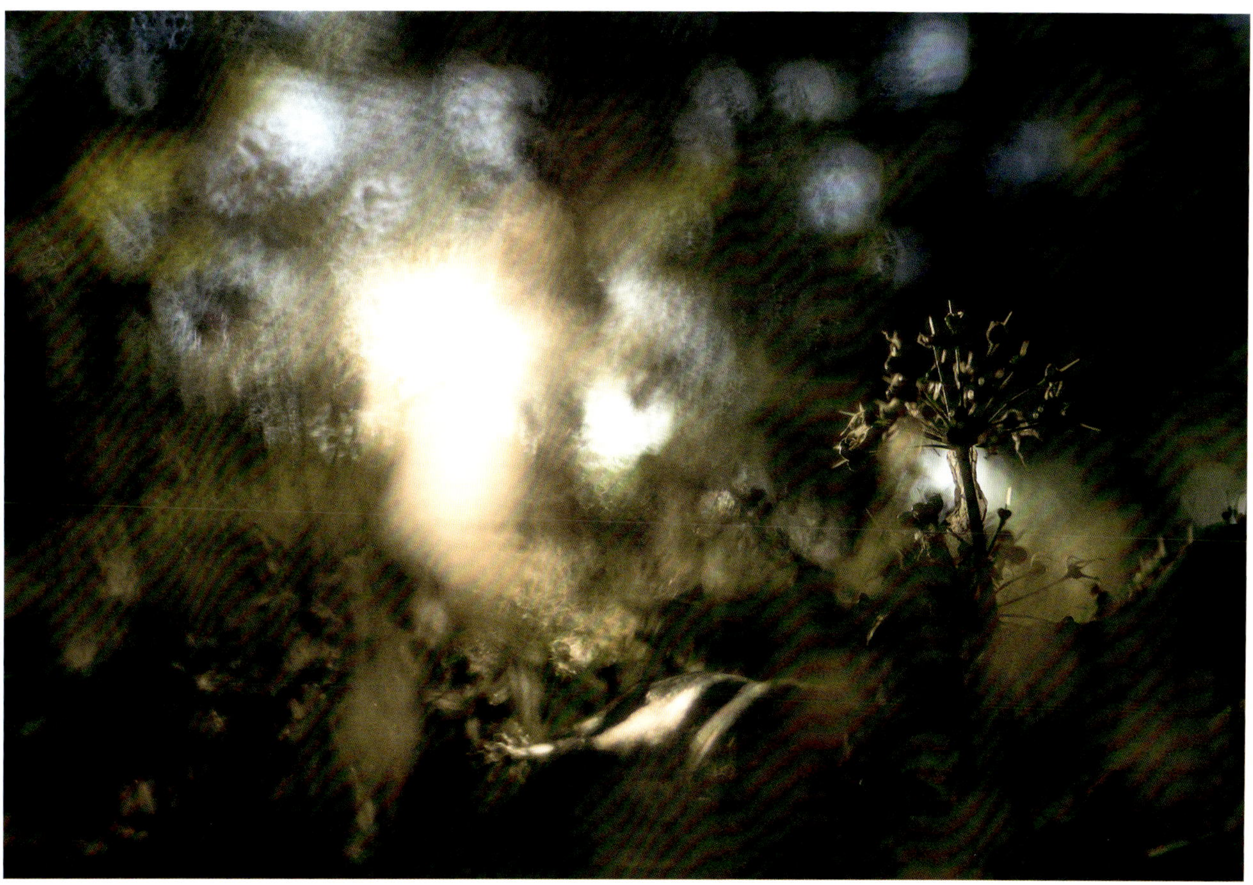

Bild 146: Nur für wenige Sekunden strahlte die Sonne die Blüte an. Daher habe ich mich beeilt, auf den Aufbau des Stativs verzichtet und aus der Hand fotografiert.
KB-Vollformat, 1,4/20 mm, Blende 1,4, 1/5.000 Sekunde, ISO 400

Nicht immer klappt es mit den schönen Lichtreflexen im Hintergrund von allein. Möglicherweise ist das Gegenlicht zu hart oder der Hintergrund nicht kleinflächig strukturiert. In beiden Fällen habe ich dann das eine oder andere Mal auf die Frontlinse gespuckt, mit dem Finger alles gut verschmiert und einfach mal geguckt, was für Reflexe im Bild entstehen. Das ist sicherlich kein Allheilmittel, führt mitunter aber zu interessanten Ergebnissen. Anschaulich zeigen die **Bilder 147**, **148** und **149** den Unterschied zwischen sauberer und verschmierter Frontlinse. Alle drei Bilder weisen den nahezu gleichen Ausschnitt auf, doch während **Bild 147** mit klarer Linse fotografiert wurde, bricht sich in den beiden folgenden Fotos das Sonnenlicht auf der feuchten Frontlinse und führt zu dem leichten Schleier und den streifenförmigen Reflexen.

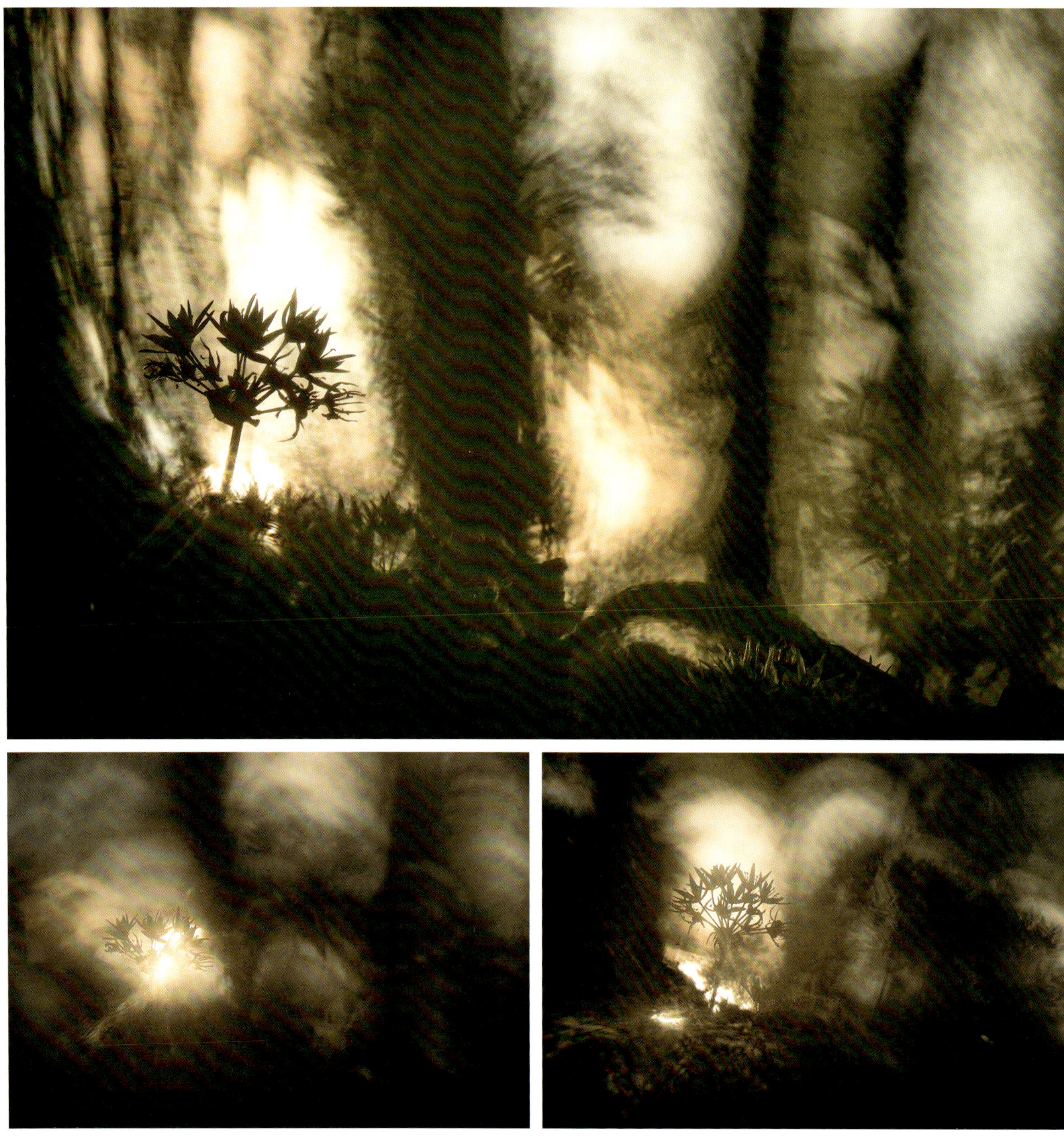

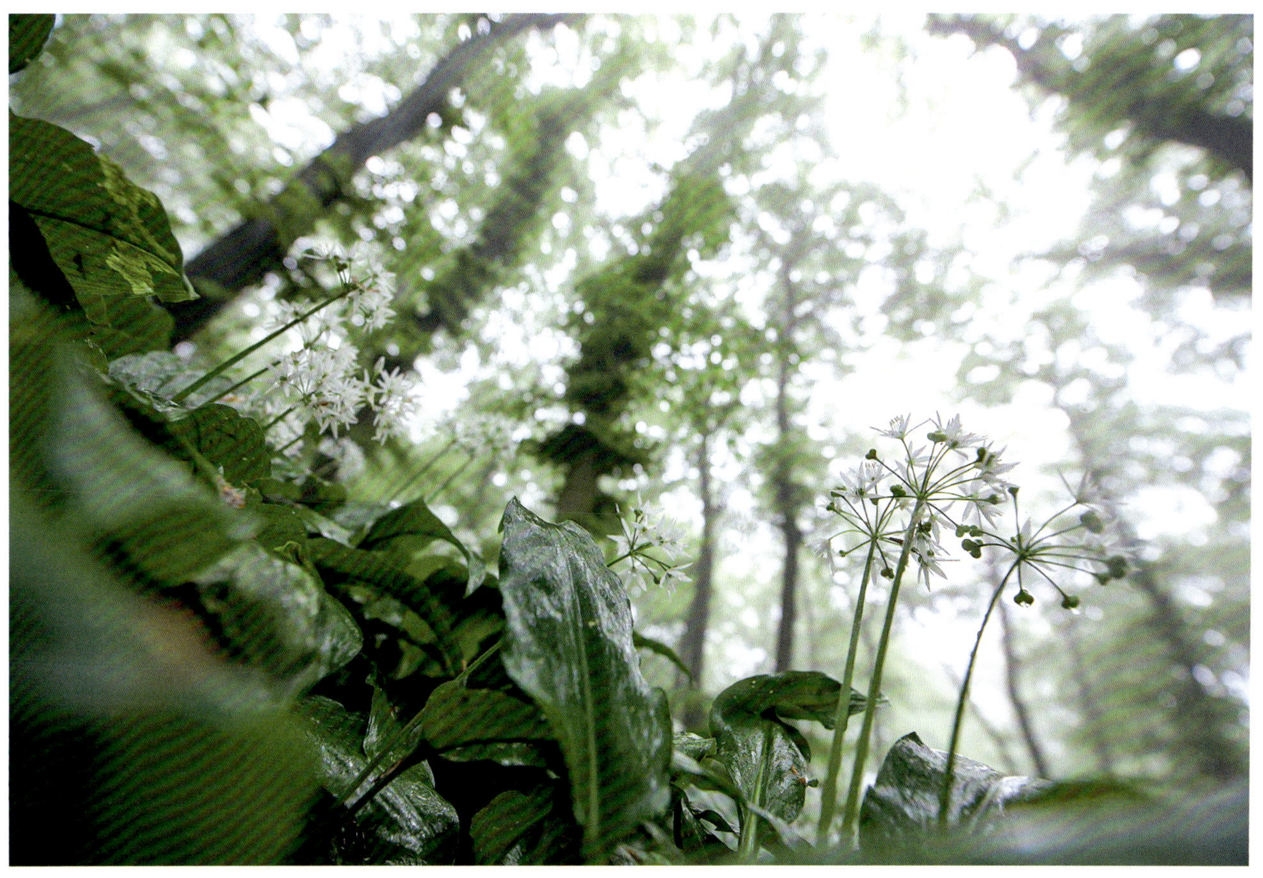

Bild 150: Der Weitwinkelblick nach oben vermittelt dem Betrachter eine extreme Position. Die geringe Schärfentiefe lenkt den Blick auf die drei Blüten im Goldenen Schnitt.
KB-Vollformat, 2,8/14–24 mm bei 14 mm, Blende 3,2, 1/25 Sekunde, ISO 320, +1,3 LW

Alle drei Bilder zeigen den gleichen Ausschnitt. In **Bild 147** ist die Sonne, da ihr Licht schon so hart war, nur am Rand der Vegetation in das Bild eingebunden. Für die nachfolgenden **Bilder 148** und **149** spuckte ich auf das Objektiv und verwischte die Spucke ein wenig. Die harten Sonnenstrahlen „verwaschen" leicht, das gesamte Bild und der Kontrast werden weicher.

Bild 147 (oben): KB-Vollformat, 4/200 mm, Blende 4,2, 1/125 Sekunde, ISO 100
Bild 148 (unten links): KB-Vollformat, 4/200 mm, Blende 4,2, 1/60 Sekunde, ISO 100
Bild 149 (unten rechts): KB-Vollformat, 4/200 mm, Blende 4,2, 1/60 Sekunde, ISO 100

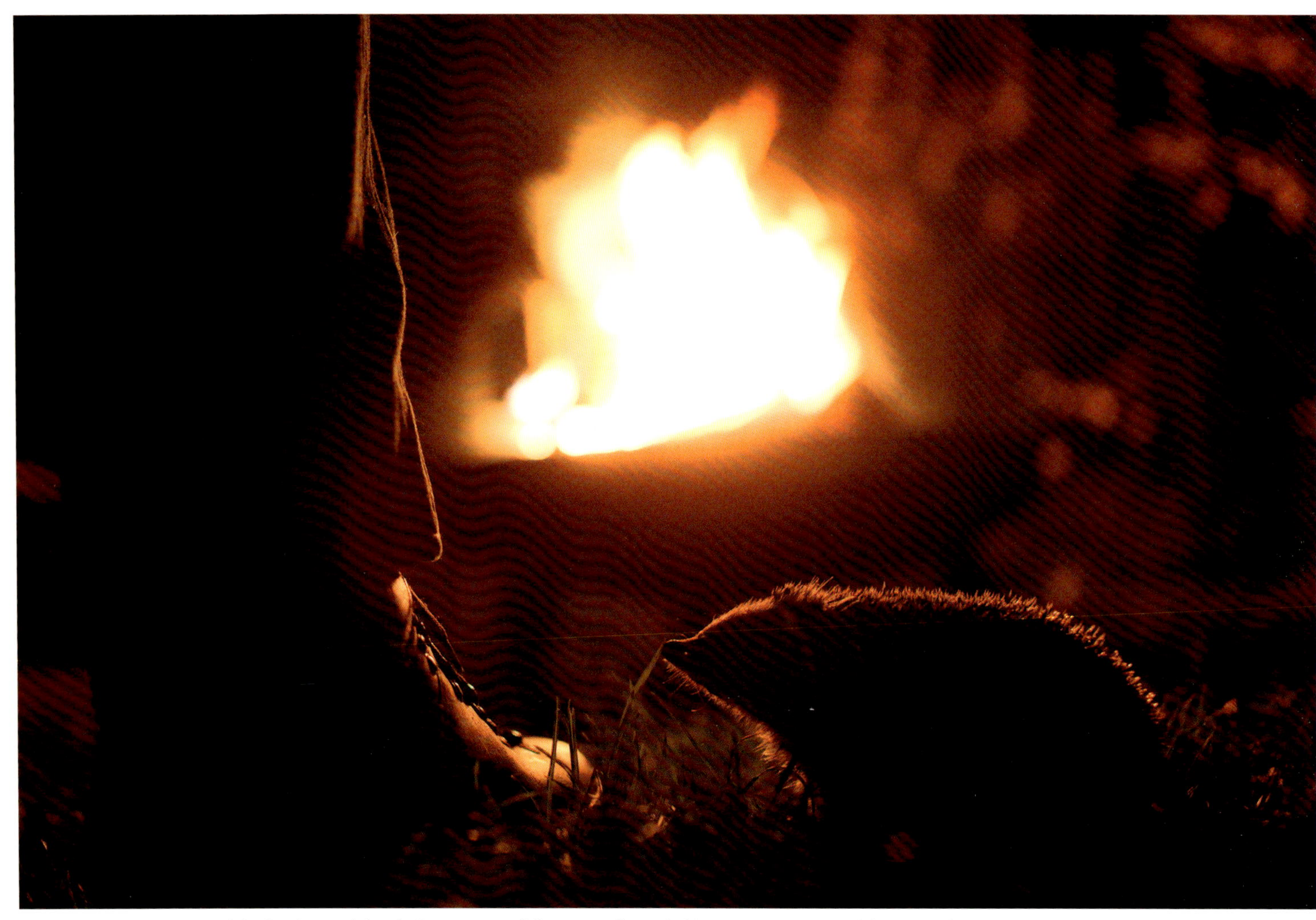

Bild 151: Die Gefahr für den Igel durch das Feuer und den Menschen wird in einem einzigen Bild vermittelt. In solchen Fällen bietet es sich an, bewusst mehrere Elemente der Umgebung mit in das Bild zu integrieren. Den Igel mit einer längeren Brennweite zu isolieren, wäre hier deutlich weniger wirkungsvoll gewesen.

KB-Vollformat, 1,4/35 mm, Blende 1,4, 1/30 Sekunde, ISO 1.000

Mr. Spikey auf der Spur

Hermann Hirsch

Kaum ein Tier charakterisiert den Herbst für mich so sehr wie der Igel. Wenn es kälter wird und die ersten Blätter von den Bäumen fallen, sieht man ihn in der Abenddämmerung durch die Gärten schleichen und nach etwas Fressbarem suchen. Dabei hört man sein auffälliges Rascheln oft schon deutlich, bevor man den stacheligen Nachbarn zu Gesicht bekommt.

Das Haus meiner Eltern steht in einem Vorort von Dortmund und der ein wenig verwilderte Garten bietet vielen Bewohnern eine Heimat – auch einem Igel. Schon als Kind beobachtete ich zusammen mit meiner Schwester, wie *Mr. Spikey* das Katzenfutter auf der Terrasse stahl. Mit dem Beginn meiner Fotoaktivitäten wurde auch der gemütliche Zeitgenosse immer interessanter für mich und ich begann ihm aufzulauern. Durch das Katzenfutter war er bereits relativ gut konditioniert und kam regelmäßig bei uns vorbei. Da es dann meistens schon dunkel war, ergaben sich für mich zunächst keine geeigneten Fotomöglichkeiten. Meine damalige Kamera war maximal bis ISO 640 zu gebrauchen und mein Objektiv hatte eine Offenblende von 4. Dennoch blieb ich beharrlich und versuchte die Momente abzupassen, in denen die Sonne noch schien.

Entwicklung über Jahre hinweg

In den ersten vier Jahren kam ich eigentlich zu keinem heute noch vorzeigbaren Ergebnis. Doch nach und nach verbesserten sich sowohl meine Ausrüstung als auch meine Kenntnisse über Equipment und Igel. Die ersten zufriedenstellenden Bilder folgten. Ich lag mit einer Vollformatkamera und einem 2,8/150 oder einem 1,4/35 flach auf dem Boden und fotografierte immer, wenn ich den Igel zu Gesicht bekam, einfach drauflos (**Bild 156**). Durch den sehr regelmäßigen Umgang mit dem Tier, auch über mehrere Jahre hinweg, ergaben sich hierbei kontinuierlich neue Situationen, die nicht geplant waren. So kamen beispielsweise die Nachbarskinder vorbei, um unseren Untermieter mal aus der Nähe zu erleben (**Bild 153**). Auch Momente auf offener Straße waren dabei, in denen ich mehr als ein Auto ausbremsen musste, um ein abruptes Ende des Igellebens zu verhindern (**Bild 152**).

Nachdem ich mittels geringer Schärfentiefe immer versucht hatte, den Menschen aus den Bildern auszublenden, kam mir auf der Straße die Idee, genau das nun bewusst einzusetzen. Ich kreierte in Gedanken das eigentlich so typische Bild des Igels bei Nacht vor unserem beleuchteten Haus. Ein Unterfangen, das ohne Kunstlicht nicht zu realisieren sein würde – das war eindeutig. Damals wusste ich noch nicht genug über Blitzgeräte, so erschien mir eine einfache Taschenlampe die sinnvollste Lösung. Ich begann das Katzenfutter erst kurz vor Sonnenuntergang herauszustellen, was super funktionierte.

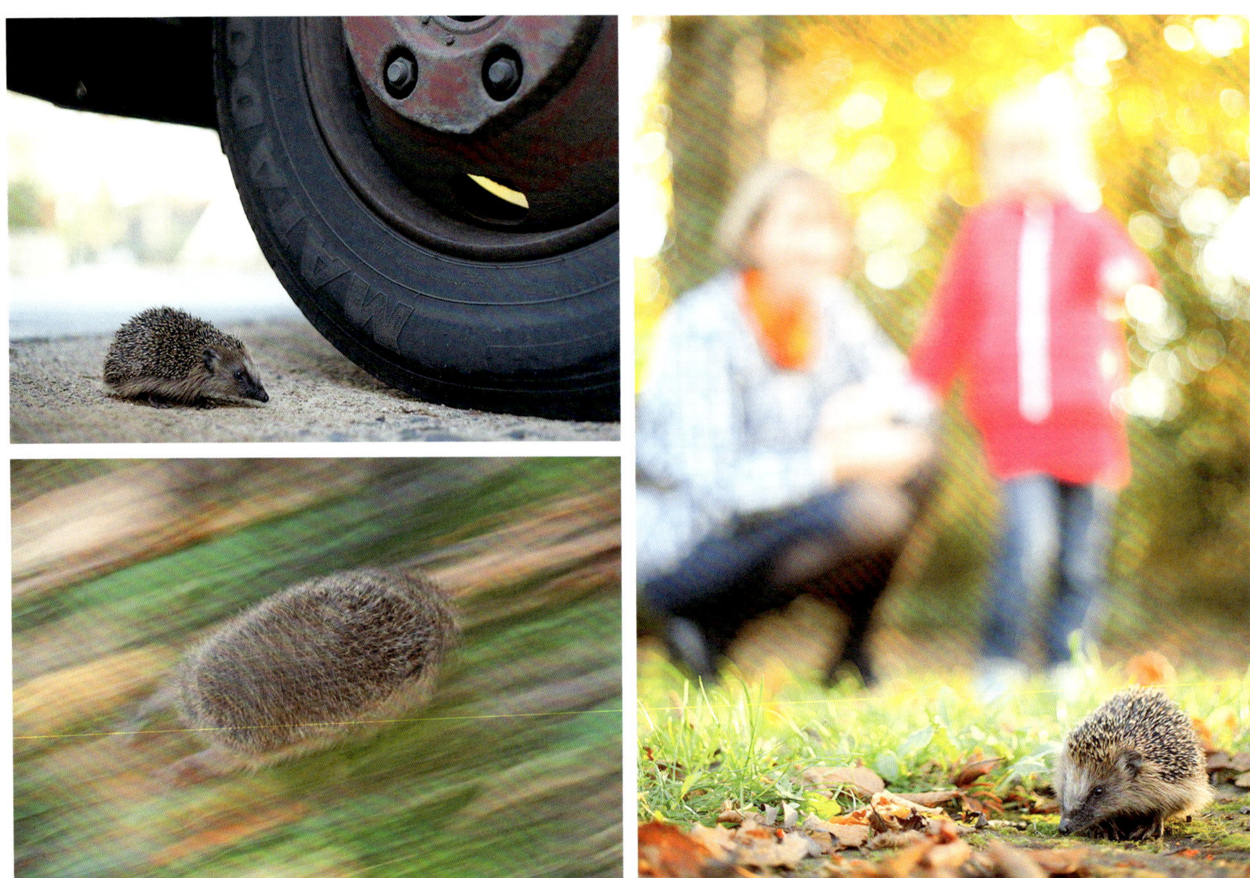

Bilder 152, 153, 154: Igel sind häufige Besucher im Garten. Hier droht ihnen aber auch Gefahr durch den Menschen. Einfache Schutzmaßnahmen können dem Igel einen perfekten Lebensraum schaffen, der dem Menschen zugleich tolle Fotomöglichkeiten bietet.

Bild 152 (oben links): KB-Vollformat, 1,8/50 mm, Blende 2,2, 1/500 Sekunde, ISO 1.250
Bild 153 (rechts): KB-Vollformat, 1,8/50 mm, Blende 2, 1/100 Sekunde, ISO 200
Bild 154 (unten links): KB-Vollformat, 2,8/150 mm, Blende 8, 1/20 Sekunde, ISO 200

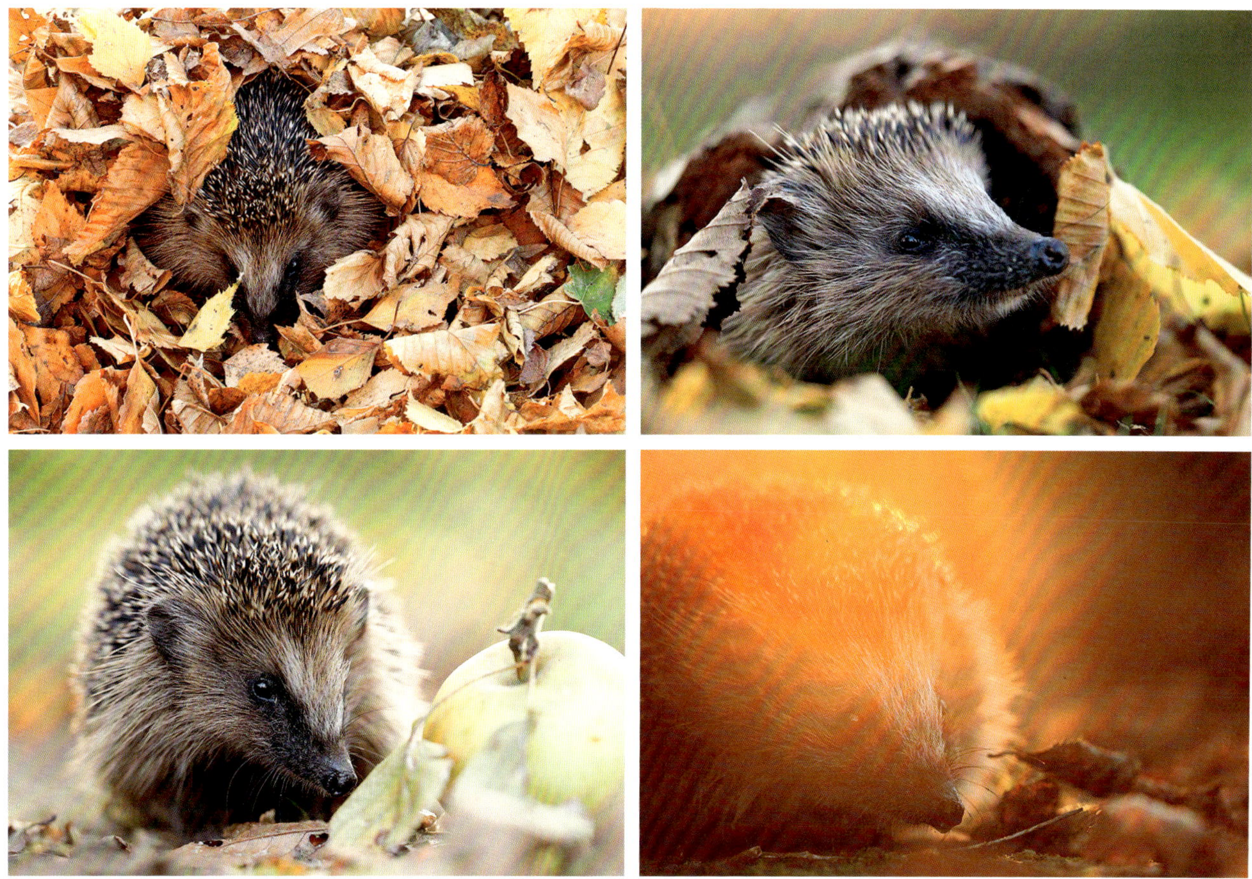

Bild 155 (oben links): *KB-Vollformat, 1,8/50 mm, Blende 14, 1/40 Sekunde, ISO 1.600*
Bild 156 (oben rechts): *KB-Vollformat, 2,8/150 mm, Blende 2,8, 1/160 Sekunde, ISO 800*
Bild 157 (unten links): *KB-Vollformat, 2,8/150 mm, Blende 3,5, 1/160 Sekunde, ISO 800*
Bild 158 (unten rechts): *KB-Vollformat, 2,8/150 mm, Blende 4,5, 1/160 Sekunde, ISO 200*

Der Igel fühlte sich in der Nacht sichtbar wohler und war deutlich mutiger als noch am Tage. Im Schutz der Dunkelheit war er aber auch wesentlich schneller unterwegs. Gerade in der Dunkelheit, wo die Belichtungszeiten ohnehin grenzwertig sind, ein ungünstiger Umstand.

Bilder ohne Bewegungsunschärfe zu machen war plötzlich das Hauptproblem. Der beste Zeitpunkt hierfür war der, in dem der Igel den Kopf hob, um zu wittern. Für diesen Augenblick hielt er nicht nur still, es war auch der Moment, in dem der sonst so tief gesenkte Kopf besser zu erkennen war. Ich robbte also bäuchlings auf dem Boden liegend immer um den Igel herum, um das Haus bei seinen Bewegungen nicht aus dem Hintergrund zu verlieren. Ein lustiger Anblick, der meiner Familie in Erinnerung bleiben sollte. Meine Mutter übernahm die Lichtassistenz und

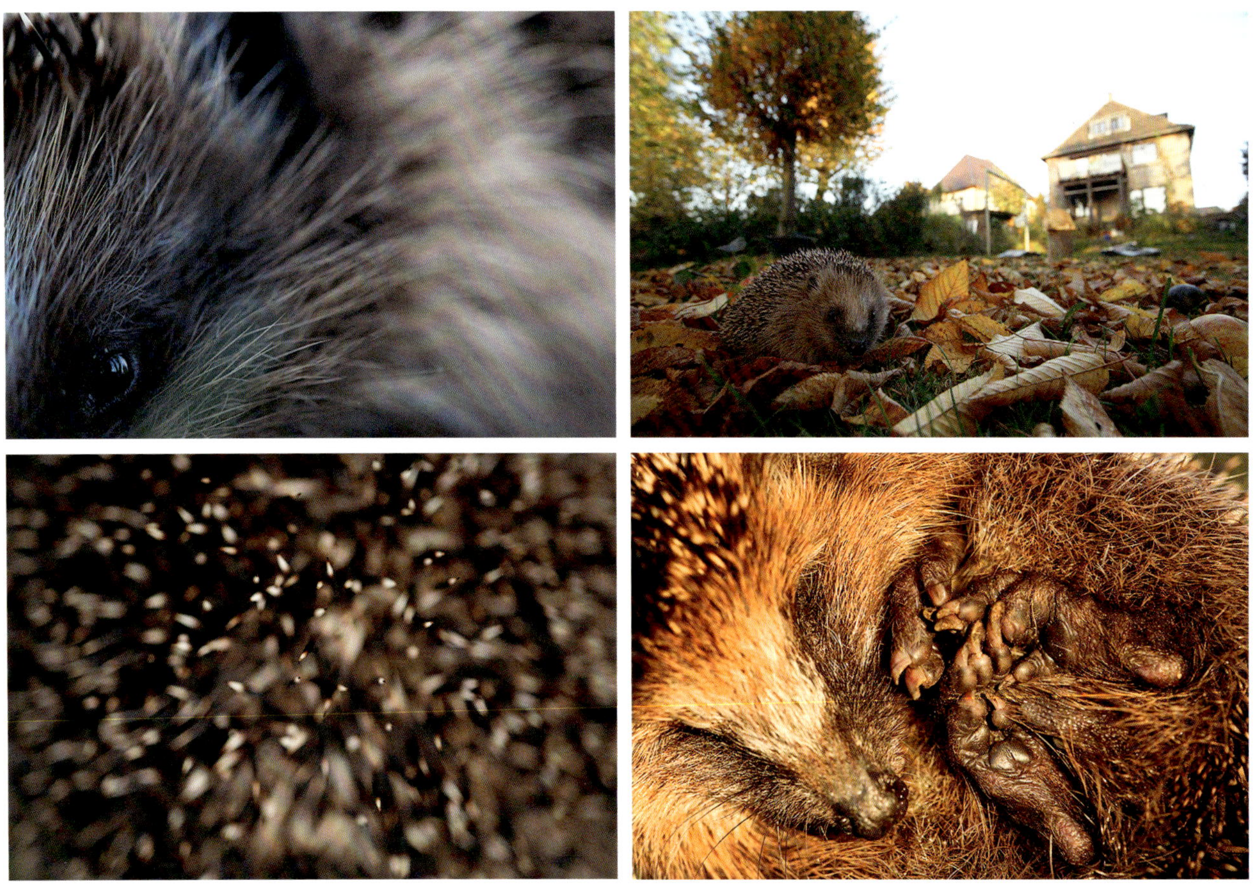

Bilder 159, 160, 161, 162: Durch das lange Begleiten einer Tierart entwickeln sich immer neue Fotomotive. Die Tiere werden mitunter zutraulicher und auch man selbst lässt sich zunehmend auf sein Gegenüber ein. Ausdauer wird auch hier belohnt.

Bild 159 (oben links): *KB-Vollformat, 2,8/150 mm, Blende 2,8, 1/125 Sekunde, ISO 1.600*
Bild 160 (oben rechts): *KB-Vollformat, 4/17–40 mm bei 17 mm, Blende 7,1, 1/200 Sekunde, ISO 800*
Bild 161 (unten links): *KB-Vollformat, 2,8/150 mm, Blende 2,8, 1/200 Sekunde, ISO 800*
Bild 162 (unten rechts): *KB-Vollformat, 2,8/150 mm, Blende 6,3, 1/400 Sekunde, ISO 1.600*

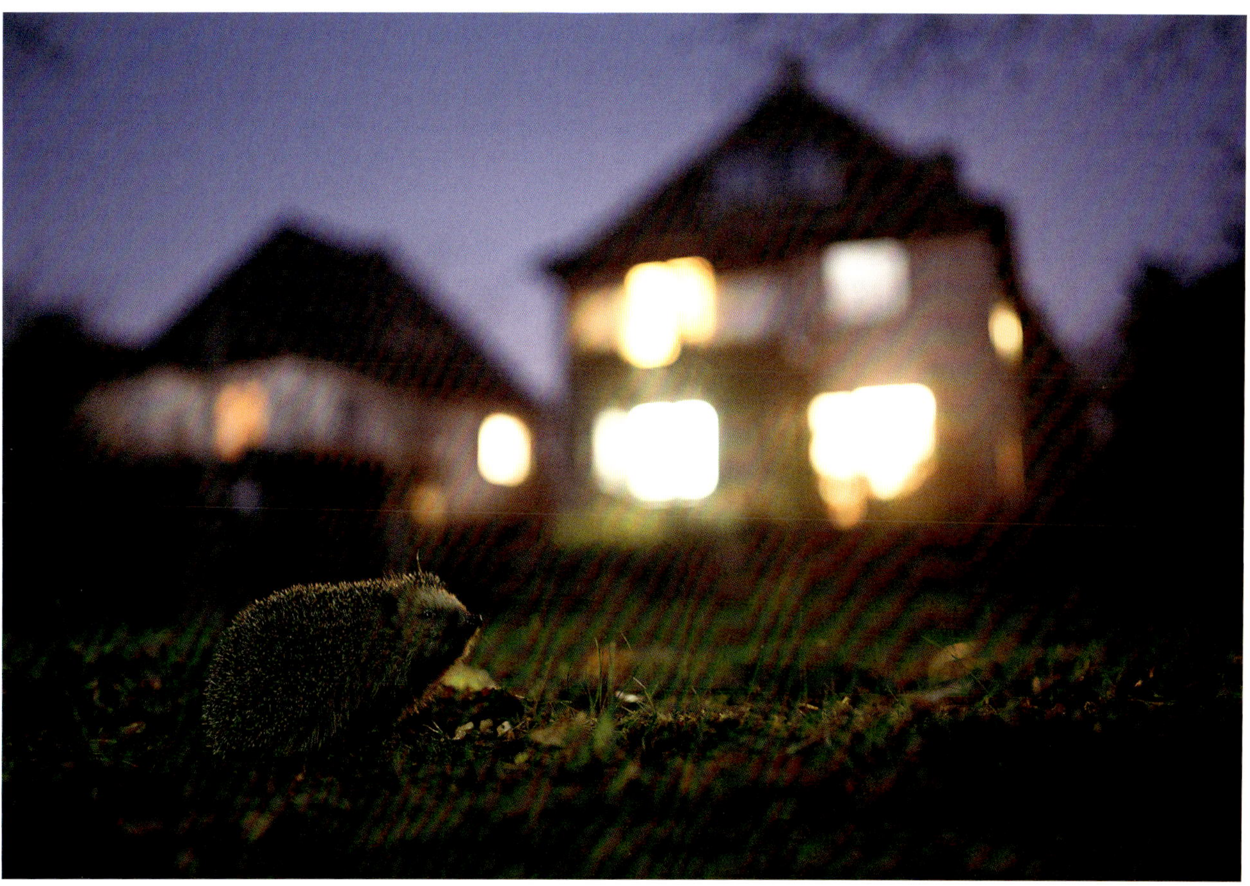

Bild 163: Dieses Motiv entdeckte ich bereits im Hellen und stellte mir die gleiche Szene im Dunklen mit einem hell erleuchteten Haus im Hintergrund vor. Wenige Tage darauf traf ich den Igel in der späten Dämmerung wieder und setzte das Bild um.
KB-Vollformat, 1,4/35 mm, Blende 1,4, 1/13 Sekunde, ISO 2.500

nach dem Versagen der Taschenlampe sorgte sie mit zwei Smartphones und der Taschenlampen-App dafür, dass unser Protagonist in einem möglichst schattenfreien Licht erschien. Nach einigen, auf dem Boden doch sehr nasskalten Abenden war das Bild, das ich mir vorstellte (**Bild 163**), im Kasten. Leider konnte ich in den folgenden Jahren kaum noch Beobachtungen mit Igeln machen. Nur eine Zufallsbegegnung beim Grillabend im November folgte noch. Durch den Geruch von frischen Bratwürstchen wurde das Interesse eines stachligen Vierbeiners geweckt. Er hatte keinerlei Scheu und lief zwischen den Gästen umher, um nach Essensresten zu suchen (**Bild 151**). Besonders im Frühjahr sterben viele Igel qualvoll in den bereits im Herbst angehäuften Osterfeuerhaufen, welche sie als Winterquartier bezogen haben. Daher war die Verbindung des Igels mit dem Feuer im Hintergrund ein konsequentes Motiv. Bilder wie diese setzte ich später dazu ein, um Menschen auf die Gefahren von Osterfeuern für die Tierwelt aufmerksam zu machen.

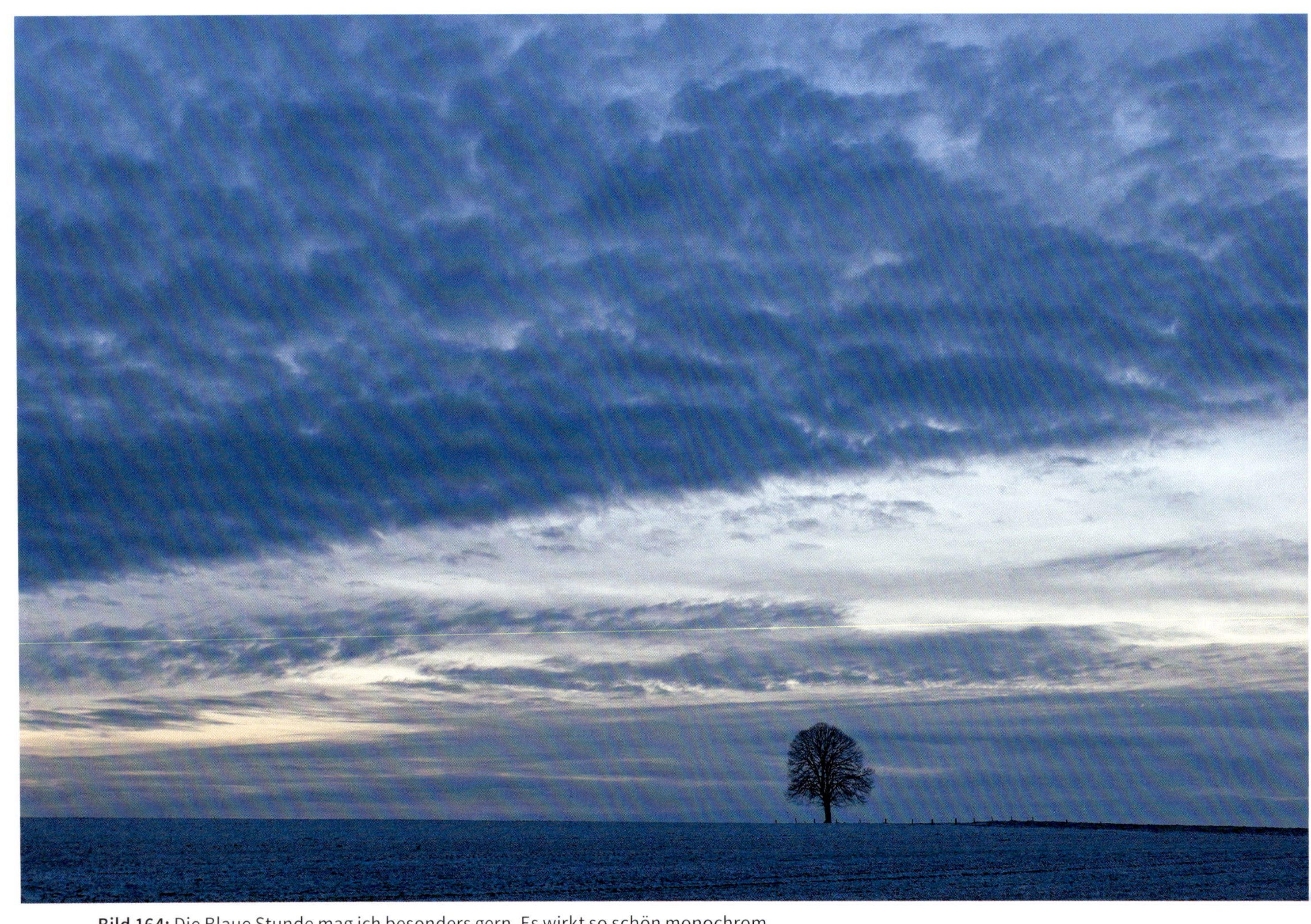

Bild 164: Die Blaue Stunde mag ich besonders gern. Es wirkt so schön monochrom, wenn die roten Farben nach dem Sonnenuntergang den Himmel verlassen haben.

KB-Vollformat, 2,8/24–70 mm bei 42 mm, Blende 8, 1/13 Sekunde, ISO 200, Stativ

Mein Baum

Karsten Mosebach

Mein Baum ist keine Schönheit. Er ist kein altes, dickes Prachtexemplar mit mächtigem Stamm und weit ausladenden Ästen, die bis auf den Boden reichen. Kühe fressen seine frischen Triebe regelmäßig ab. Aber er befindet sich an einem tollen Platz. Seine Weide hat eine sanft geschwungene Kuppe. Und dort, an der höchsten Stelle, steht mein Baum. Lehnt man sich an ihn, kann man weit in die Landschaft schauen.

Ich kenne den Baum schon seit vielen Jahren, täglich führt mich mein Weg zur Arbeit kaum zweihundert Meter an ihm vorbei. Dennoch habe ich ihn zunächst nicht beachtet, habe ihn jeden Morgen, im Wortsinn, „links liegen" lassen. Er war mir schlichtweg nicht schön genug.

Heute ist mir das regelrecht peinlich. Diese fehlende Wertschätzung ist mir unerklärlich. Unerklärlich auch, dass es Jahre lang gedauert hat, bis ich meinen Baum als Motiv entdeckt habe. Heute schätze ich meinen Baum als „Wetterkulisse" und als Spiegel der Jahreszeiten. Oft fahre ich zum Sonnenauf- oder -untergang rasch vorbei und schaue nach, ob er in Nebel gehüllt oder von schönen Wolken überdeckt ist. Denn egal, ob ich ihn klein an den Bildrand setze oder groß und mächtig in die Bildmitte: Wie kein anderer Baum in meiner Heimat ist er geeignet als Kulisse für malerische Wolken, graue und triste Lichtstimmungen oder den nächtlichen Sternenhimmel.

Am schönsten ist der Baum meiner Meinung nach im Winterhalbjahr. Unbelaubt erscheint er transparent und wirkt auf den Fotos filigran. Im Sommerhalbjahr ist er dagegen durch sein dichtes Laub für die Augen regelrecht undurchdringlich und erscheint, besonders im großen Abbildungsmaßstab, wuchtig und erdrückend. Häufig baue ich die Bilder so auf, dass sich die auf- oder untergehende Sonne beziehungsweise die hellsten Himmelspartien direkt hinter dem Baum befinden. Über das Jahr hinweg verändern sich mit dem Sonnenlauf ständig die Positionen, an denen die Sonne auf- oder untergeht. Daher stehe auch ich von Besuch zu Besuch immer an anderen Stellen. Langeweile kommt da kaum auf.

In technischer Hinsicht aufwendig sind die Fotos nicht. Ich habe ein solides Stativ und Brennweiten von 14 bis 500 Millimeter verwendet. Bevorzugt setze ich jedoch kurze Brennweiten ein. Dann allerdings kann ich mich dem Baum nicht von jeder Richtung nähern, wenn ich keine Häuser oder keine Straße auf dem Bild haben möchte.

Manchmal setze ich einen Neutralgraufilter vor das Objektiv. So kann ich die Belichtungszeit, unabhängig von Blende und ISO-Wert, verlängern und die Bewegung der Wolken am Himmel sichtbar machen. Um den Baum vor dem Himmel freizustellen, nehme ich meistens tiefe Standpunkte ein. Dafür ist es wichtig, dass sich beim Stativ die einzelnen Beine weit spreizen lassen und keine Mittelsäule den Weg nach unten versperrt. Im Extremfall liegt der Stativteller auf dem Boden auf, sodass sich die Kamera letztlich nur wenige Zentimeter über dem Boden befindet.

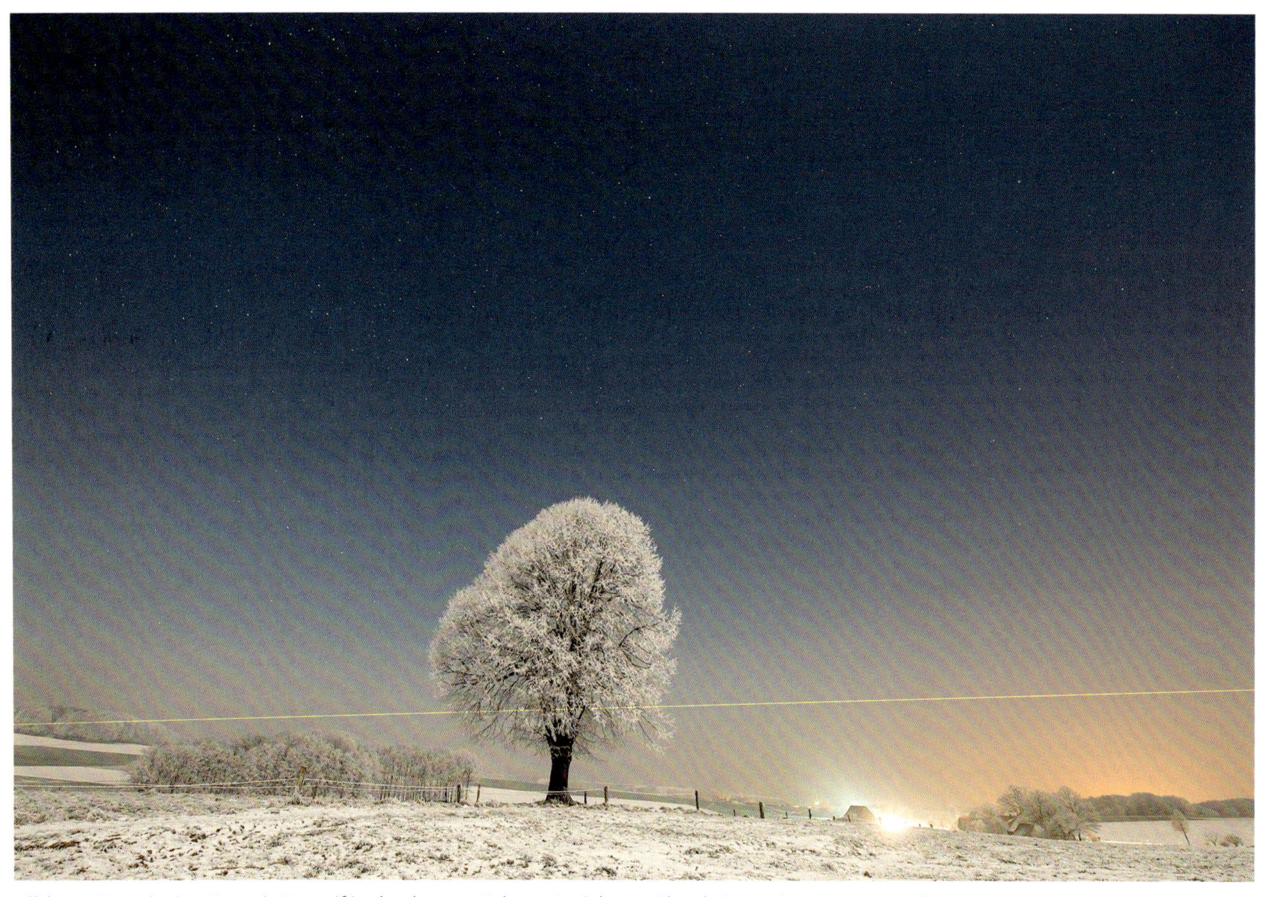

Bild 165: Der einzige Tag mit Raureif in den letzten Jahren. Da ich tagsüber keine Zeit zum Fotografieren hatte, fuhr ich abends noch mal schnell zu meinem Baum. Ich liebe die pastelligen Farbtöne im Bild.

KB-Vollformat, 2,8/14–24 mm bei 14 mm, Blende 5, 30 Sekunden, ISO 640, Stativ

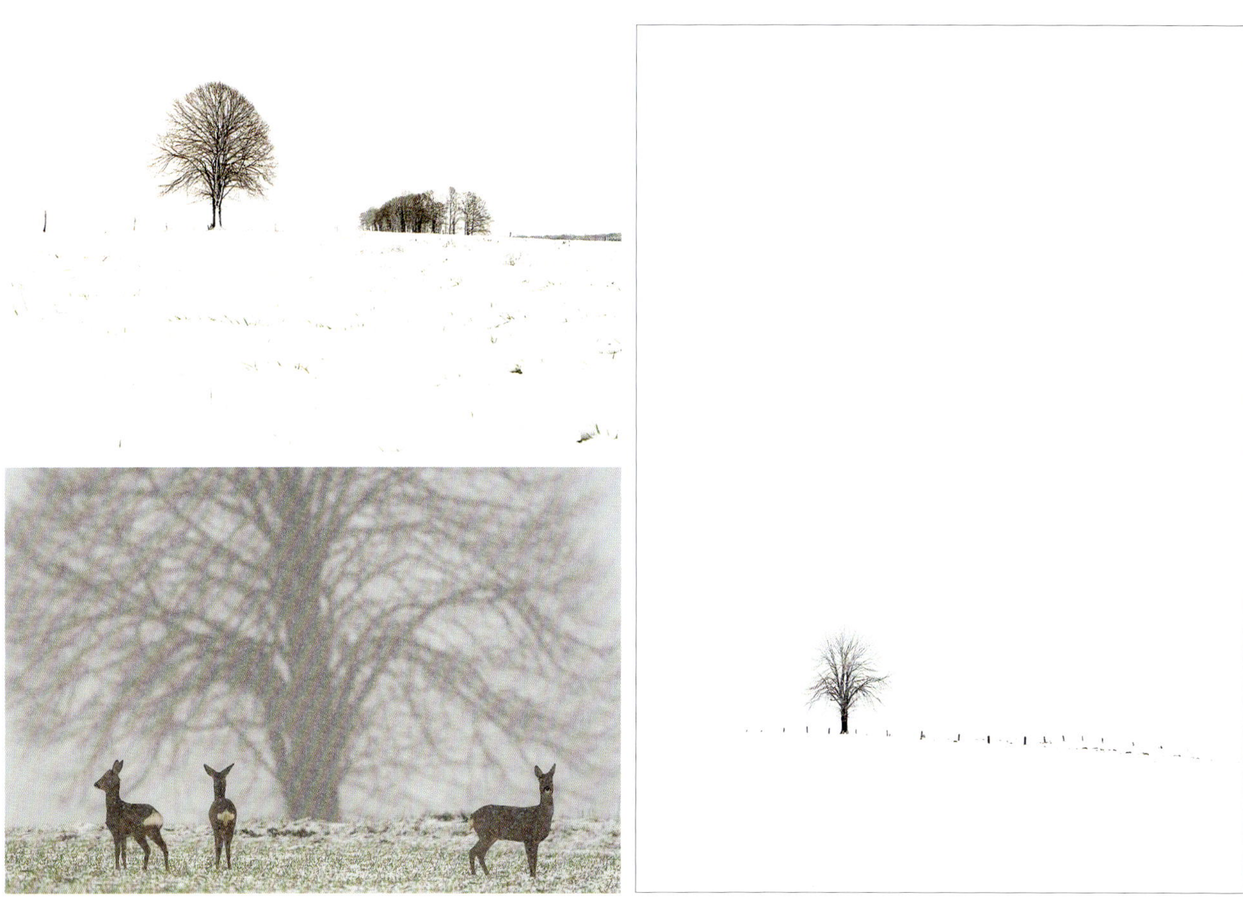

Bilder 166, 167, 168: Hoch oder quer? Am besten beides! Man kann besser bei der Auswahl am Computer das eine oder andere Bild verwerfen, als später bedauern zu müssen, das spannendste Format nicht fotografiert zu haben. Und manchmal ergeben sich ganz unverhofft glückliche Momente wie an dem Tag, an dem die drei Rehe auf dem Acker vor dem Baum standen.

Bild 166 (oben links): *KB-Vollformat, 2,8/24–70 mm bei 24 mm, Blende 11, 1/80 Sekunde, ISO 50*
Bild 167 (unten links): *APS-C-Format, 4/500 mm, Blende 4,5, 1/125 Sekunde, ISO 800, aus dem Auto heraus*
Bild 168 (rechts): *KB-Vollformat, 2,8/14–24 mm bei 15 mm, Blende 11, 1/25 Sekunde, ISO 100*

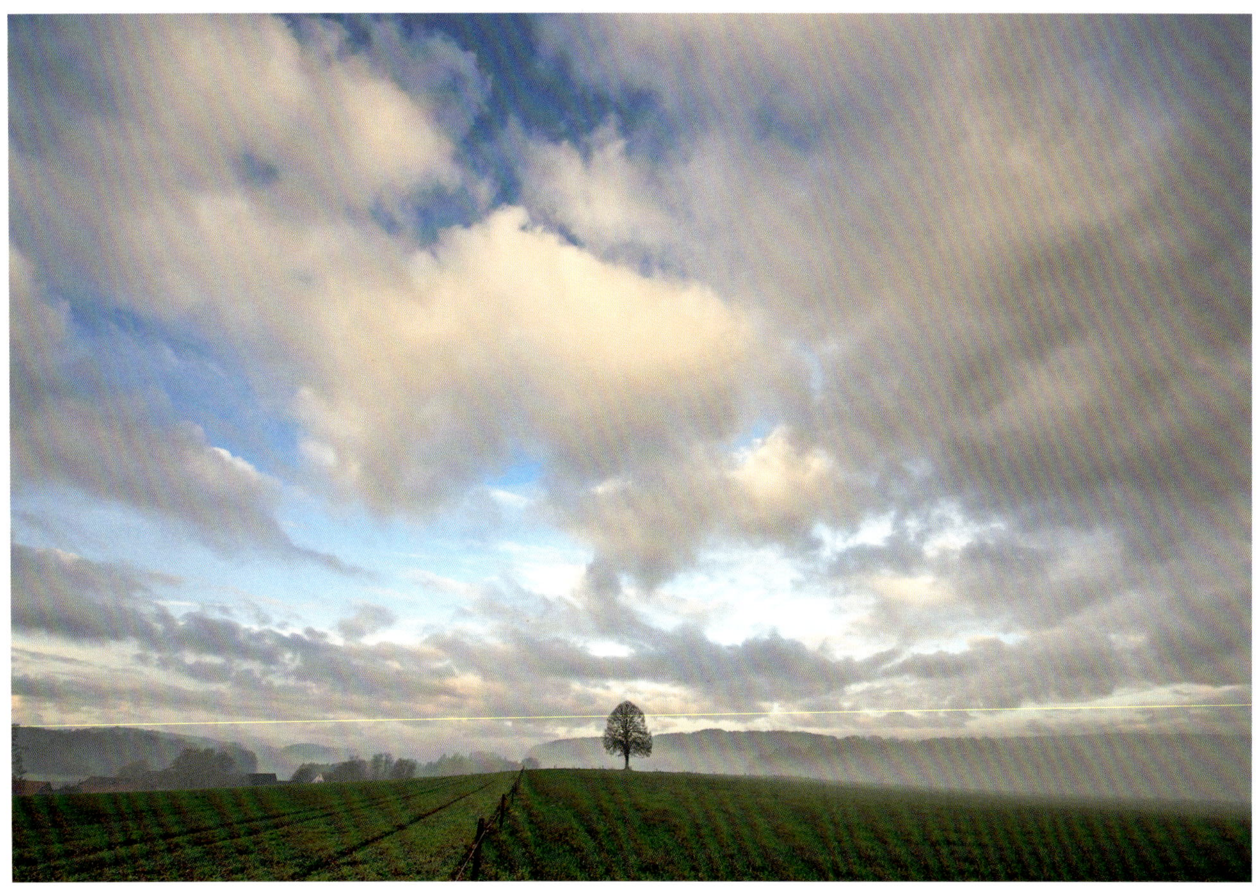

Bild 169: Eines meiner Lieblingsbilder von meinem Baum. Der leichte Nebel stellt den Baum vor dem Hintergrund frei. Und von der Bildmitte am unteren Bildrand aus wächst der Baum in die schönen Wolken hinein.

KB-Vollformat, 2,8/14–24 mm bei 14 mm, Blende 9, 1/160 Sekunde, ISO 100

Bild 170: Mond: KB-Vollformat, 4,5–5,6/80–400 mm bei 400 mm, Blende 5,6, 1/80 Sekunde, ISO 200
Baum: KB-Vollformat, 4,5–5,6/80–400 mm bei 160 mm, Blende 5,6, 1/15 Sekunde, ISO 200

Bild 171: KB-Vollformat, 2,8/14–24 mm bei 14 mm, Blende 9, 1/400 Sekunde, ISO 160

Bild 172: KB-Vollformat, 4,5–5,6/80–400 mm bei 80 mm, Blende 14, 30 Sekunden, ISO 50

Bild 173: KB-Vollformat, 2,8/14–24 mm bei 16 mm, Blende 9, 1/320 Sekunde, ISO 100

Bild 174: Alle Einzelbilder: KB-Vollformat, 2,8/14–24 mm bei 14 mm, Blende 4, 25 Sekunden, ISO 1.600, Stativ

Bild 175: KB-Vollformat, 2,8/14–24 mm bei 14 mm, Blende 13, 20 Sekunden, ISO 50, Stativ

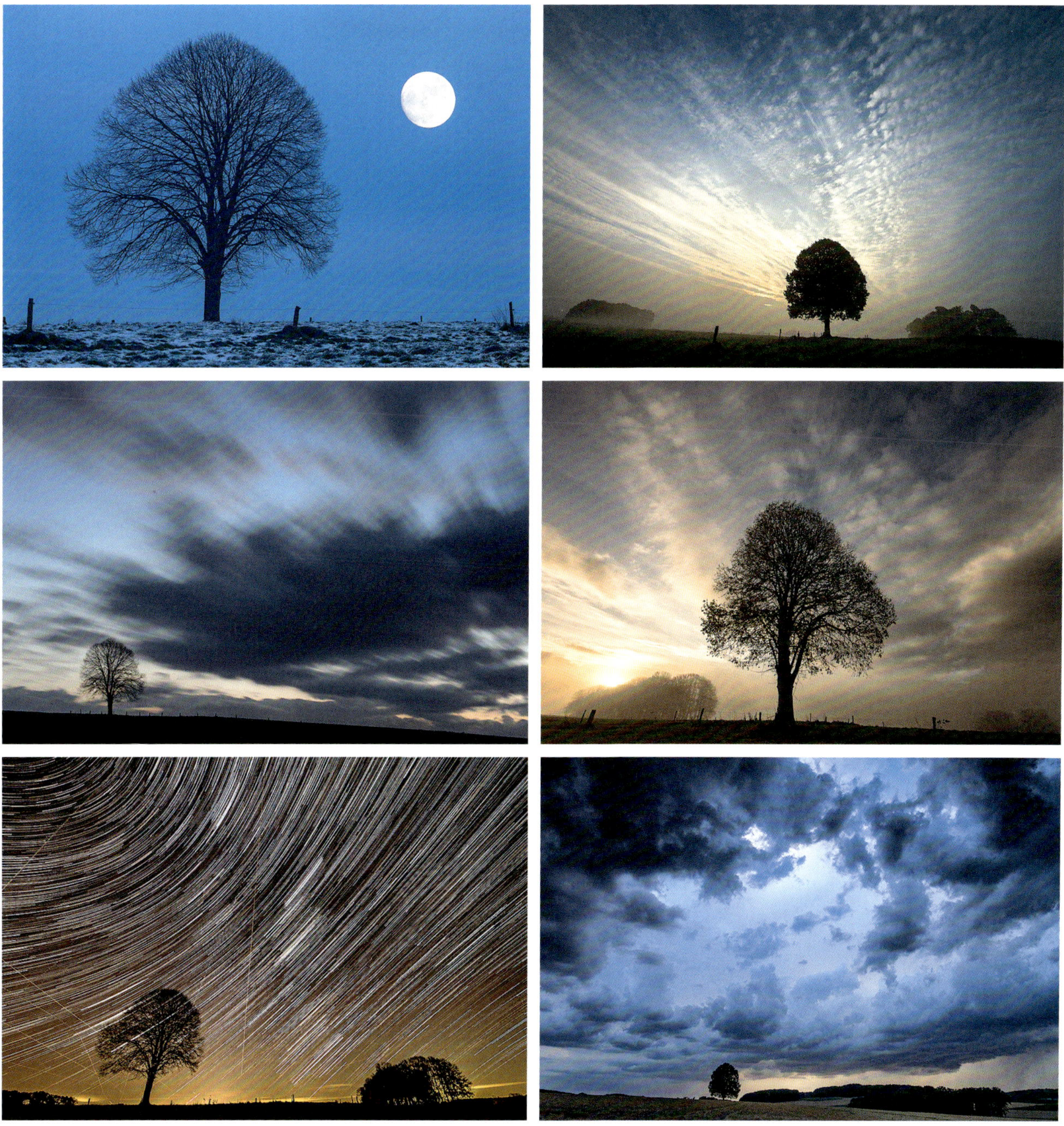

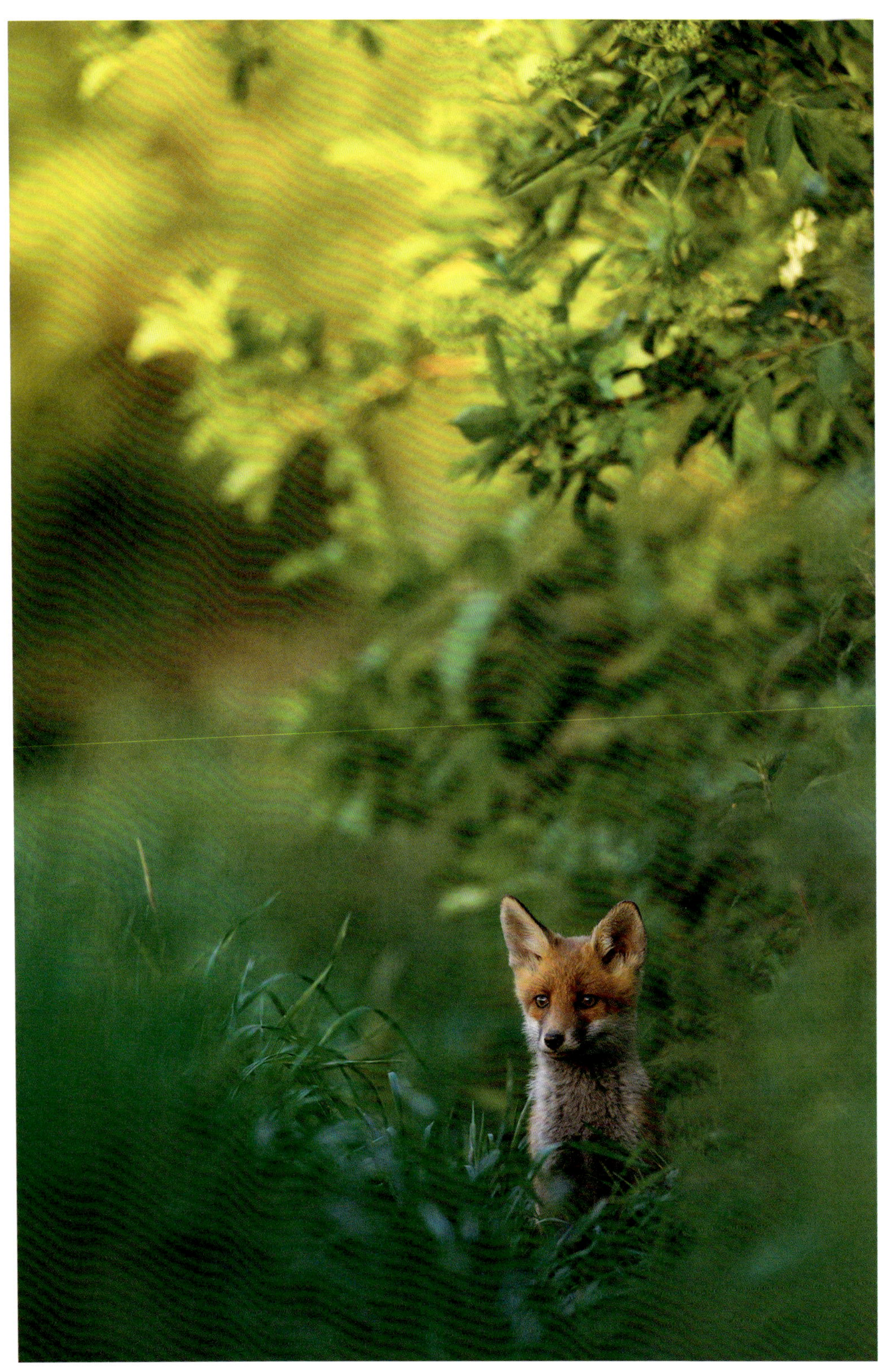

Bild 176: Ein Jungfuchs beobachtet seine Geschwister beim Spielen in der Abenddämmerung. Durch eine flache Perspektive in einer Treckerspur konnte der Fuchs aus der Umgebung gelöst werden, ohne dass er hinter Grashalmen verschwand.

KB-Vollformat, 4/500 mm, Blende 4,5, 1/125 Sekunde, ISO 400, Stativ

Schlau genug für den Fuchs

Hermann Hirsch

Der Fuchs dürfte wohl das bekannteste heimische Raubtier überhaupt sein. Trotzdem bekommen ihn die wenigsten Menschen am helllichten Tag zu Gesicht. Viel eher huscht er einem nachts direkt vor dem Auto über die Straße – und ist auch schon wieder verschwunden. Genauso erlebte ich es im Sommer 2010 und in mir wuchs der Wunsch, diese scheuen Tiere einmal wirklich nah vor die Linse zu bekommen. Wer sich etwas mit dem Thema auseinandersetzt, wird schnell feststellen, dass die beste Zeit hierfür von Ende April bis Anfang Juni ist. Zu dieser Zeit erkunden die neugeborenen Füchse erst mal die Umgebung um ihren Bau herum, in dem sie etwa sechs bis acht Wochen zuvor geboren wurden. Dabei spielen sie untereinander sehr ausgelassen, während ihre Mutter, die Fähe, unterwegs ist, um Nahrung zu beschaffen.

Am Anfang steht die Recherche
Ich wusste: Wenn ich einmal an einem Fuchsbau fotografieren wollte, ohne als Störung wahrgenommen zu werden, dann musste ich mich richtig schlaumachen für mein Fuchsprojekt. So durchforschte ich das Internet nach Infos über das Verhalten der Jungen, recherchierte, wo Fuchsbaue zu finden sind, und studierte Naturfilme. Ich nahm Kontakt mit Jägern und Naturschützern vor Ort auf und informierte mich über bereits bekannte Baue in der Nähe meines Heimatortes. Außerdem erhielt ich viele wertvolle Tipps seitens der Jäger, auf die ich später eingehen werde, sowie die Erlaubnis, mich diversen Fuchsbauen zu nähern und die bebauten Felder zu betreten.

Bereits im Januar kundschaftete ich alle mir empfohlenen Reviere aus. Dabei achtete ich besonders darauf, wie weit diese von im Frühling stark frequentierten Spaziergängerpfaden entfernt waren, wie der Untergrund und der Bewuchs wohl sein würden und ob in den Abendstunden mit direktem Sonnenlicht zu rechnen wäre. Für Letzteres benutzte ich eine Handyapp Namens *SunScout*. Diese ermöglicht die visuelle Darstellung des Sonnenverlaufs zu einem beliebigen Zeitpunkt im Jahr. Über die interne Kamera wird er dann direkt in das gesehene Bild integriert. So kann man sehr exakt bestimmen, ob Hügel, Gebäude oder Waldspitzen der Sonne im Weg stehen könnten.

Es dauerte nicht lange und ich hatte schon jetzt meinen favorisierten Bau gefunden – und das nur drei Minuten mit dem Fahrrad von zu Hause entfernt. Die Zeit verstrich und ab Anfang März installierte ich eine Wildkamera am Bau. Diese verfügt über einen integrierten Bewegungssensor und löst automatisch aus, sobald sich vor der Kamera etwas bewegt, wie etwa ein Fuchs. Außerdem besitzt sie für das Auge nahezu unsichtbares Infrarotlicht, um auch nachts Bilder aufnehmen zu können, ohne das vorbeilaufende Tier zu

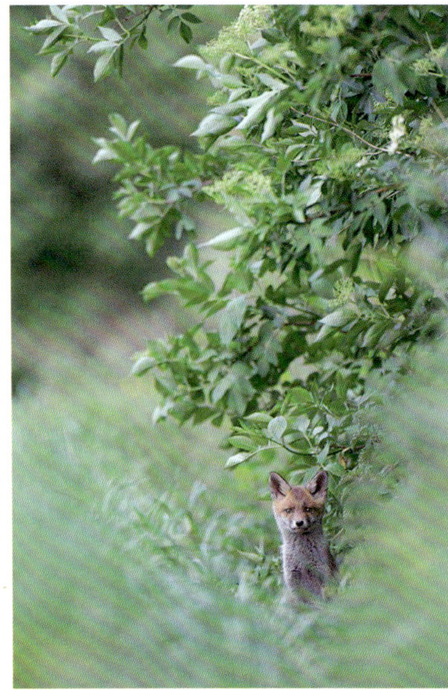
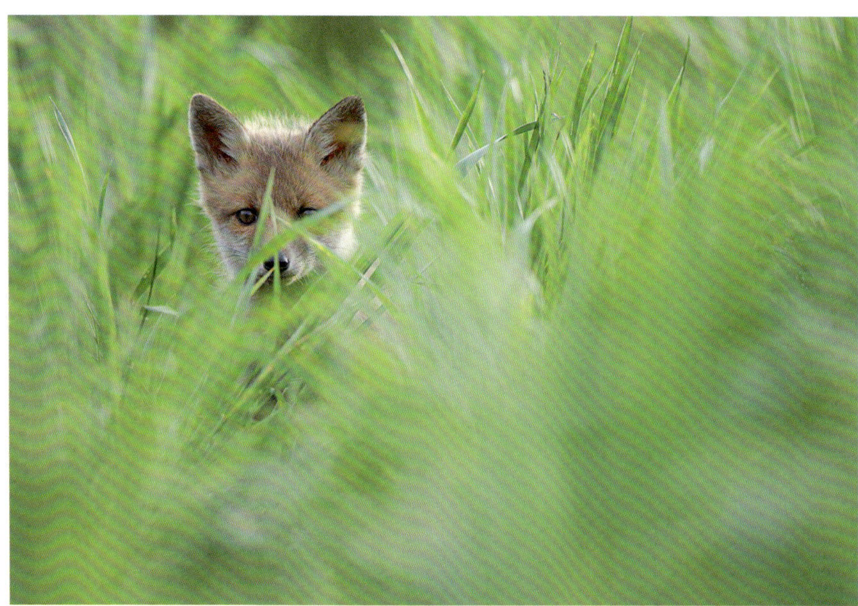
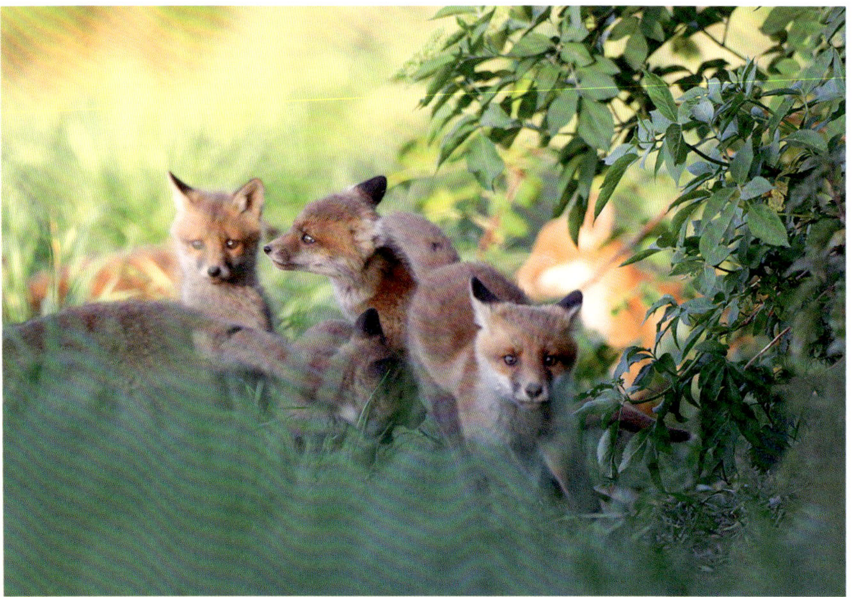
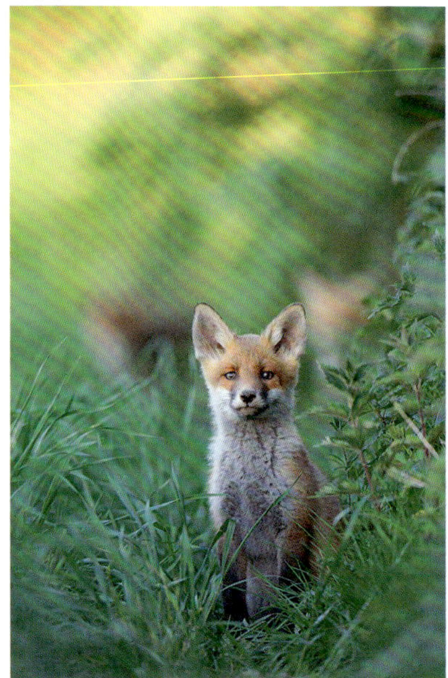

Bilder 177, 178, 179, 180:
An einem Fuchsbau ist mächtig was los. Wenn alle Jungen zu spielen beginnen, ist es gar nicht so einfach, einzelne Tiere separat abzubilden. Einige der neugierigen Füchse trauen sich aber weiter vor als andere. Diese ermöglichen dann auch weniger chaotische Bilder.

Bild 177 (oben links):
KB-Vollformat, 4/500 mm,
Blende 4,5, 1/160 Sekunde, ISO 400, Stativ

Bild 178 (oben rechts):
KB-Vollformat, 4/500 mm,
Blende 4,5, 1/320 Sekunde, ISO 200, Stativ

Bild 179 (unten links):
KB-Vollformat, 4/500 mm,
Blende 4,5, 1/500 Sekunde, ISO 400, Stativ

Bild 180 (unten rechts):
KB-Vollformat, 4/500 mm,
Blende 4,5, 1/400 Sekunde, ISO 400, Stativ

verschrecken. Die Kamera kann, einmal installiert, über Wochen und Monate die Aktivität dokumentieren. So konnte ich, damals noch zur Schule gehend, mich anderen Dingen widmen, ohne den ganzen Tag den Bau zu beobachten und mögliche Anzeichen für Füchse auszumachen.

Zunächst besuchte ich etwa im Zweiwochentakt die Kamera. Der Jäger empfahl mir, bei jedem Besuch am Bau ein wenig Futter dazulassen. Auf diese Weise könne man dem Fuchs auf Dauer beibringen, dass von meiner Anwesenheit und dem hinterlassenen Geruch keine Gefahr ausgeht und sogar etwas zu fressen übrig bleibt. Nimmt eine Fähe am Bau eine Gefahr wahr, würde sie, auch mit den bereits geborenen Jungen, sofort den Bau wechseln und in einen Notbau ziehen.

Beim Sichten der Kamera stellte ich schnell fest, dass tatsächlich jede Nacht ein Fuchs den Bau zu besuchen schien. Noch wusste ich jedoch nicht, ob das nur an dem hinterlassenen Futter lag. Der Frühling schritt voran und die Frequenz meiner Besuche am Bau verdichtete sich.

Ende April erblickte ich auf der Wildkamera endlich das, worauf ich so lange gehofft hatte. Gleich drei noch sehr junge Rotfüchse inspizierten meine Kamera. Ich war kaum zu halten vor Freude, doch erinnerte ich mich auch an den Rat des Jägers, mich auf keinen Fall direkt zu nahe an den Bau zu setzen, sondern mich sehr langsam vorzutasten. So baute ich am kommenden Tag in sicherer Entfernung meine Kamera auf und tarnte mich mit einem Überwurf. Zuvor hatte ich die Windrichtung ausgelotet und mich gegen den Wind angesetzt. So würde mein Geruch nicht zum Bau getragen. Ich wartete keine fünf Minuten, als ich erstmalig einen jungen Fuchs bei Tageslicht erblickte (**Bild 177**). Ich machte einige Bilder, bevor er wieder verschwand und an jenem Tag nicht wiederkehrte. Natürlich machte ich mir sofort Gedanken, ob ich der Grund dafür war und ob ich mich nicht doch zu schnell genähert hätte. Glücklicherweise war dem nicht so und in den folgenden Tagen erblickte ich immer öfter die bald so vertrauten Gesichter der Füchse.

Gleich acht der kleinen Racker wuselten ausgelassen vor dem Bau am Feldrand herum und beachteten mich schon sehr bald gar nicht mehr (**Bild 179**). Ich näherte mich jeden Tag einige Schritte, um schließlich 15 Meter vor dem Bau meine ideale Position einzunehmen. Täglich nach der Schule radelte ich, so schnell es ging, zum Bau, um weitere Beobachtungen und Bilder zu machen. Die Tage vergingen wie im Flug und die Füchse gewöhnten sich zunehmend an meine Anwesenheit. Eine Tarnung wurde schon bald hinfällig, da die mutigsten sich bereits bis auf wenige Zentimeter meiner Ausrüstung näherten und diese argwöhnisch beschnupperten (**Bild 182**). Bald war es nicht mehr das Problem, die Tiere nah genug vor die Linse zu bekommen, sondern sich so weit entfernt von ihnen aufhalten zu können, um noch Bilder machen zu können (**Bild 176**) – ein tolles Problem!

Ende Mai stand für mich eine Reise an, auf die ich mich sehr lange gefreut hatte. Angesichts meiner Erlebnisse am Fuchsbau mochte ich kaum gehen. Schweren Herzens packte ich an einem Abend zusammen und brach auf. Als ich zehn Tage später zurückkam, fehlte von meinen acht jungen Freunden jede Spur.

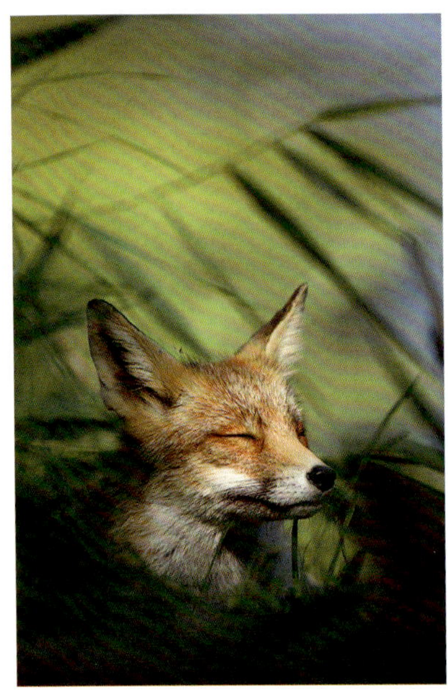

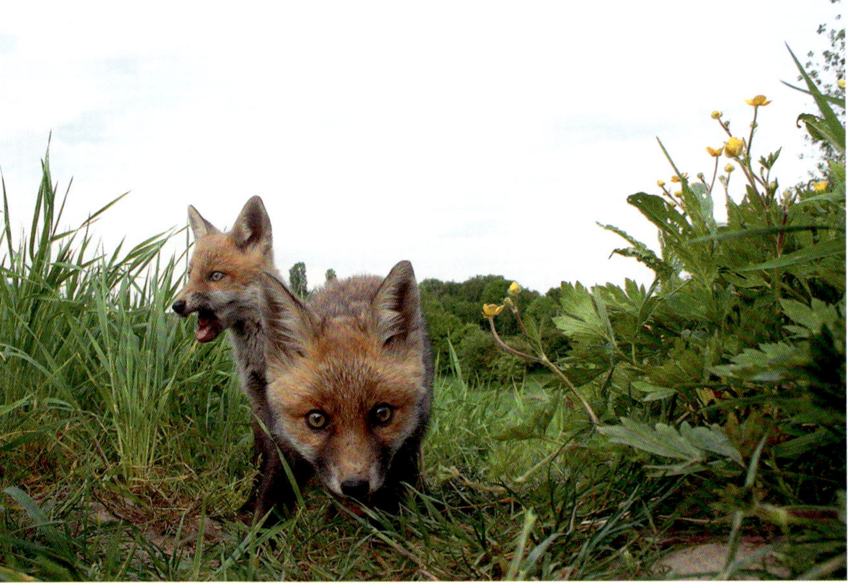

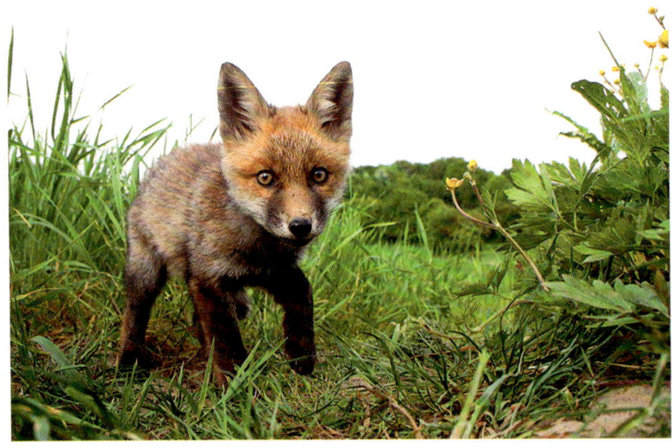

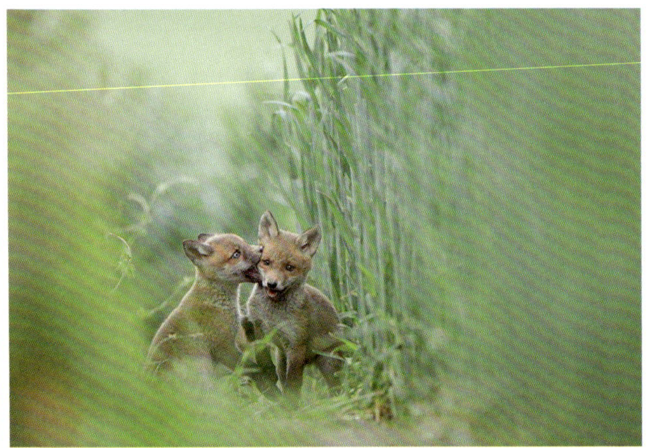

Bilder 181, 182, 183, 184: Je länger man sich mit den Jungfüchsen beschäftigt, desto zutraulicher werden sie. So bieten sich bald ideale Möglichkeiten für sehr intime Aufnahmen, teilweise sogar mit dem Weitwinkel.

Bild 181 (oben links): *KB-Vollformat, 4/500 mm, Blende 4,5, 1/540 Sekunde, ISO 200*
Bild 182 (oben rechts): *KB-Vollformat, 3,5–5,6/18–55 mm bei 18 mm, Blende 9, 1/320 Sekunde, ISO 400*
Bild 183 (unten links): *KB-Vollformat, 3,5–5,6/18–55 mm bei 25 mm, Blende 9, 1/250 Sekunde, ISO 400*
Bild 184 (unten rechts): *KB-Vollformat, 4/500 mm, Blende 4, 1/160 Sekunde, ISO 640*

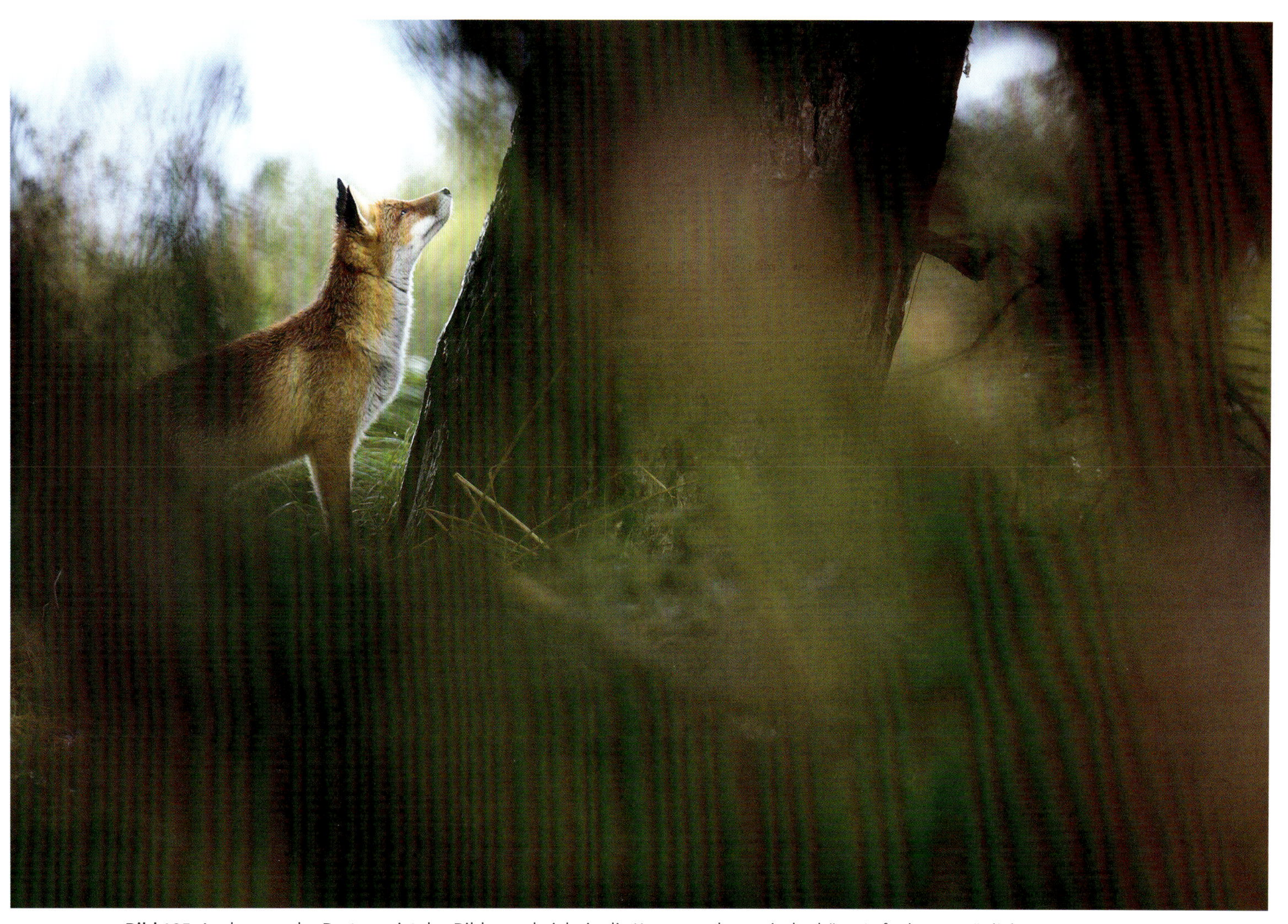

Bild 185: Auch wenn der Protagonist des Bildes mal nicht in die Kamera schaut, sind schöne Aufnahmen möglich. Manchmal sind sie sogar erfrischend anders. Dieser Fuchs beobachtete wohl Vögel in der Krone des Baumes.

KB-Vollformat, 2,8/400 mm, Blende 3,5, 1/250 Sekunde, ISO 500

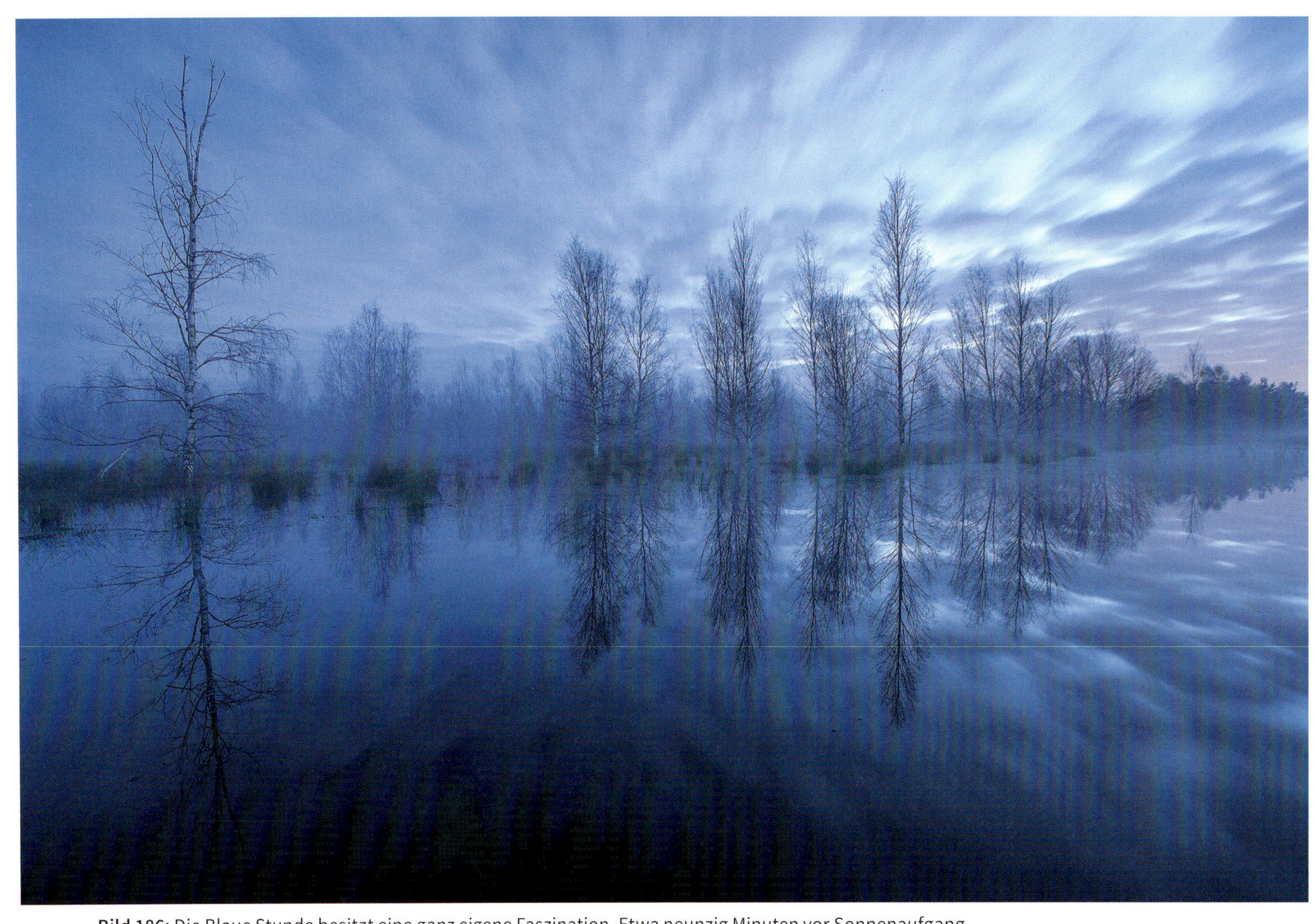

Bild 186: Die Blaue Stunde besitzt eine ganz eigene Faszination. Etwa neunzig Minuten vor Sonnenaufgang taucht die Landschaft in intensives Blau. Wer erst zum Sonnenaufgang kommt, verpasst diesen Moment.

KB-Vollformat, Objektiv 2,8/14–24 mm bei 14 mm, Blende 5,6, 30 Sekunden, ISO 1.000, Stativ

Nachts im Moor

Karsten Mosebach

Wie bescheuert ist das denn?" Meine Frau reagierte wenig begeistert auf die Ankündigung, dass ich jetzt zum Sonnenuntergang ins Moor gehen, aber erst am nächsten Morgen nach Sonnenaufgang wieder nach Hause kommen wollte. „Ich will halt mal gucken!", fiel meine Antwort recht schlicht aus. Denn so genau wusste ich selbst nicht, was dabei herauskommen sollte. Ich wollte mich einfach überraschen lassen.

So stiefelte ich in einer Vollmondnacht mit leeren Speicherkarten und vollen Akkus los. Das schwere Teleobjektiv ließ ich zu Hause, dafür schulterte ich neben dem Stativ meine Anglerhose, um auch die Wasserflächen betreten zu können. Schon öfter hatte mich der Gedanke an eine schlaflose Nacht zu Hause gehalten, aber diesmal war ich mir sicher. Ich wollte ausprobieren, was nachts geht. Klar, natürlich Aufnahmen der Sterne. Aber wie würde sich nächtlicher Nebel auf dem Foto machen? Könnte ich in der Dunkelheit Insekten oder gar Pflanzen fotografieren?

Um es direkt zu sagen: Es geht alles! Zwar nicht unbedingt immer alle Motive in einer Nacht, aber das ist tagsüber schließlich auch nicht anders. Inzwischen habe ich Laufe der letzten zwei Jahre einige Nächte fotografierend im Moor verbracht – und werde derartige Ausflüge auch sicher weiterhin unternehmen.

Nicht nur die Fotomotive sind vielfältig, auch das Erleben an sich ist großartig. Wenn es leise ist und in windstillen Nächten absolut kein Geräusch an das Ohr dringt, konzentriert sich der Geist auf die abstrakt aussehende Landschaft. Auf den Mond, dessen fahles Licht sich auf der Wasseroberfläche spiegelt. Auf den Nebel, der wie ein dünner Schleier über dem Boden schwebt. Auf die dürren Äste der kahlen, toten Birken, die sich sehnsuchtsvoll in den Himmel strecken. Oder auf die Libellen, deren taubedeckte Flügel schwach im Mondlicht glitzern.

Alles, was tagsüber so vertraut und mitunter völlig unscheinbar ist, lädt sich in der Dunkelheit mystisch auf wie die krummen Kiefern, die als Schatten vor dem sternenübersäten Himmel riesig und gespenstisch wirken. Oder das Wollgras, das im Gegenlicht des Mondes seiner sonst so leuchtend weißen Farbe beraubt ist. Da alles anders aussieht, lassen sich auch die Motive, die man schon so oft gesehen und fotografiert hat, mit der Kamera wieder neu entdecken und interpretieren. Das macht enorm viel Spaß und ist unglaublich inspirierend.

Natürlich fotografiert man nachts nicht grundlegend anders als am Tag, auf einige Besonderheiten muss man sich jedoch einstellen. So hatte ich zunächst erwartet, dass ich ausschließlich mit hohen ISO-Werten fotografieren würde, das ist aber gar nicht so. Ich habe es ausgerechnet: Der durchschnittliche ISO-Wert aller Fotos in diesem Kapitel beträgt 975. Während ich sogar einige Bilder mit ISO 100 fotografiert habe, ist das Gros der Landschaftsbilder mit ISO-Werten um 400 entstanden. Mehr war in hellen Mondnächten gar nicht nötig. Spitzenreiter sind nicht etwa die Aufnahmen der Sterne, die entstanden bei ISO 1.600, es ist das Bild vom Wollgras. Dieses fotografierte ich mit ISO 5.000.

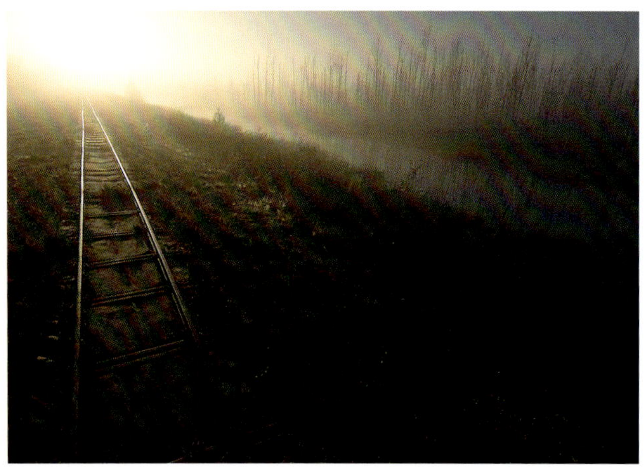

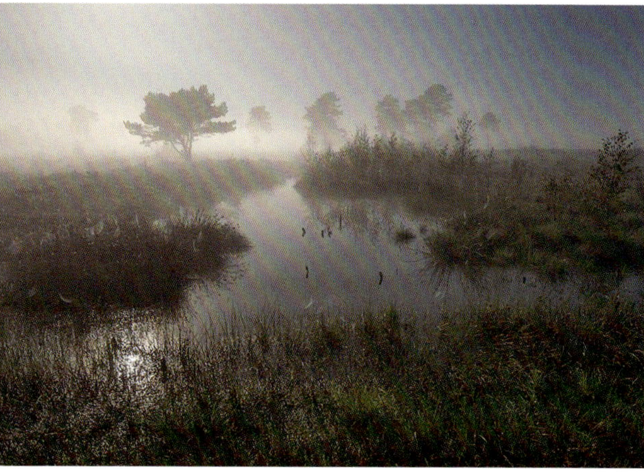

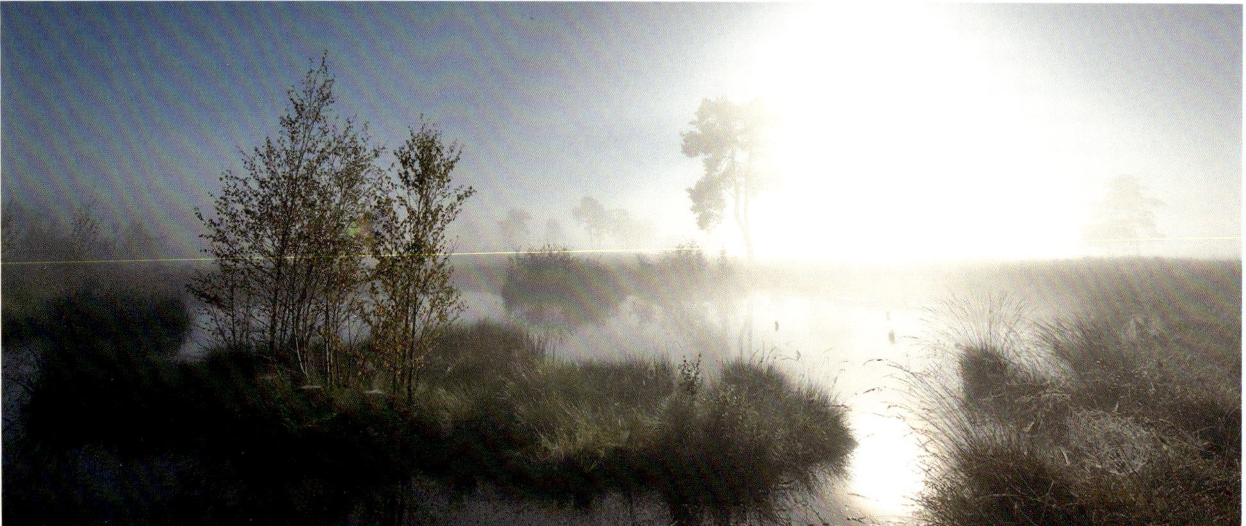

Bild 187 (oben links): Kurz vor Monduntergang ist das helle Mondlicht durch den Nebel gedämpft und taucht die Szene in ein unwirkliches Licht.

KB-Vollformat, 2,8/14–24 mm bei 21 mm, Blende 7,1, 30 Sekunden, ISO 800, Stativ

Bild 188 (oben rechts): Hell strahlt das Moor im Mondlicht. Dennoch ist das Bild leicht als Nachtaufnahme zu erkennen, denn die Pflanzen selbst sind sehr dunkel und der Kontrast höher als bei Tagaufnahmen.

KB-Vollformat, 2,8/14–24 mm bei 4 mm, Blende 9, 30 Sekunden, ISO 400, Stativ

Bild 189 (unten): Diese Aufnahme entstand kurz vor dem vorherigen Bild. Der Mond ist Teil des Bildes. Sein Licht ist jedoch kaum gedämpft und so erscheint der Mond nur als ein weißes Loch am Himmel.

KB-Vollformat, 2,8/14–24 mm bei 14 mm, Blende 6,3, 30 Sekunden, ISO 400, Stativ

Die Komposition der Bilder und die schlichte Einrichtung des Bildausschnitts sind in der Dunkelheit gar nicht so einfach. Denn was tatsächlich an den Rändern noch drauf oder schon abgeschnitten ist, lässt sich oft erst am Ergebnis auf dem Monitor der Kamera oder im Licht einer Taschenlampe zuverlässig kontrollieren. Doch auch deren Einsatz hilft nicht immer, denn weiter entfernt liegende Details lassen sich auch im Lichtschein heller Lampen nur eingeschränkt beurteilen.

Für die Umsetzung mancher Bildideen ist eine Taschenlampe das wichtigste Hilfsmittel. Zuverlässig fokussieren lässt sich oft nur im Licht einer Taschenlampe und außerdem beleuchte ich manchmal Teile des Bildes mit dieser Lichtquelle. Damit kann ich einzelne Gräser, Äste oder Bäume akzentuieren und aus dem nächtlichen Grau herausheben. Für derartige Fotos ist es wichtig, zum Schutz vor unerwünschten Reflexionen dafür zu sorgen, dass kein Licht direkt in die Frontlinse fällt. Meistens stelle ich mich irgendwo seitlich von der Kamera auf und fahre während der Belichtungszeit der Kamera mit einem eng fokussierten Lichtstrahl den betreffenden Gegenstand ab (**Bilder 194, 195** und **196**). Die Kamera löse ich per Fernbedienung aus.

Wie hell das Licht sein muss beziehungsweise wie lange das Objekt angestrahlt werden muss, ist kaum vorherzusagen. Der Blick auf das belichtete Bild und das Histogramm am Monitor der Kamera helfen aber rasch beim Finden der passenden Leuchtzeiten. Obwohl ich also eine Taschenlampe immer wieder nutze, mag ich deren Einsatz nicht. Denn das Taschenlampenlicht stört die Adaption der Augen an die Dunkelheit und jedes Mal beim Anschalten wird das Nachterlebnis empfindlich gestört.

Unverzichtbar ist ein Stativ. Denn die Belichtungszeiten sind in aller Regel zu lang, als dass man auf ein Stativ verzichten könnte. Meistens nutze ich die manuelle Belichtungssteuerung der Kamera. Für nächtliche Landschaftsfotos liegt die Belichtungszeit oft bei 30 Sekunden, Blende und ISO-Wert stelle ich entsprechend dem jeweiligen Motiv ein.

Grauverlaufsfilter sind meiner Erfahrung nach nicht nötig, denn in der Dunkelheit unterscheiden sich die Helligkeiten von Landschaft und Himmel nur wenig voneinander.

Den Mond selber mit in das Bild zu nehmen, funktioniert bei klarem und wolkenlosem Himmel oft nicht. Denn der Kontrast zwischen dem leuchtenden Mond und der dunklen Landschaft ist so groß, dass der Mond als hell ausgefressener Fleck erscheint (**Bild 189**). Zudem erzeugt das Mondlicht innerhalb der Linsen des Objektivs allerlei Reflexionen, die mir in dieser Form beim Fotografieren in die Sonne unbekannt sind. Sofern die Mondhelligkeit aber durch Wolken, Dunst oder Nebel abgeschwächt wird, lässt sich der Mond gut in den Bildaufbau von Landschaftsbildern einbeziehen (**Bilder 187, 199, 201** und **202**).

Um hingegen Libellen oder Pflanzen nachts zu fotografieren, ist helles Mondlicht unabdingbar. Denn nur dann erreicht man genügend kurze Belichtungszeiten, um scharfe Fotos zu bekommen (**Bilder 203** und **204**). Auch bei vermeintlicher Windstille wackeln dünne Grashalme doch immer noch ein wenig, sodass man bei mehrsekündigen Belichtungszeiten beispielsweise von taubedeckten Libellen keine scharfen Aufnahmen erhält. Das Wollgras fotografierte ich gegen die Spiegelungen des Mondlichts auf der Wasseroberfläche. Auf dem Wasser schwammen einige Halme, an denen sich das Mondlicht brach. Dadurch zeigen sich auf dem Wasser so viele kleine Reflexionen.

Mein Lieblingsbild entstand etwa anderthalb Stunden vor Sonnenaufgang (**Bild 186**). Ich stand mit der Wathose bis zum Bauchnabel im Wasser, als das nächtliche Schwarz einem ersten zarten Blauschleier am Himmel wich. Ich war wie elektrisiert und richtete die Kamera aus. Im Licht der Taschenlampe fokussierte ich auf den großen Baum links im Bild und belichtete mit angehaltenem Atem. Keinesfalls wollte ich die schöne Spiegelung auf der Wasseroberfläche zerstören. Die dreißigsekündige Belichtungszeit lässt die Wolken am Himmel etwas verschwimmen und macht das Bild, zusammen mit dem leichten Bodennebel, wunderbar weich. In den nächsten Minuten fotografierte ich dieses Motiv noch mit geringfügig veränderten Blendeneinstellungen und einem leicht variierten Bildausschnitt weiter. Jedoch ist das hier gezeigte Bild das einzige aus der Reihe, das diese wunderschöne blaue Anmutung besitzt.

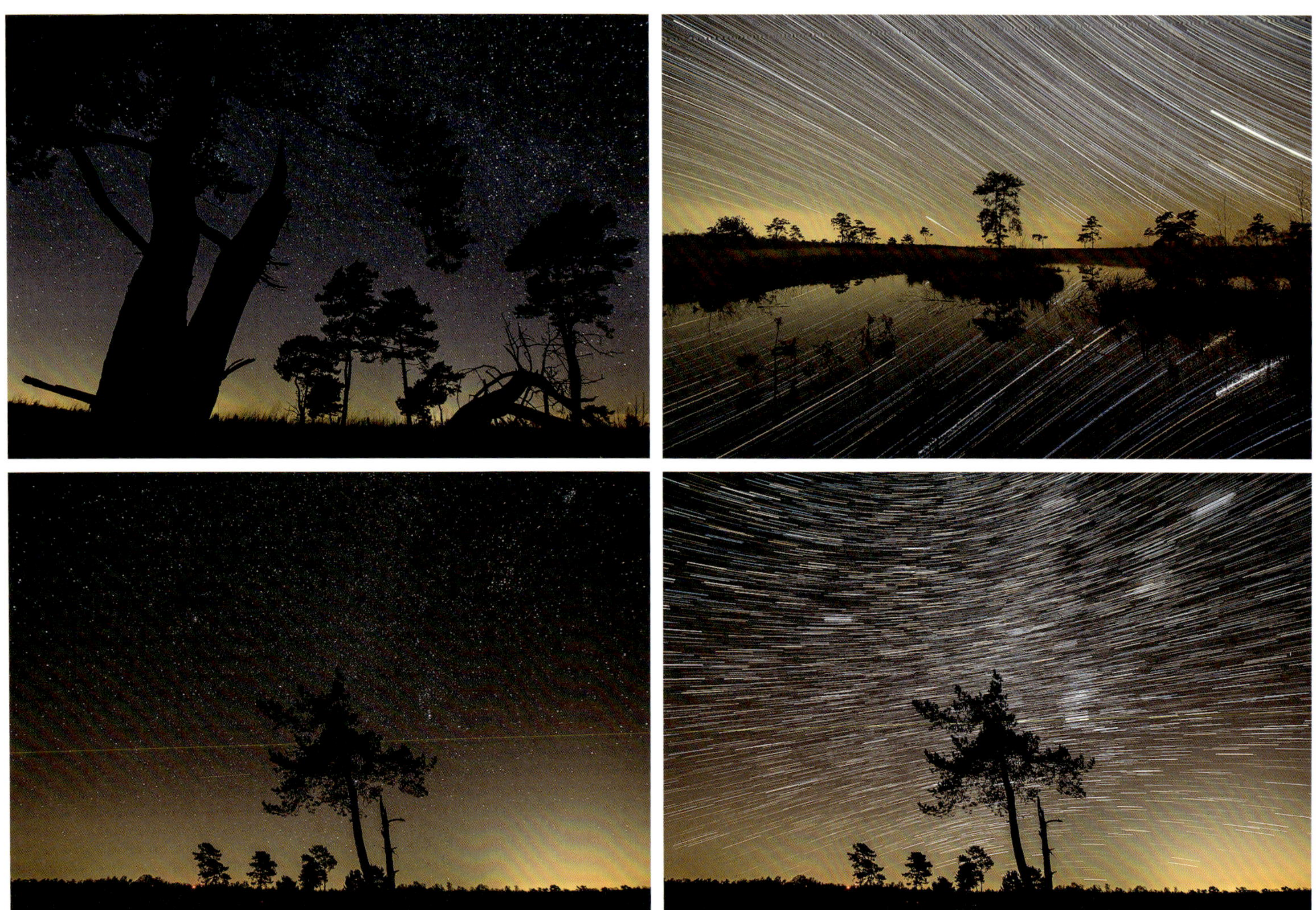

Bild 190 (oben links): Die Kiefern stehen auf einer eher unspektakulären Wiese. Nachts ist von Langeweile nichts zu erkennen.

KB-Vollformat, 2,8/14–24 mm bei 14 mm, Blende 5, 30 Sekunden, ISO 1.600, Stativ

Bild 191 (oben rechts): Dieses Bild ist aus etwa 300 Einzelbildern zusammengesetzt. Bei Windstille spiegeln sich die Sterne auf der Wasseroberfläche.

KB-Vollformat, 4/16–35 mm bei 17 mm, Blende 4, 30 Sekunden, ISO 1.600, Stativ

Bilder 192 und **193**: Das Einzelbild (Bild 192, u. l.) hinterlässt einen völlig anderen Bildeindruck als die zusammengesetzten 40 Einzelbilder (Bild 193, u. r.). Von Bild zu Bild „wandert" der Sternenhimmel ein Stückchen weiter. Sofern die Pausen zwischen den Bildern nicht mehr als ein bis zwei Sekunden betragen, fügen sich die Sternenpunkte zu einem nahtlosen Streifen zusammen.

KB-Vollformat, 2,8/14–24 mm bei 14 mm, Blende 4, 30 Sekunden, ISO 1.600, Stativ

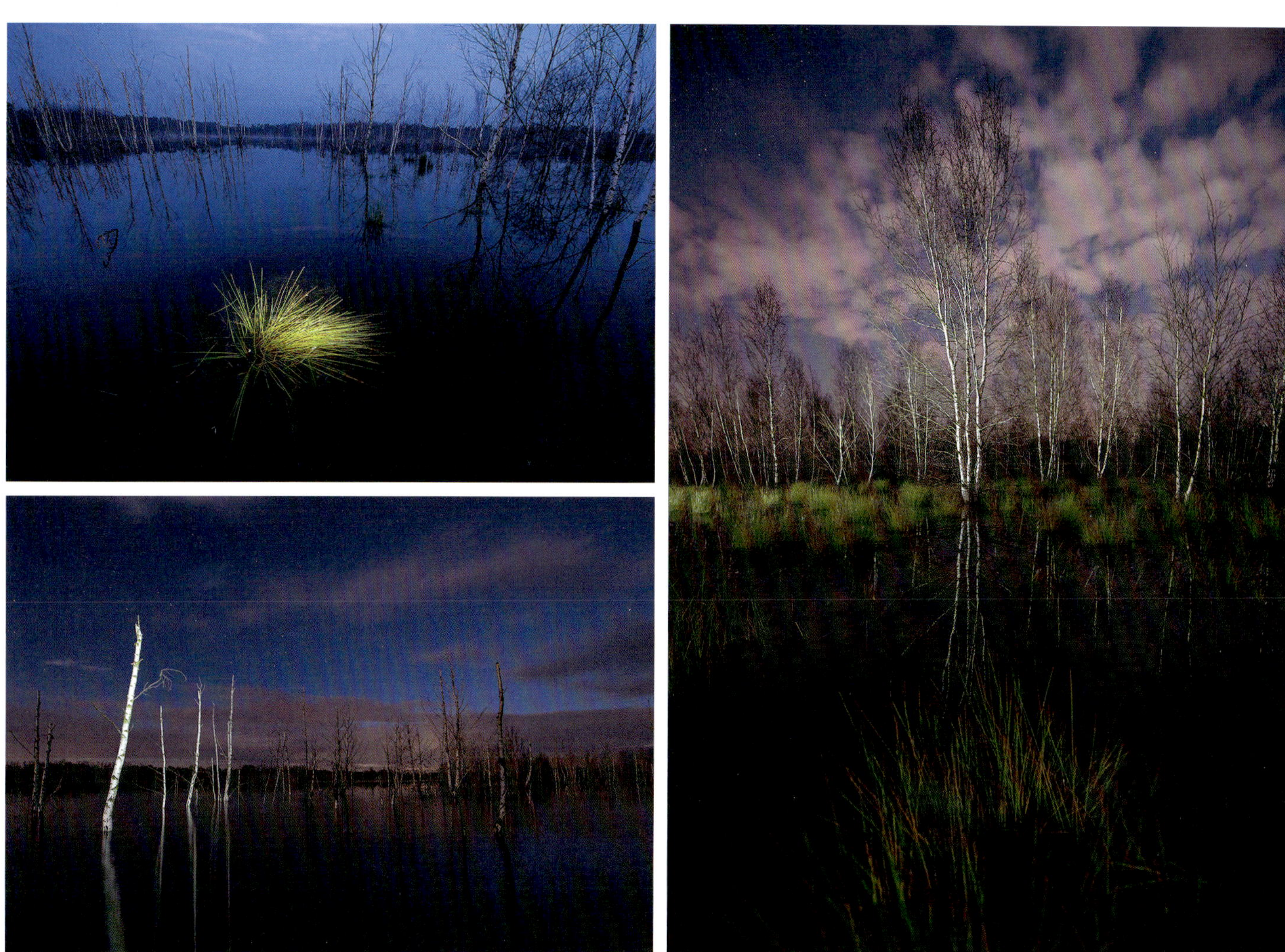

Bilder 194, 195, 196: Lichtspiele. Mit einem eng gebündelten Lichtstrahl kann man gezielt auch kleine Bildbereiche anstrahlen.

Bild 194 (oben links): KB-Vollformat, 2,8/14–24 mm bei 14 mm, Blende 2,8, 30 Sekunden, ISO 200, Stativ
Bild 195 (unten links): KB-Vollformat, 2,8/14–24 mm bei 14 mm, Blende 4, 30 Sekunden, ISO 200, Stativ
Bild 196 (rechts): KB-Vollformat, 2,8/14–24 mm bei 14 mm, Blende 7,1, 30 Sekunden, ISO 800, Stativ

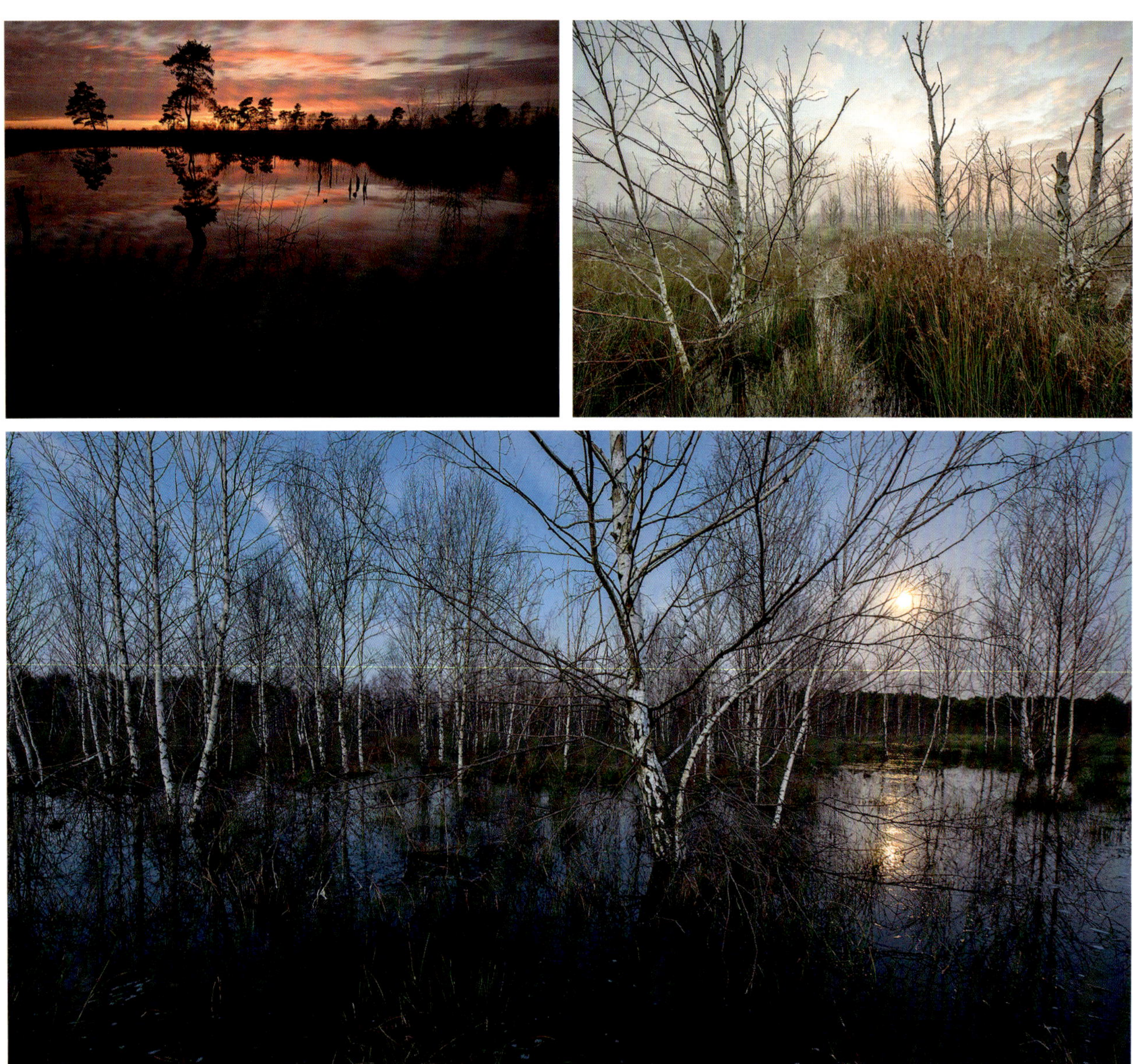

Bild 200: In manchen Jahren gibt es auch mal nur eine einzige helle Mondnacht in der Zeit der Wollgrasblüte. Trotz Wind ließen sich mit dem hohen ISO-Wert kurze Verschlusszeiten und so genügend scharfe Bilder realisieren.

KB-Vollformat, 1,4/85 mm, Blende 2, 1/200 Sekunde, ISO 5.000, Stativ

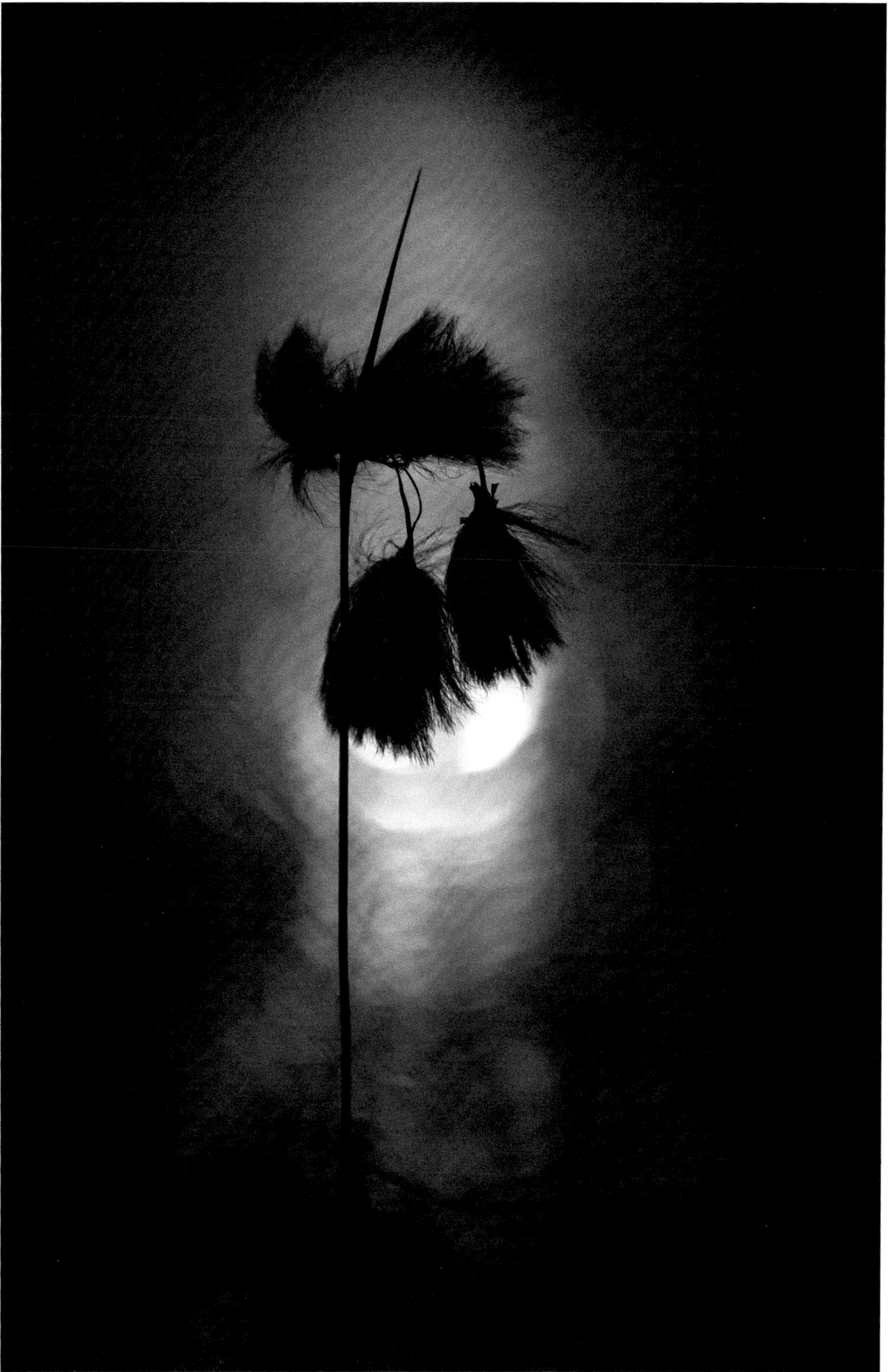

Bild 197 (oben links): Mit einer dreißigsekündigen Belichtungszeit lässt sich im Anschluss an den Sonnenuntergang das letzte Rot am Abendhimmel einfangen.

KB-Vollformat, 4/16–35 mm bei 22 mm, Blende 6,3, 30 Sekunden, ISO 200, Stativ

Bild 198 (oben rechts): Die Nacht ist vorbei. Kurz vor Sonnenaufgang ist das Licht weich und zeigt die Landschaft in gedeckten Farben.

KB-Vollformat, 2,8/14–24 mm bei 14 mm, Blende 11, 1/6 Sekunde, ISO 100, Stativ

Bild 199 (unten): Die Nacht beginnt. Nach Sonnenuntergang steigt der Vollmond am Himmel empor.

KB-Vollformat, 2,8/14–24 mm bei 14 mm, Blende 9, 30 Sekunden, ISO 400, Stativ

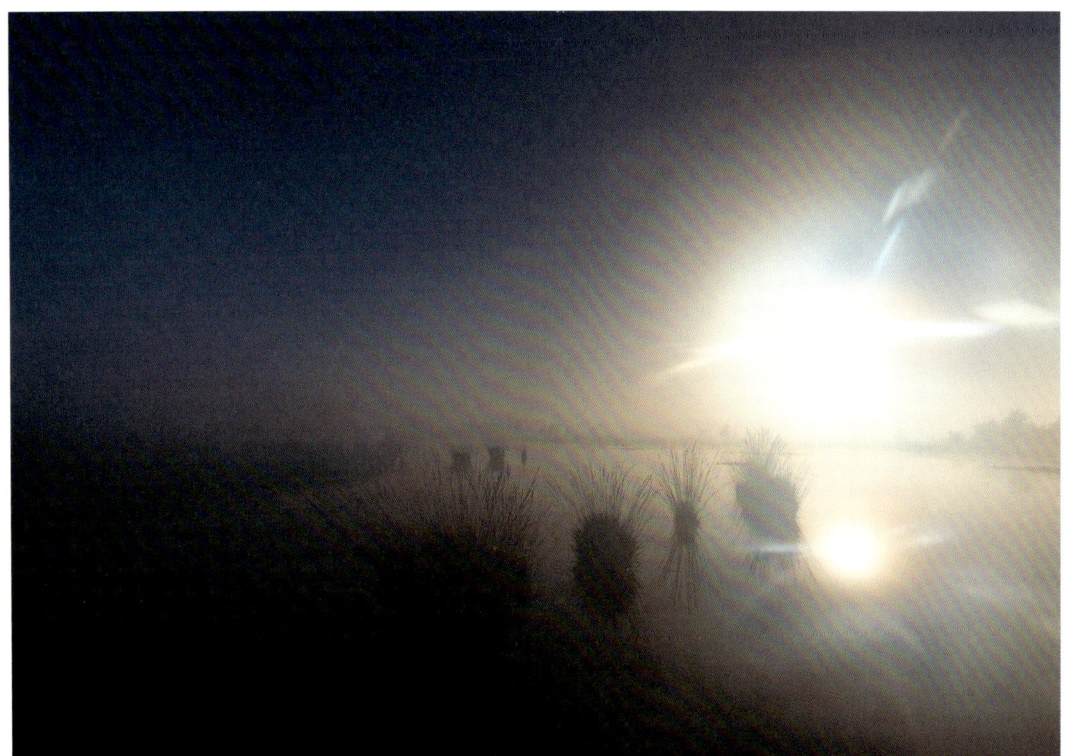

Bild 201: Um das harte Mondlicht abzuschwächen, wurde die Frontlinse angehaucht. Das erzeugt sowohl das Halo als auch die außergewöhnlichen Reflexionen.

KB-Vollformat, 2,8/14–24 mm bei 14 mm, Blende 8, 30 Sekunden, ISO 640, Stativ

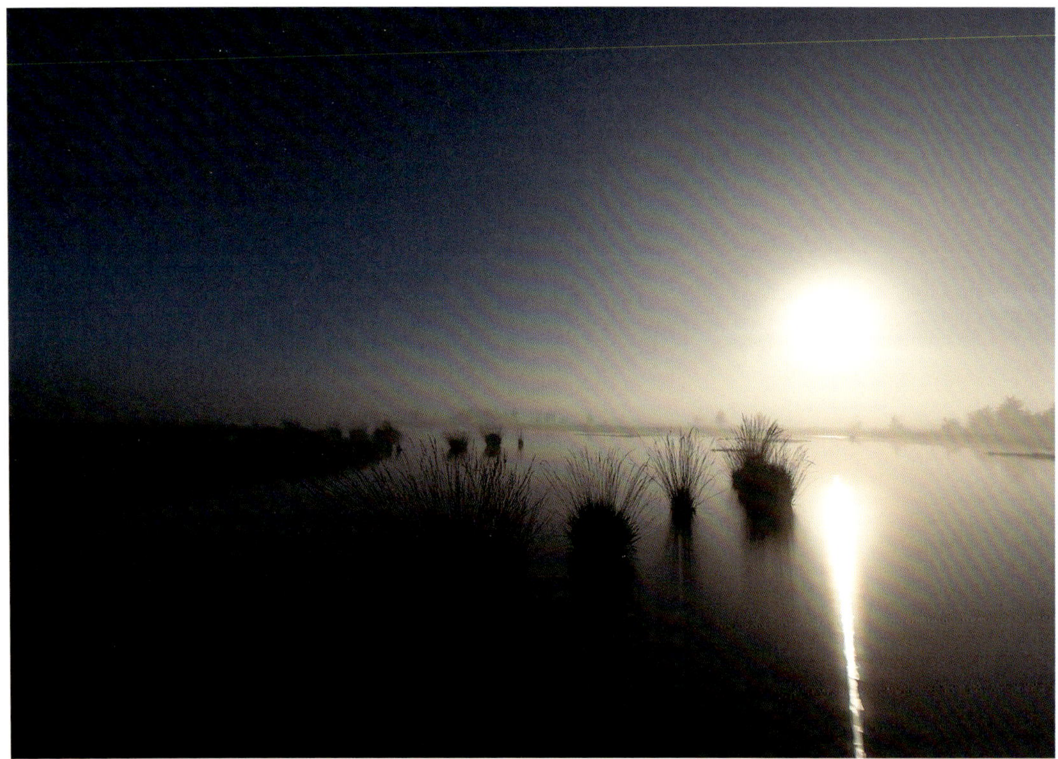

Bild 202: Bei dieser Aufnahme wurde während der gesamten Belichtungszeit das Wasser bewegt, sodass die Mondspiegelung nicht punkt-, sondern streifenförmig abgebildet wird.

KB-Vollformat, 2,8/14–24 mm bei 24 mm, Blende 8, 30 Sekunden, ISO 200, Stativ

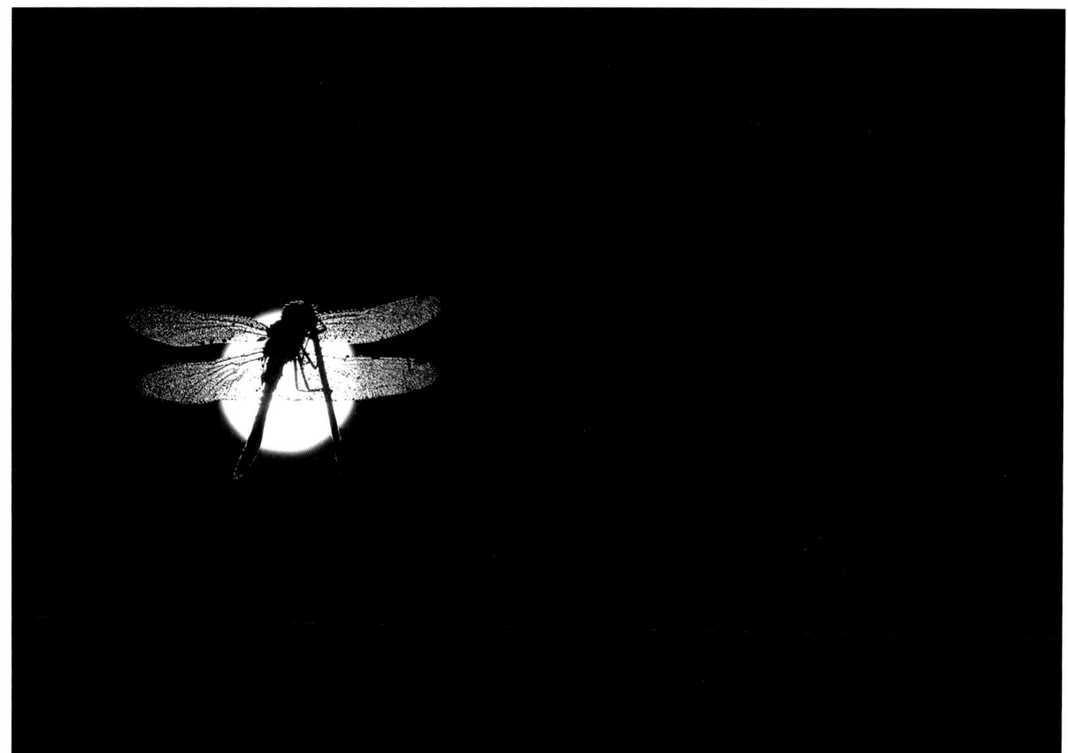

Bild 203: Irgendwie ein klassisches Makrobild. Doch durch den hohen Kontrast zwischen hellem, weißem Mond und nächtlicher Schwärze wirkt das Bild wie eine surreale Schwarz-Weiß-Ansicht.

KB-Vollformat, 4/200 mm Makro, Blende 25, 1/30 Sekunde, ISO 800, Stativ

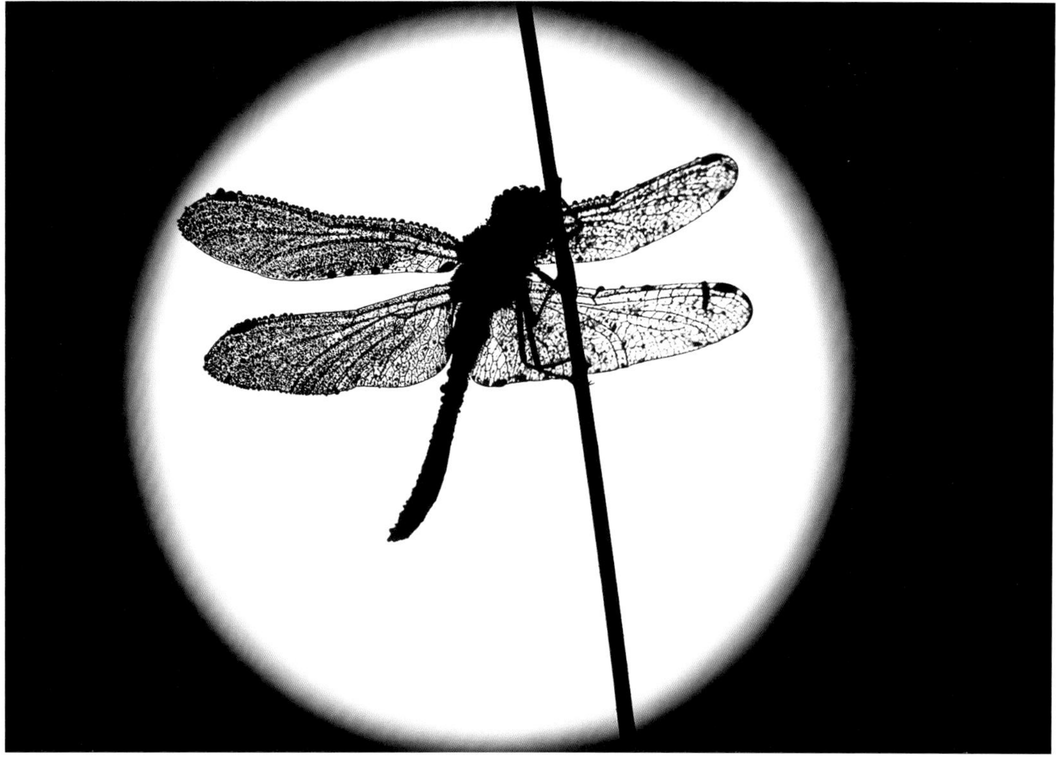

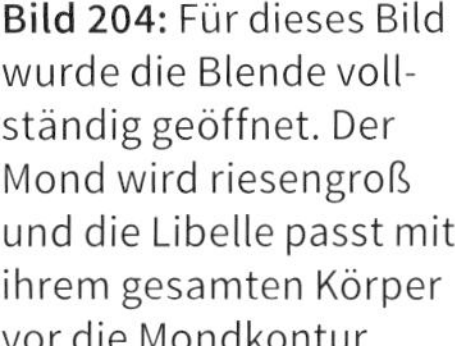

Bild 204: Für dieses Bild wurde die Blende vollständig geöffnet. Der Mond wird riesengroß und die Libelle passt mit ihrem gesamten Körper vor die Mondkontur.

KB-Vollformat, 4/200 mm Makro, Blende 4,5, 1/100 Sekunde, ISO 1.600, Stativ

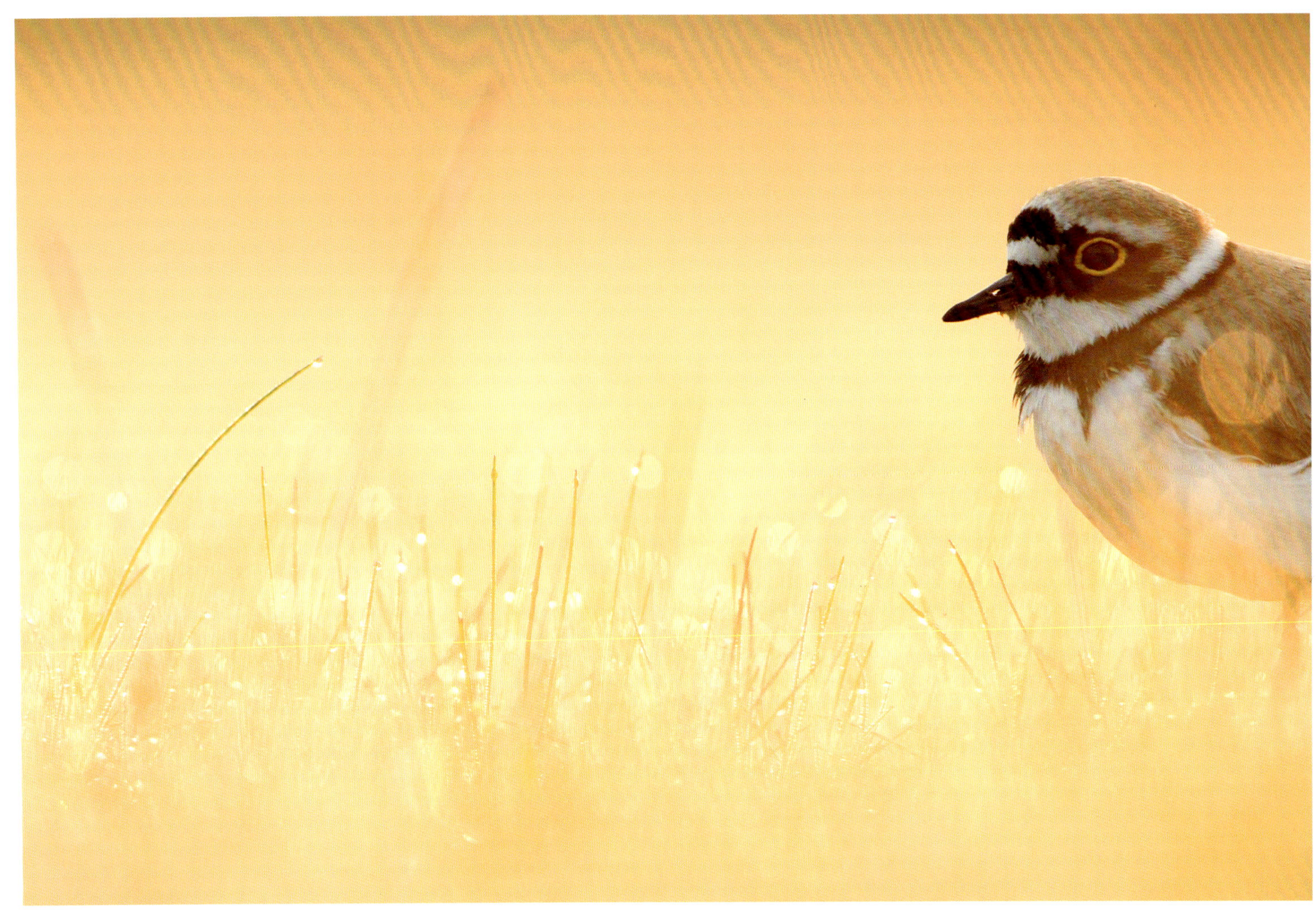

Bild 205: Manchmal sind es die kleinen Dinge, die wichtig sind: Nachdem ich viele „normale", also nicht angeschnittene Bilder gemacht hatte, hielt der Flussregenpfeifer neben einem gekrümmten Halm. Um diesen mit ins Bild zu nehmen, schwenkte ich die Kamera nach links und schnitt den Vogel bewusst an.

KB-Vollformat, 4/500 mm, Blende 6,3, 1/400 Sekunde, ISO 500

Beim Flussregenpfeifer

Hermann Hirsch

Seitdem ich fotografiere, besitze ich eine Vorliebe für Limikolen. Diese besondere Verbundenheit zu den Watvögeln geht auf meine ersten Versuche in der Naturfotografie zurück. An einem kleinen Tümpel im Dortmunder Norden sammeln sich Jahr für Jahr zur Zugzeit, im Herbst und Frühling, unterschiedliche Arten dieser Vögel. Neben Grün- und Rotschenkeln, Ufer-, Wald- und Bruchwasserläufern, Steinwälzern und sogar Austernfischern sind auch immer wieder Flussregenpfeifer dabei. Genau an diesem Kleingewässer beobachtete ich zum ersten Mal, rein zufällig, Flussregenpfeifer bei der Paarung (**Bild 208**).

Kurz darauf erfuhr ich, dass auf einer Industriebrache, nur wenige Minuten von mir zu Hause entfernt, ein wesentliches Brutaufkommen des Flussregenpfeifers zu finden ist. Ich machte mich sofort auf den Weg. Nur zehn Minuten später staunte ich nicht schlecht, als ich auf Anhieb vier Paare ausmachen konnte. Eine ganze Weile beobachtete ich das Geschehen, bevor ich nach Hause fuhr und beschloss, am nächsten Tag mit Fotoausrüstung und mehr Zeit zurückzukehren.

Es war noch vor Sonnenaufgang, als ich mich auf einer Matte flach auf den Boden legte und mich mit einer alten Stoffplane tarnte. Ich wartete. Ich wartete länger. Dann stellte ich fest, dass diese Vorgehensweise keinen Sinn ergab. Die Flussregenpfeifer waren überall auf der Fläche (**Bilder 206** und **209**) unterwegs – nur nicht da, wo dieser komische grünbraune Haufen lag, der ich war. Sehr wohl war aber zu erkennen, dass die wenigen Wasserflächen eine magische Anziehungskraft auf die flinken Zweibeiner ausüben. Also legte ich mich direkt an das Ufer solch eines Tümpels. Siehe da, die Flussregenpfeifer schienen mich plötzlich nicht mehr meiden zu wollen und kamen das erste Mal auf Fotodistanz heran.

Weitere Tage vergingen, an denen ich regelmäßig neue Plätze auf der Fläche zur Beobachtung aufsuchte und dort mal mehr, mal weniger Erfolg hatte. Aus der Entfernung beobachtete ich, wie einzelne Tiere sich an immer die gleichen Stellen setzten – vermutlich auf das Nest.

Ich informierte mich bei ansässigen Naturschützern und Naturschutzverbänden, ob und wie weit ich mich diesen Nestern nähern dürfte. Da das Gebiet vor der Bebauung stand, konnten meine Beobachtungen und Fotos zum Schutz des wichtigen Naturlebensraums für den Flussregenpfeifer beitragen. Natürlich achtete ich dabei penibel auf die Reaktionen der Tiere und verringerte den Abstand nur behutsam und allmählich. Zu meiner Verwunderung reagierte das erste Pärchen sehr gelassen auf mich. Später sollte sich zeigen, dass das von Pärchen zu Pärchen, ja sogar zwischen einzelnen Individuen sehr unterschiedlich sein konnte. Anscheinend waren sie es ohnehin gewohnt, von

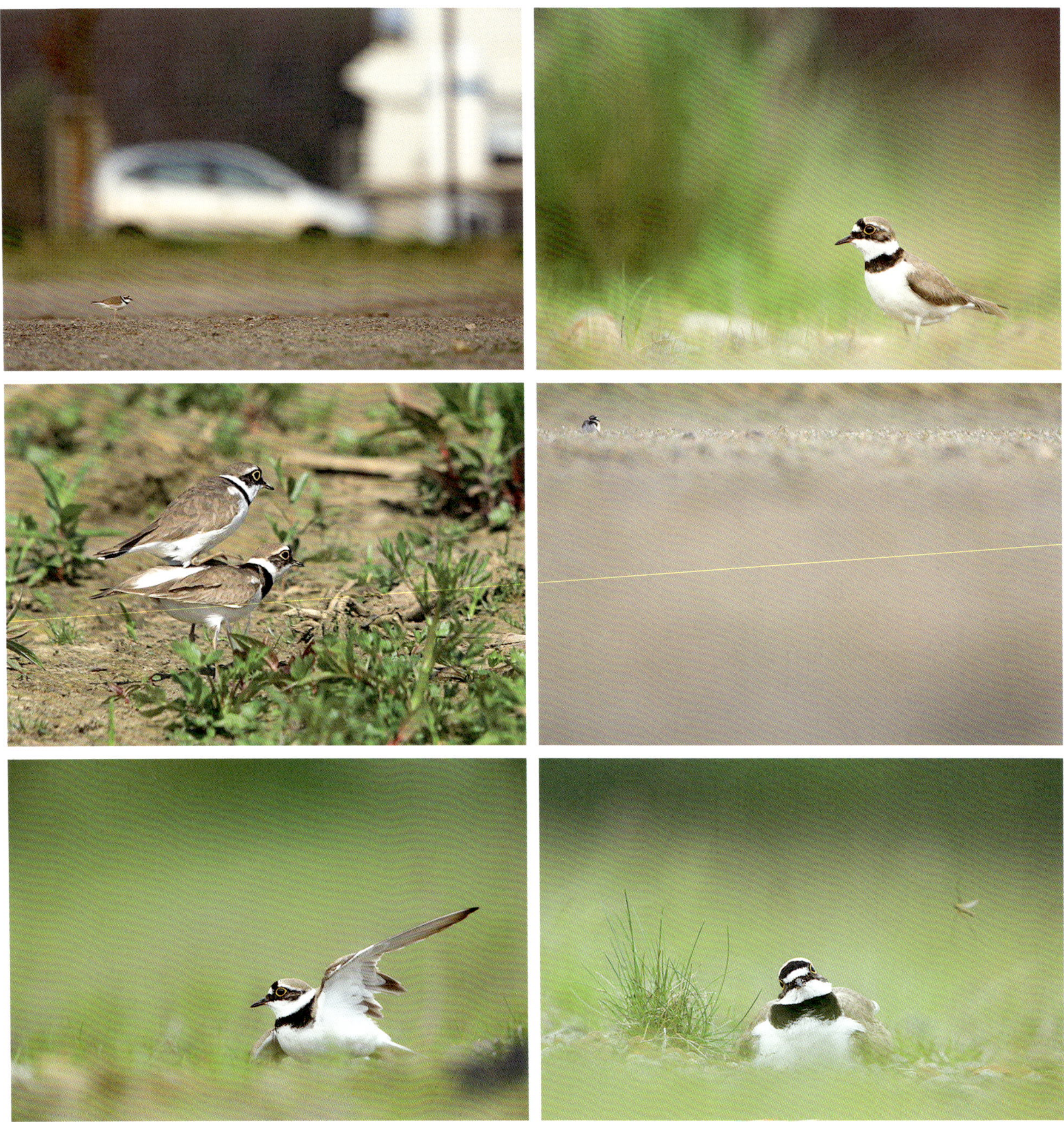

Menschen Besuche abgestattet zu bekommen. Ich legte mich flach auf den Boden und bedeckte mich vollständig mit der alten Stoffplane. Nur mein Objektiv, aufgelegt auf einen kleinen Sandsack, lugte vorne heraus. Zu diesem Zeitpunkt war ich etwa zwanzig Meter vom Gelege entfernt und machte meine ersten Aufnahmen. Aus nächster Nähe konnte ich nun das Verhalten der Tiere beobachten (**Bilder 207** und **211**). Für mich bedeutete allein das schon die Erfüllung eines Traums.

Besonders das Verhalten bei nahender Gefahr, wie zum Beispiel durch frei laufende Hunde, faszinierte mich. In der Fachsprache heißt das Verleiten. Der auf dem Gelege sitzende Altvogel springt hierbei auf, läuft einige Meter vom Nest weg und beginnt eine Verletzung vorzutäuschen. Der sich nähernde Feind wird so vom Nest abgelenkt und fängt an, den vermeintlich kranken und einfach zu erbeutenden Vogel zu jagen. Dieser wiederum springt in allerletzter Sekunde auf und fliegt mit schnellen Flügelschlägen davon (**Bild 210**).

Die ersten Tage vergingen und ich lernte immer mehr über die Verhaltensweisen und Routinen dieser hübschen Vögel. Langsam und sehr vorsichtig näherte ich mich dem Nest weiter an und wechselte meinen Blickwinkel, um störende Grasbüschel im Vorder- und Hintergrund nicht im Bild zu haben. Nun war ich etwa zehn Meter vom Geschehen entfernt. Durch den tiefen Kamerastandpunkt und eine lange Brennweite (500 bis 1.000 mm) löste sich der Hintergrund wunderbar auf und stellte nur selten, wenn etwa Baufahrzeuge zu erkennen waren, ein Problem dar. Zwar ergab das Morgenlicht auf der noch vom Tau benetzten Fläche die schönste Stimmung, doch nur ein bis zwei Stunden nach Sonnenaufgang trat ein Hitzeflimmern auf, das meine Bilder unscharf erscheinen ließ. Somit war klar, dass ich nur morgens vor der Schule eine Chance auf gute Fotos hatte. Jeden Morgen klingelte nun um halb fünf mein Wecker. Noch im Dunkeln schlich ich mich auf die Fläche, um im ersten Licht fotografieren zu können, bevor ich mich zwei Stunden später, mehr oder weniger zum Schlafen, in die Schule begeben musste.

Die morgendliche Gegenlichtstimmungen (**Bild 212**) hatten es mir besonders angetan. Durch die Freistellung kreierten die Tautropfen wunderschöne Unschärfekreise (**Bild 205**).

An diesem Punkt dachte ich, dass besondere Bilder nun nur noch durch außergewöhnliche Verhaltensweisen entstehen könnten. Tatsächlich ähnelten sich die Aufnahmen sehr. Der Untergrund war, genau wie der Hintergrund, immer gleich und änderte nur aufgrund wechselnder Lichtverhältnisse seine Farbe.

Etliche Tage mit stets gleichen Bildern vergingen. Die Tiere gewöhnten sich immer mehr an mich. Tag für Tag fuhr ich, wie aus einer Gewohnheit heraus, zur Fläche. Natürlich wälzte ich parallel einige Bücher, um möglichst viel über die Fluppis, wie ich sie nannte, zu erfahren. So lernte ich, dass die Brutdauer ziemlich genau auf sechsundzwanzig Tage bis zum Schlupf begrenzt ist. Da ich nun bereits über zwanzig Tage fotografierte, konnte dies nicht mehr lange auf sich warten lassen. Zwei Tage später war es so weit.

Schon unter meiner Plane konnte ich die leisen Piepser der noch ungeschlüpften Jungvögel vernehmen. Die Altvögel waren an jenem Tag sehr aufgeregt und wechselten sich häufiger als sonst mit dem Brüten ab. So konnte ich immer wieder einen Blick auf die vier extrem gut getarnten Eier erhaschen. Nicht lange dauerte es, bis der erste Schnabel die Eierschale durchbrach. Die Alttiere halfen sofort, die Schale weiter zu öffnen, um diese dann gleich aus dem Nest zu entfernen (**Bilder 213** und **215**). So bleiben Gerüche, die zum Beispiel Füchse anlocken würden, fern von der empfindlichen Brut.

Rasend schnell schlüpfte nun ein Küken nach dem anderen und ich machte Fotos ohne Ende. Ich glühte förmlich unter meiner Plane und fieberte mit jedem neu geschlüpften Jungtier mit. Der Schule hatte

Bild 206 (oben links):
KB-Vollformat, 4/500 mm,
Blende 5, 1/640 Sekunde, ISO 320

Bild 207 (oben rechts):
KB-Vollformat, 4/500 mm mit 1,4-fach-Konverter, Blende 5,6, 1/800 Sekunde, ISO 400

Bild 208 (Mitte links):
KB-Vollformat, 4–5,6/120–400 mm bei 400 mm,
Blende 7,1, 1/400 Sekunde, ISO 200

Bild 209 (Mitte rechts):
KB-Vollformat, 4/500 mm mit 1,4-fach-Konverter, Blende 6,3, 1/640 Sekunde, ISO 320

Bild 210 (unten links):
KB-Vollformat, 4/500 mm mit 1,4-fach-Konverter, Blende 6,3, 1/500 Sekunde, ISO 1.000

Bild 211 (unten rechts):
KB-Vollformat, 4/500 mm,
Blende 7,1, 1/540 Sekunde, ISO 640

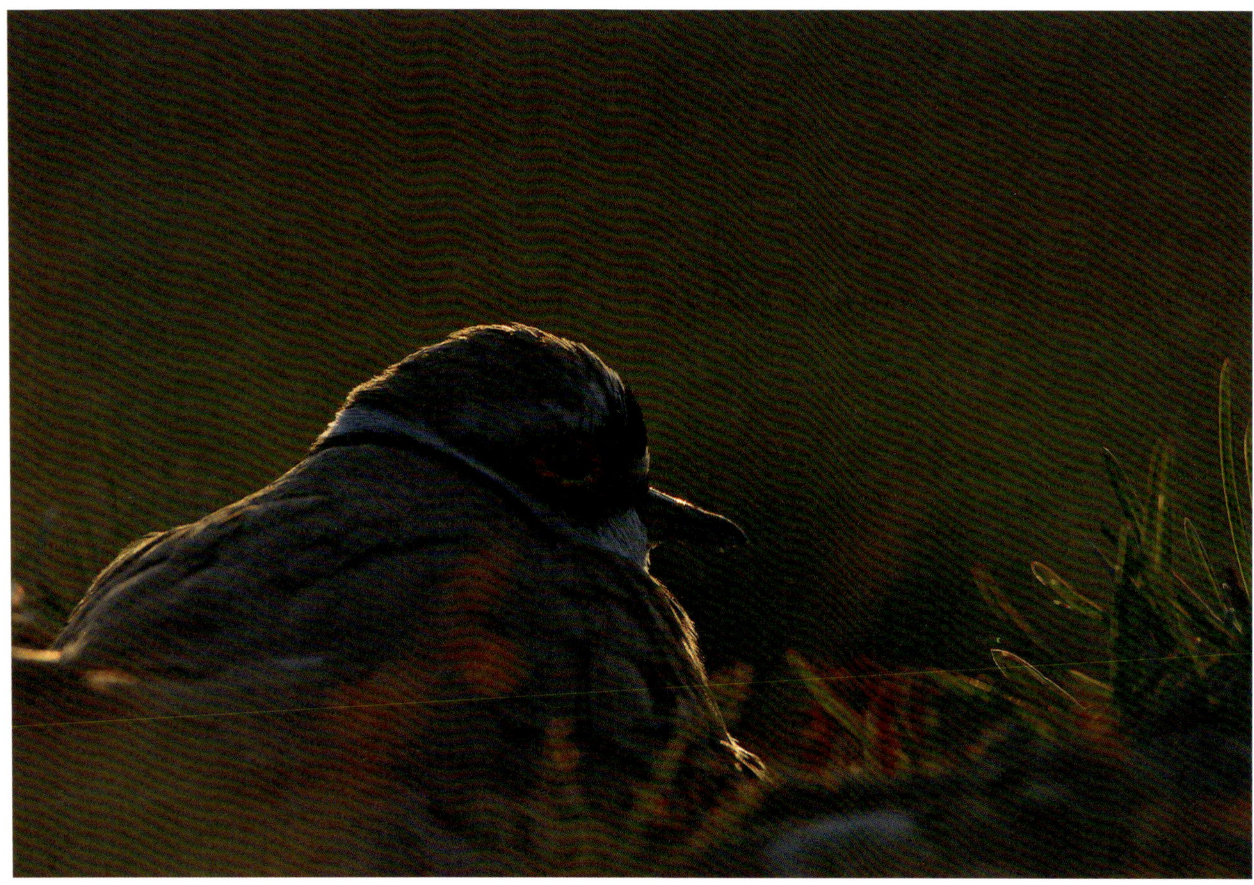

Bild 212: Das erste Morgenlicht erreichte den Flussregenpfeifer und umzog ihn mit einem goldenen Kranz. Um diesen intensiver zu betonten, belichtete ich stark unter, sodass kaum mehr als der goldene Umriss zu erkennen ist.

KB-Vollformat, 4/500 mm mit 2-fach-Konverter, Blende 9, 1/2.500 Sekunde, ISO 200

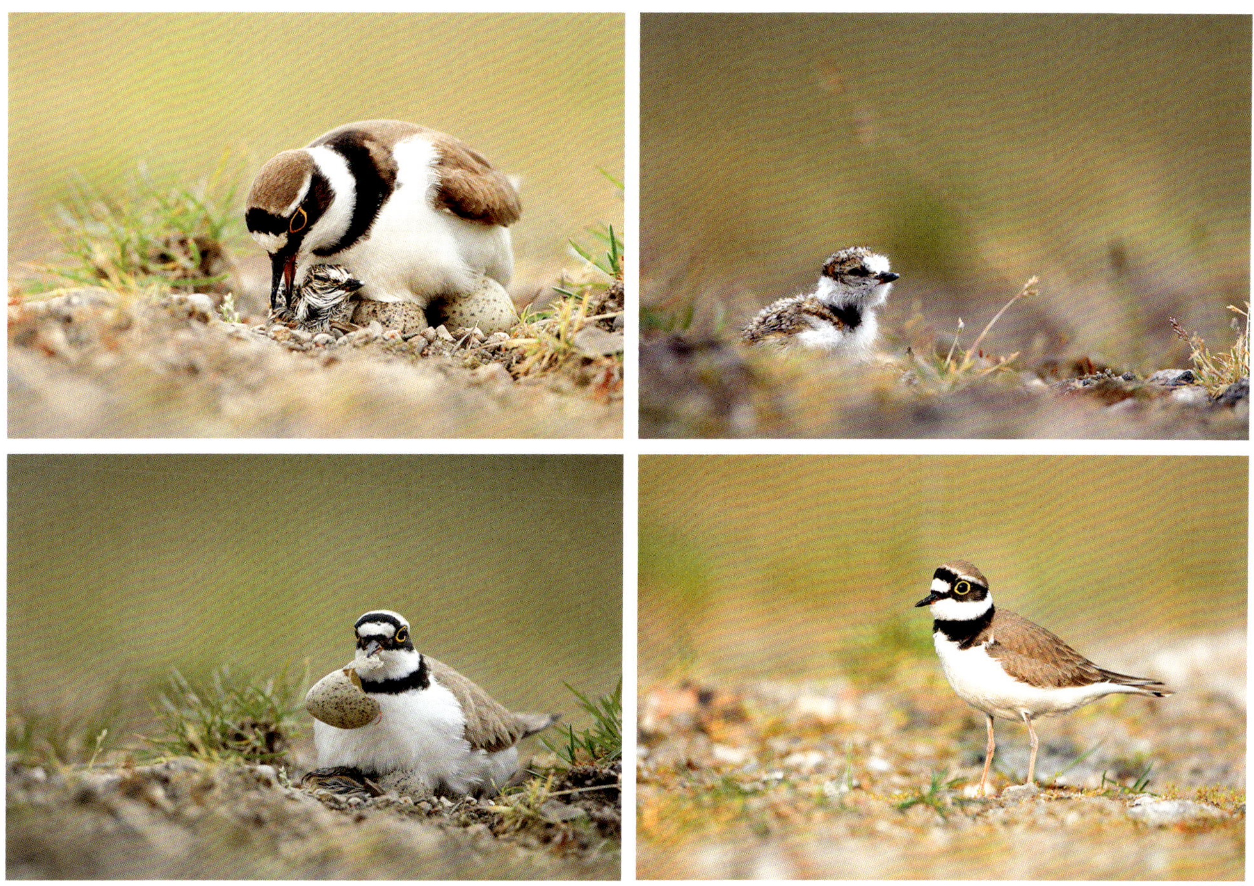

Bilder 213, 214, 215, 216: Besonders der Tag des Schlupfes bot Dutzende Möglichkeiten für innige Fotos. Ich war beeindruckt, nach welch kurzer Zeit die kleinen Flussregenpfeifer selbstständig umherliefen und die Fläche erkundeten.

Bild 213 (oben links): KB-Vollformat, 4/500 mm, Blende 5, 1/640 Sekunde, ISO 400
Bild 214 (oben rechts): KB-Vollformat, 4/500 mm mit 1,4-fach-Konverter, Blende 6,3, 1/250 Sekunde, ISO 320
Bild 215 (unten links): KB-Vollformat, 4/500 mm mit 1,4-fach-Konverter, Blende 5, 1/800 Sekunde, ISO 320
Bild 216 (unten rechts): KB-Vollformat, 4/500 mm, Blende 5, 1/200 Sekunde, ISO 100

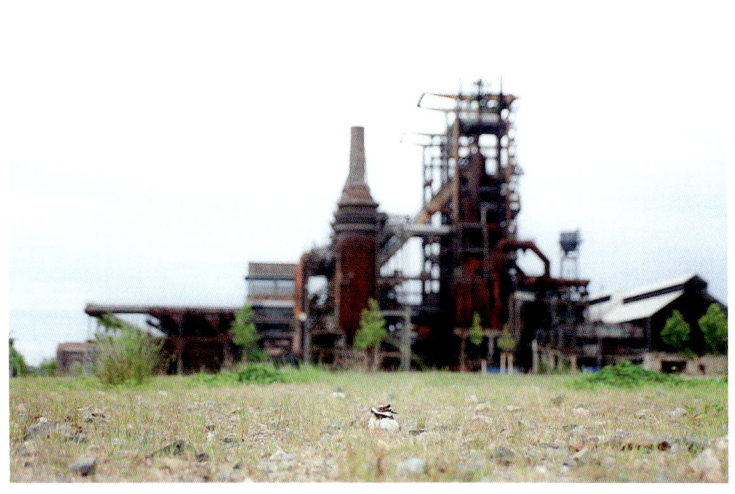
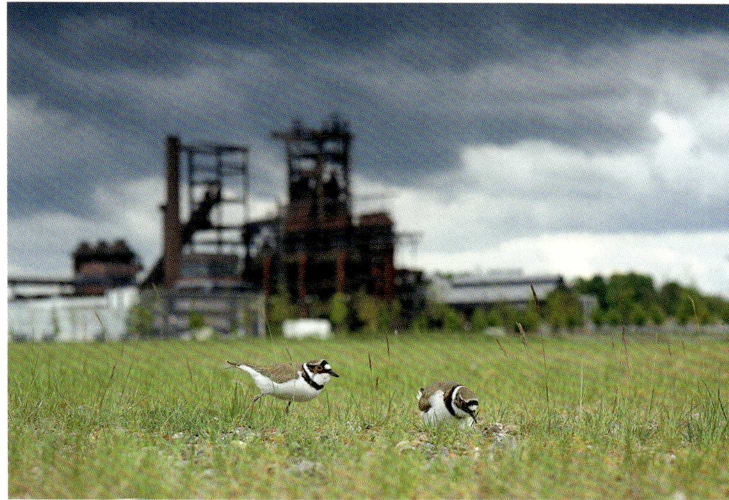

Bilder 217, 218: Die Kulisse, die sich die Flussregenpfeifer zum Brüten ausgesucht hatten, fällt durch ihren morbiden Industriecharme auf. Beim Einsatz von langen Teleobjektiven wurde dieser jedoch nicht deutlich. Mit kürzeren Brennweiten versuchte ich, das Areal und damit die Nähe zum Menschen mit einzubeziehen.

Bild 217 (links): KB-Vollformat, 4/17 mm bei 40 mm, Blende 4, 1/200 Sekunde, ISO 400

Bild 218 (rechts): KB-Vollformat, 1,4/85 mm, Blende 8, 1/100 Sekunde, ISO 100

ich schon lange abgesagt. Da Flussregenpfeifer zu den Nestflüchtern gehören, dauerte es nur wenige Stunden, bis die Jungen das Nest verließen (**Bild 214**) und gemeinsam mit ihren Eltern über die Industriebrache zogen. Ihnen dort nachzustellen versuchte ich erst gar nicht. Nach diesem Tag war die Flussregenpfeifersaison für mich beendet. Ich war überglücklich mit meinen Erlebnissen und Bildern.

Ein weiteres Jahr verging und ich begann, neue Pläne für weitere Aufnahmen zu schmieden. So gerne würde ich die Flussregenpfeifer einmal mit dem Weitwinkel fotografieren. Anders als mit dem Tele könnte ich so ihr Brutgebiet – dieses so unwirkliche und dennoch für sie typische Gebiet mit den alten Industrietürmen, etlichen Besuchern und Autos – mit in das Bild integrieren. Ein weiteres Mal tauschte ich mich intensiv mit den Naturschutzbehörden aus, um mein Vorhaben, eine ferngesteuerte Kamera an das Nest zu stellen, abzusichern. Wir kamen überein, dass ich einen Versuch hatte, es zu testen. Sollten die Tiere die Kamera nicht akzeptieren und nicht zum Gelege zurückkehren, wäre die Aktion sofort abzubrechen. Gesagt, getan. Ich baute die Kamera, bestückt mit einem 85-mm-Objektiv, etwa zwei Meter vor dem Nest auf. Außerdem koppelte ich sie mit zwei Blitzgeräten: Eines stand links und eines rechts vom Nest. Die Kamera verband ich über ein zwanzig Meter langes USB-Kabel mit meinem Laptop. Rasch entfernte ich mich und hoffte das Beste. Wieder hatte ich Glück mit dem Pärchen, denn es kam zügig zum Gelege geeilt, warf einen skeptischen Blick auf die Kamera und huderte weiter das Gelege. Ich wartete zwei Brutwechsel ab, bevor ich die ersten Bilder aufnahm, um sicher zu gehen, nicht zu stören (**Bilder 217** und **218**). Die Fluppis reagierten glücklicherweise sehr gelassen.

Es dämmerte schon, als der nächste Gelegewechsel erfolgte und ich das Bild machte, welches ich mir in den Kopf ge-

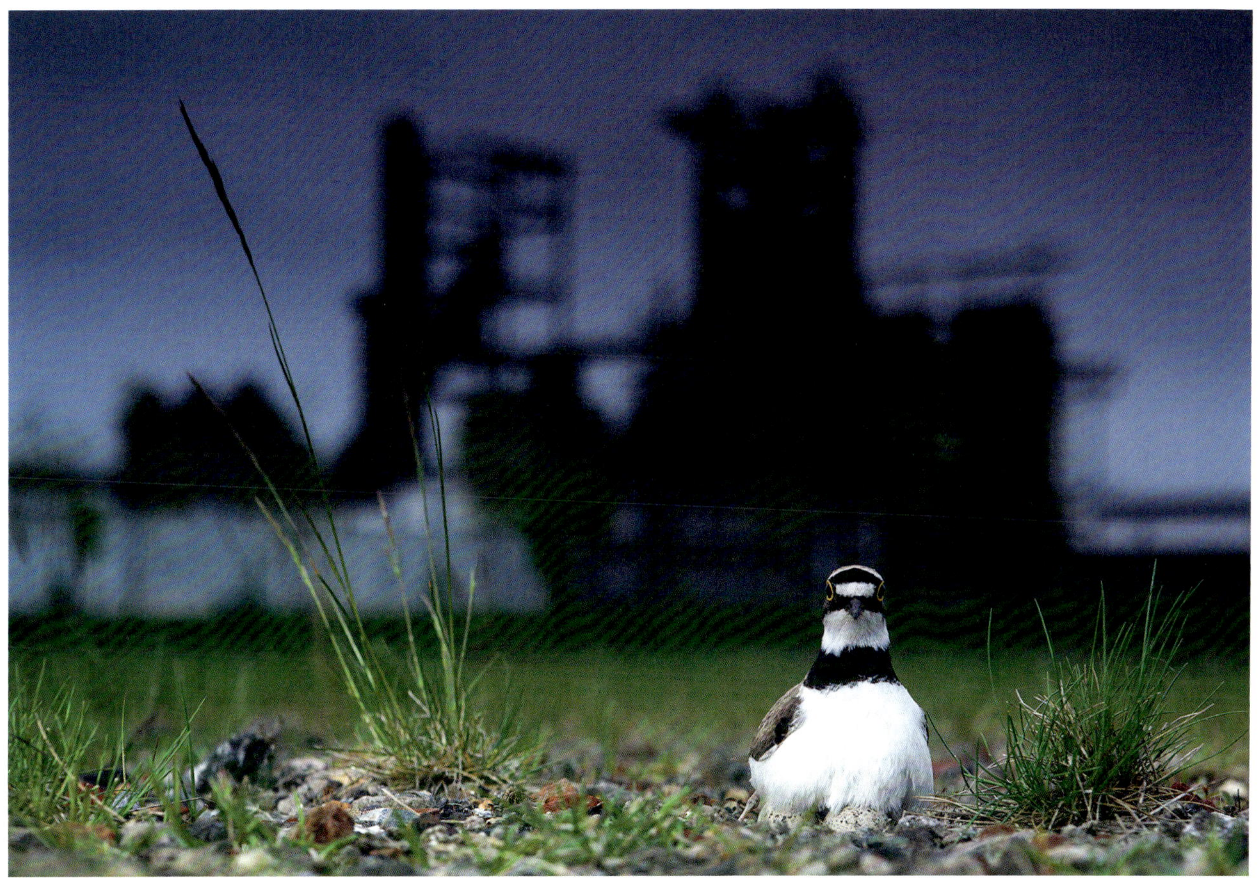

Bild 219: Nachdem die Dämmerung hereingebrochen war, wurde der Anblick der Industriebrache noch beeindruckender. Durch den dezenten Einsatz von Blitzlicht wird der Flussregenpfeifer gut erkennbar hervorgehoben.

KB-Vollformat, 1,4/85 mm, Blende 7,1, 1/160 Sekunde, ISO 400, 2 Blitzgeräte

setzt hatte (**Bild 219**). Es dauerte dann leider weitere drei Tage, bis ich wieder zum Ort des Geschehens fahren konnte. Ich erfuhr vor Ort von einem ansässigen Ornithologen, dass „mein Pärchen“ in der Zwischenzeit Eltern geworden war und zusammen mit seinen vier Jungen über die Fläche zog. Dieses Bild machte ich 2013. Trotz der starken Präsenz in den lokalen Medien, wo meine Bilder genutzt wurden, um auf das Vorkommen dieser geschützten Tiere hinzuweisen, wurde im darauffolgenden Winter begonnen, dort zu bauen. Heute steht an dieser Stelle ein Bürokomplex. Noch sind wenige Flächen ringsherum frei für den Fluppi, doch auch hier sind weitere Gebäude in Planung. So wird es sicherlich nicht mehr lange dauern, bis auch diese alternative Brutstelle des Flussregenpfeifers der Vergangenheit angehören wird.

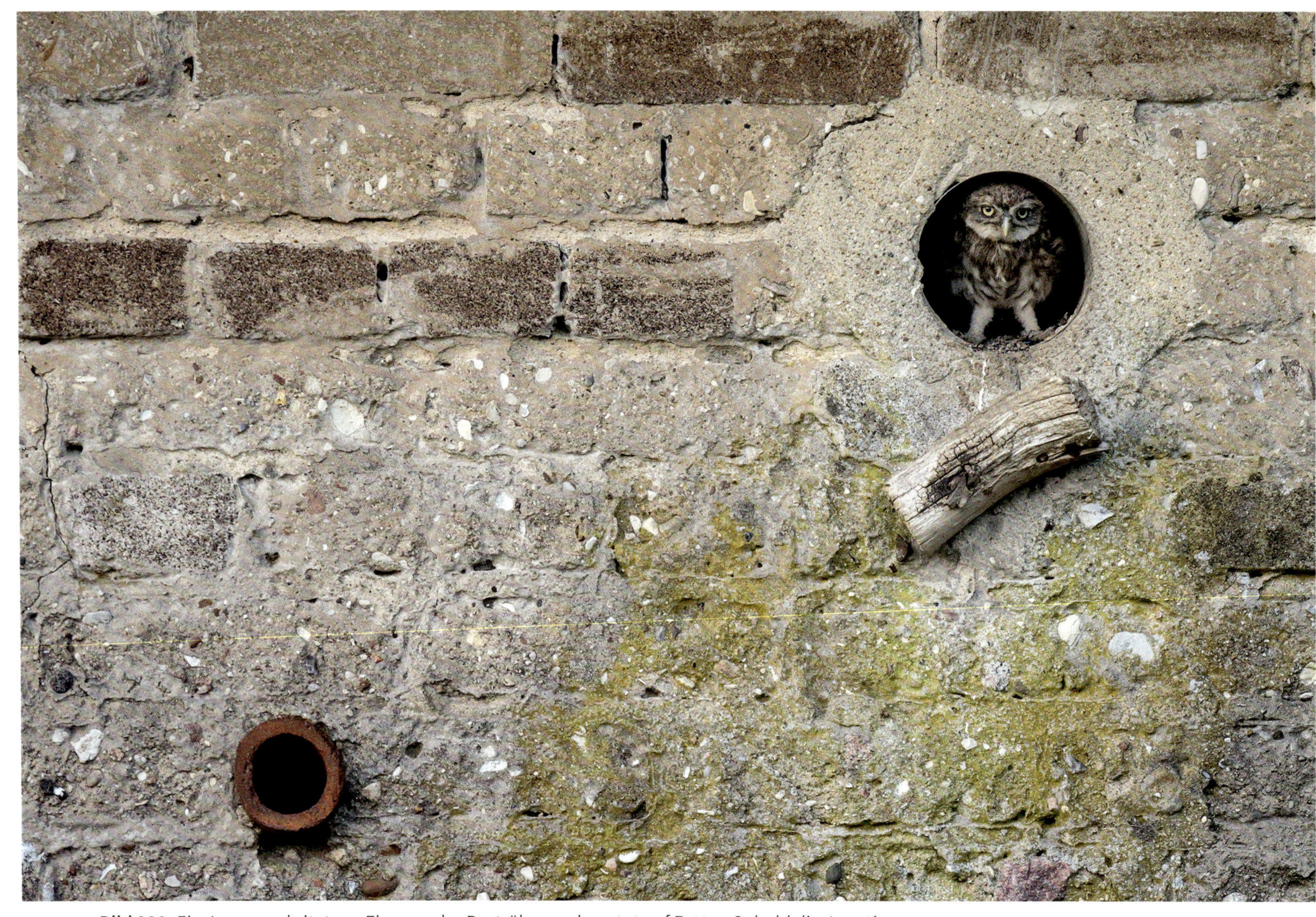

Bild 220: Ein Jungvogel sitzt am Eingang der Brutröhre und wartet auf Futter. Sobald die Jungtiere älter und aktiver werden, warten sie am Nesteingang auf die fütternden Eltern.

APS-C-Format, 4/500 mm, Blende 5, 1/400 Sekunde, ISO 1.000, Stativ

Steinkauz am perfekten Ort

Karsten Mosebach

Die niedlichen kleinen Steinkäuze sind sicherlich die schönste Eulenart in meiner Heimatregion Teutoburger Wald. Der Lebensraum dieser sogenannten Kulturfolger ist eng mit dem der Menschen vernetzt. Wo es noch reichlich Wiesen gibt, im Winter nur wenig Schnee fällt und das Angebot an natürlichen oder menschengemachten Bruthöhlen hoch ist, kommen Steinkäuze flächendeckend vor. Da die Vögel kaum menschenscheu sind und ich für den örtlichen Naturschutzverein Brutplätze und Reviere der Eulen kontrolliere sowie bei Bedarf neue Niströhren aufhänge, bin ich recht genau über fotografisch vielversprechende Standorte informiert, und muss nicht viel Zeit für die Suche nach den Tieren verwenden. So hatte ich in den vergangenen Jahren wiederholt die Gelegenheit, Steinkäuze zu fotografieren.

Steinkäuze im perfekten Versteck

Trocken und schwer zugänglich für Feinde. Das sind die wesentlichen Bedingungen der Steinkäuze an ihren Brutplatz. Beide Ansprüche erfüllt der spannendste Brutplatz, den ich kenne. Ein Rohr mitten in der Wand eines Nebengebäudes von einem Bauernhof. Das Rohr, von dem keiner mehr weiß, wofür es einst genutzt wurde, endet direkt in der Wandfläche. Es ist gut einen Meter lang und führt geradewegs in das Gebäude hinein. Auf seiner Innenseite ist es verschlossen. An der Wand ist dicht unter der Rohrmündung ein kleines Hölzchen angenagelt.

Für meine ersten Beobachtungen setzte ich mich in ein Tarnzelt auf die angrenzende Wiese unmittelbar dem Loch gegenüber. Da Steinkäuze mitunter nicht so streng nachtaktiv sind wie zum Beispiel Schleiereulen, saß ich eine knappe Stunde vor Sonnenuntergang im Zelt. Die Entfernung von der Wand wählte ich so, dass neben dem Loch selbst und dem Hölzchen noch ein Teil der Wand im Foto zu sehen war. Denn schön ist das Motiv vor allem wegen des Kontrasts zwischen dem runden Loch und den weichen Formen des Vogels einerseits und den verschiedenartigen eckigen Steinen und dem Wandputz andererseits. Abgesehen davon, dass ich am ersten Beobachtungstag nicht zu aufdringlich sein und daher aus größerer Distanz fotografieren wollte, wäre ein enger Bildausschnitt diesem Kontrast nicht gerecht geworden.

Gleich am ersten Abend entstand eines meiner Lieblingsbilder an der Gebäudewand. **Bild 221** zeigt einen Kauz, der just aus der Höhle kommt. Es war inzwischen schon recht spät, sodass ich mit dem hohen ISO-Wert 3.200 fotografieren musste und dennoch nur auf eine Belichtungszeit von 1/8 Sekunde kam. Von den gerade einmal drei Auslösungen, die ich vor dem Abflug machen konnte, ist lediglich diese eine scharf geworden.

In den nächsten Wochen saß ich mehrmals an, ein ähnliches Motiv gelang mir jedoch nicht wieder. Immer erwischte ich den Vogel nur vor dem Loch auf dem Hölzchen sitzend. Das Motiv ist deutlich weniger spannend (**Bild 222**), obwohl ich ein zweites Rohr in den Bildaufbau mit einbezog. Und auch der Wechsel in das Hochformat unter Einbeziehung der Dachziegel (**Bild 223**) rettete die Szene nicht. Erst als die Jungvögel größer und neugieriger wurden, gelang mir das perfekte Bild von einem Steinkauz an der Wand (**Bild 220**). Der Bildausschnitt ist weit gewählt, das zweite Rohrende steht dem großen Brutrohr gegenüber und die Reihe dunkler Steine weist direkt den Weg zum Jungvogel, der ungefähr im Goldenen Schnitt platziert ist.

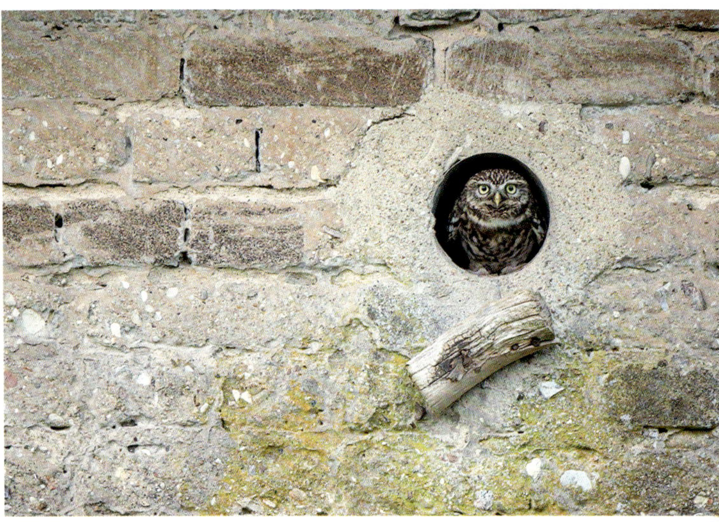

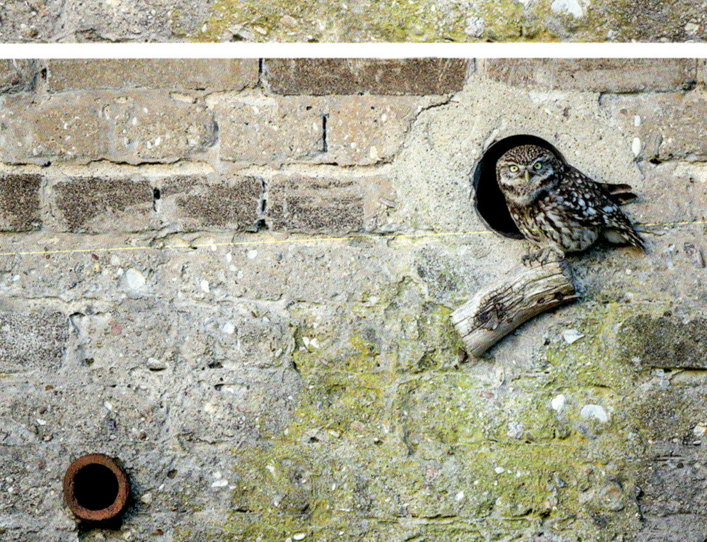

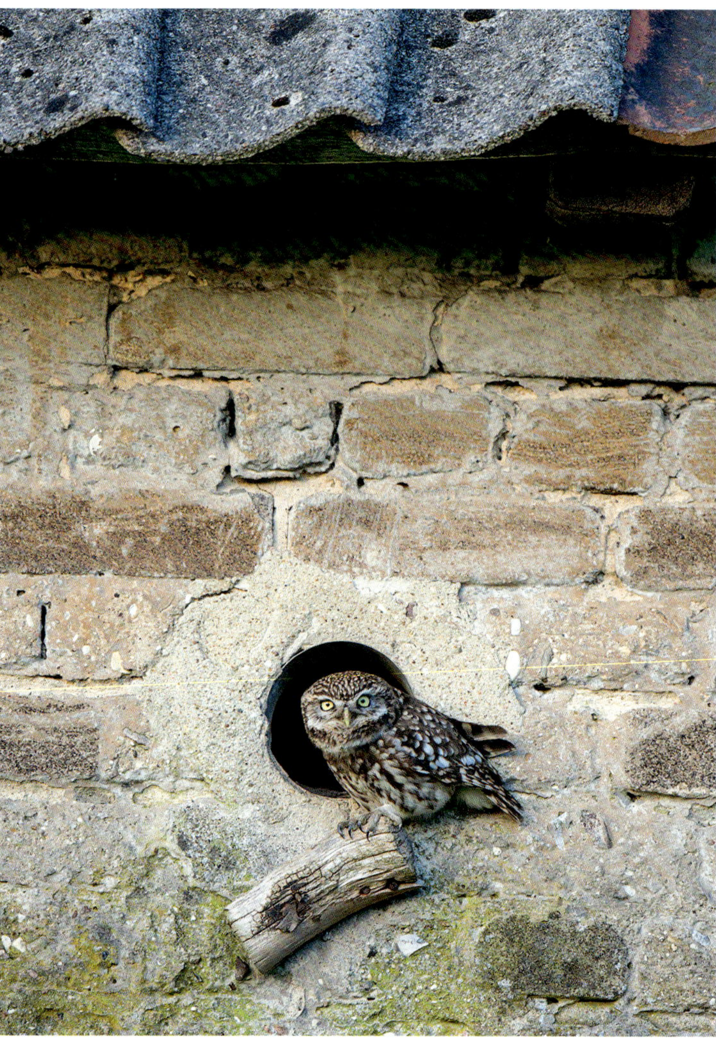

Während aller Ansitze hatte ich nur diese eine Gelegenheit, einen Altvogel im Eingang der Röhre sitzend zu fotografieren (**Bild 221**, o. l.). Und das war ausgerechnet auch noch der erste Ansitz. Wichtig ist, dass man immer bereit ist, denn gerade in der Naturfotografie bleiben viele Gelegenheiten einmalig. Deutlich weniger attraktiv sieht das Foto aus, wenn der Vogel vor der Brutröhre sitzt – auch im Hochformat.

Bild 221 (oben links): KB-Vollformat, Objektiv 4/500 mm, Blende 4,5, 1/8 Sekunde, ISO 3.200, Stativ
Bild 222 (unten links): KB-Vollformat, Objektiv 4/500 mm, Blende 5,6, 1/200 Sekunde, ISO 640, Stativ
Bild 223 (rechts): KB-Vollformat, Objektiv 4/500 mm, Blende 5,6, 1/200 Sekunde, ISO 640, Stativ

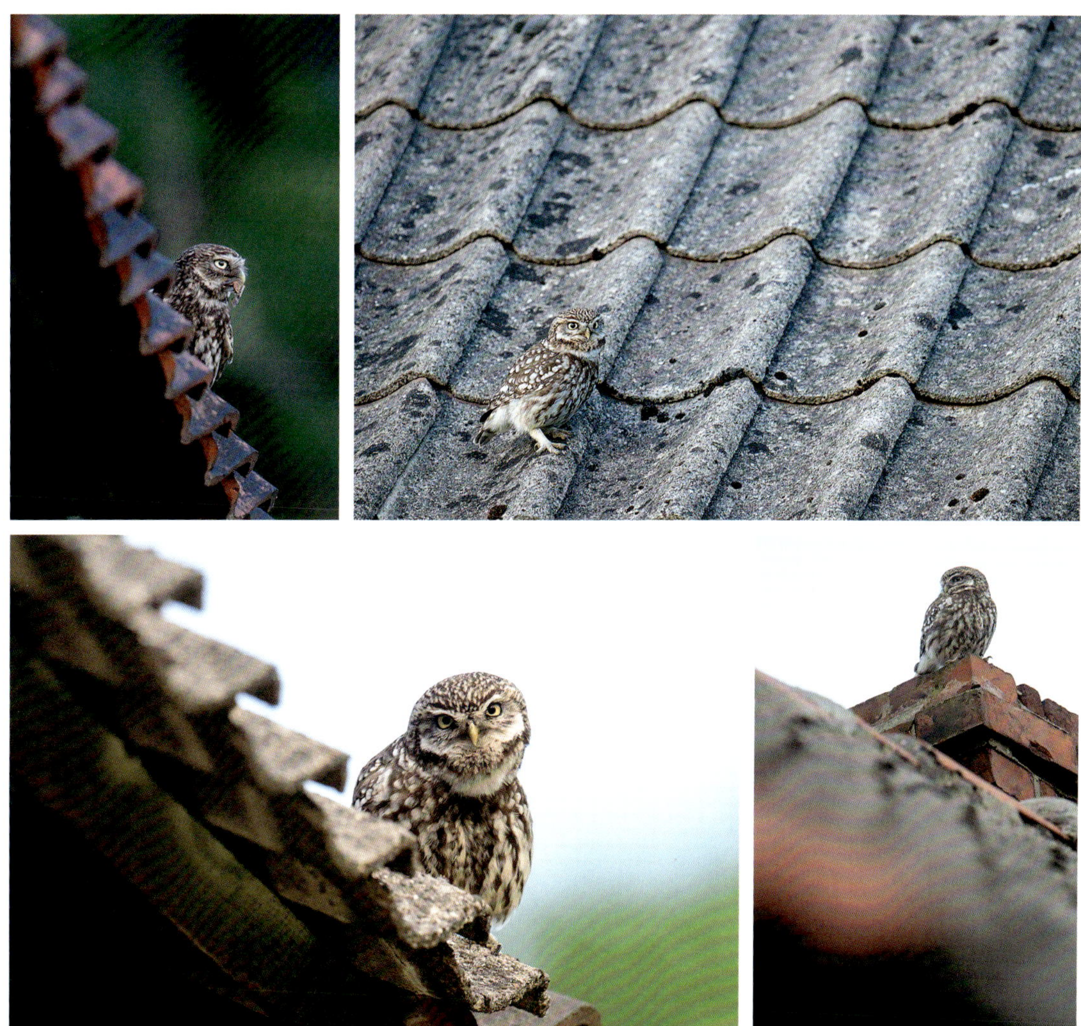

Bild 224, o. l.: Im Hochformat und mit der knappen Belichtung tritt der grafische Charakter der Dachziegelreihe noch deutlicher in Erscheinung. Im Schnabel trägt der Steinkauz Futter für den Nachwuchs. **Bild 225**, o. r.: Fast monochrom und grafisch sehr spannend sieht es aus, wenn der Steinkauz auf den Dachziegeln sitzt. **Bild 226**, u. l.: Wieder auf dem Dach, doch aus einem ganz anderen Blickwinkel. **Bild 227**, u. r.: Aus dieser Perspektive ist das Dach als solches kaum zu erkennen und der Schornstein scheint „umzukippen". Ein katastrophales Bild.

Bild 224 (oben links): APS-C-Format, 4/500 mm, Blende 5, 1/80 Sekunde, ISO 640
Bild 225 (oben rechts): KB-Vollformat, 4/500 mm, Blende 5,6, 1/100 Sekunde, ISO 1.000
Bild 226 (unten links): APS-C-Format, 4/500 mm, Blende 4,5, 1/320 Sekunde, ISO 800
Bild 227 (unten rechts): APS-C-Format, 4/500 mm, Blende 4, 1/125 Sekunde, ISO 1.000

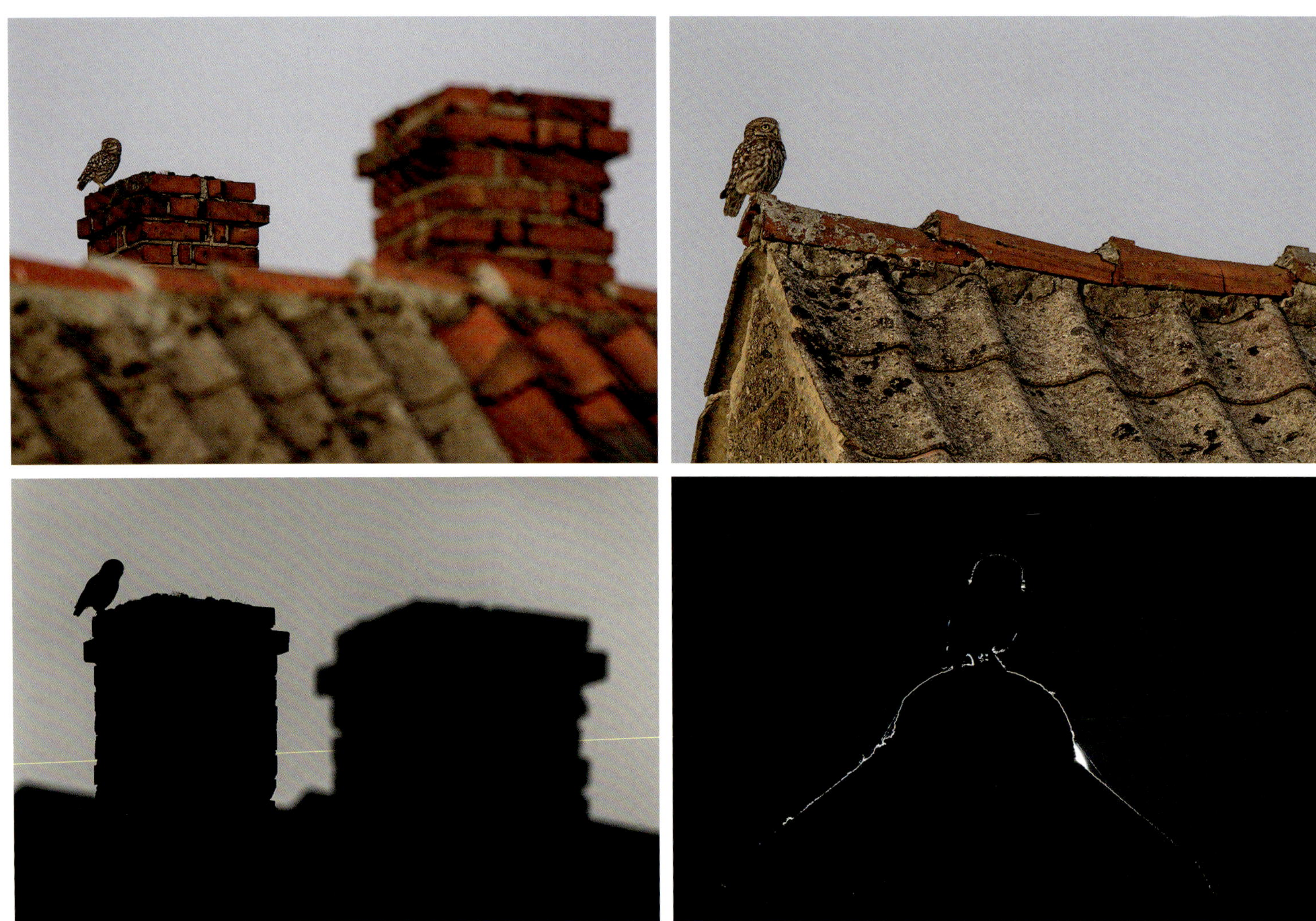

Bilder 228, 229, 230, 231: Immer wieder saß ein Steinkauz exponiert auf einem der Schornsteine oder auf dem Dachfirst (Bilder 228 und 229). Um den dämmerigen Charakter der Szene zu unterstreichen, habe ich bewusst um einen Lichtwert unterbelichtet (Bild 230). Durch die größere Aufnahmedistanz steht der Schornstein – wie es sich gehört – senkrecht. Eines Abends gelang es mir, den Vogel vor dem Licht des Mondes zu fotografieren (Bild 231).

Bild 228 (oben links): APS-C-Format, 4/500 mm, Blende 5,6, 1/30 Sekunde, ISO 1.000
Bild 229 (oben rechts): APS-C-Format, 4/500 mm, Blende 5,6, 1/60 Sekunde, ISO 1.000
Bild 230 (unten links): APS-C-Format, 4/500 mm, Blende 5,6, 1/80 Sekunde, ISO 1.250, –1 LW
Bild 231 (unten rechts): APS-C-Format, 4/500 mm, Blende 5,6, 1/30 Sekunde, ISO 3.200

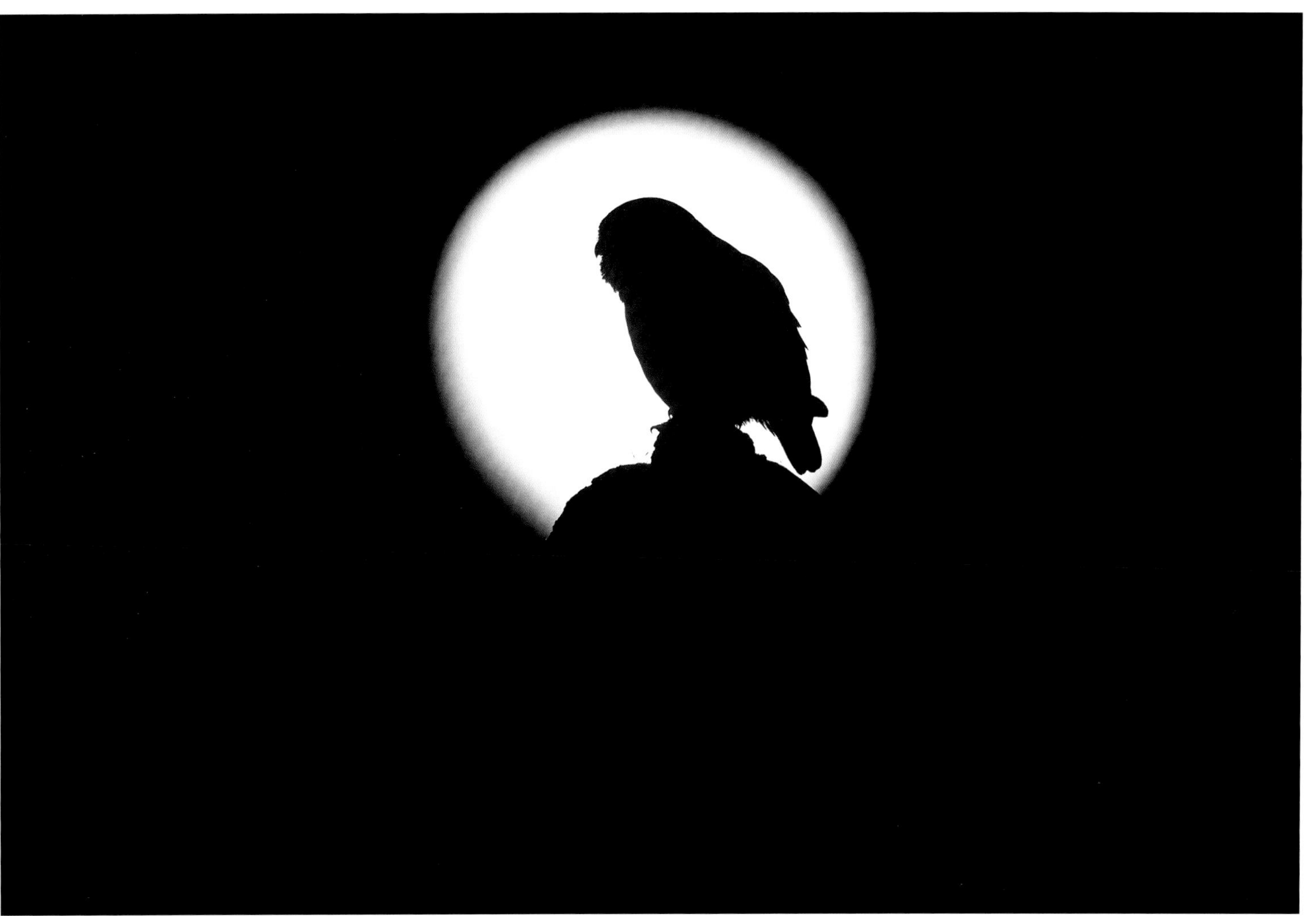

Bild 232: Die Aufnahmen 231 und 232 entstanden ohne Stativ und ohne Tarnung. Bevor der Vogel weiterflog, blieben nur wenige Sekunden. In dieser Zeit habe ich meinen Standort so verändert, dass der Steinkauz schließlich nur noch als Silhouette im Lichtkreis des Mondes erscheint.

APS-C-Format, 4/500 mm, Blende 4,5, 1/125 Sekunde, ISO 8.000

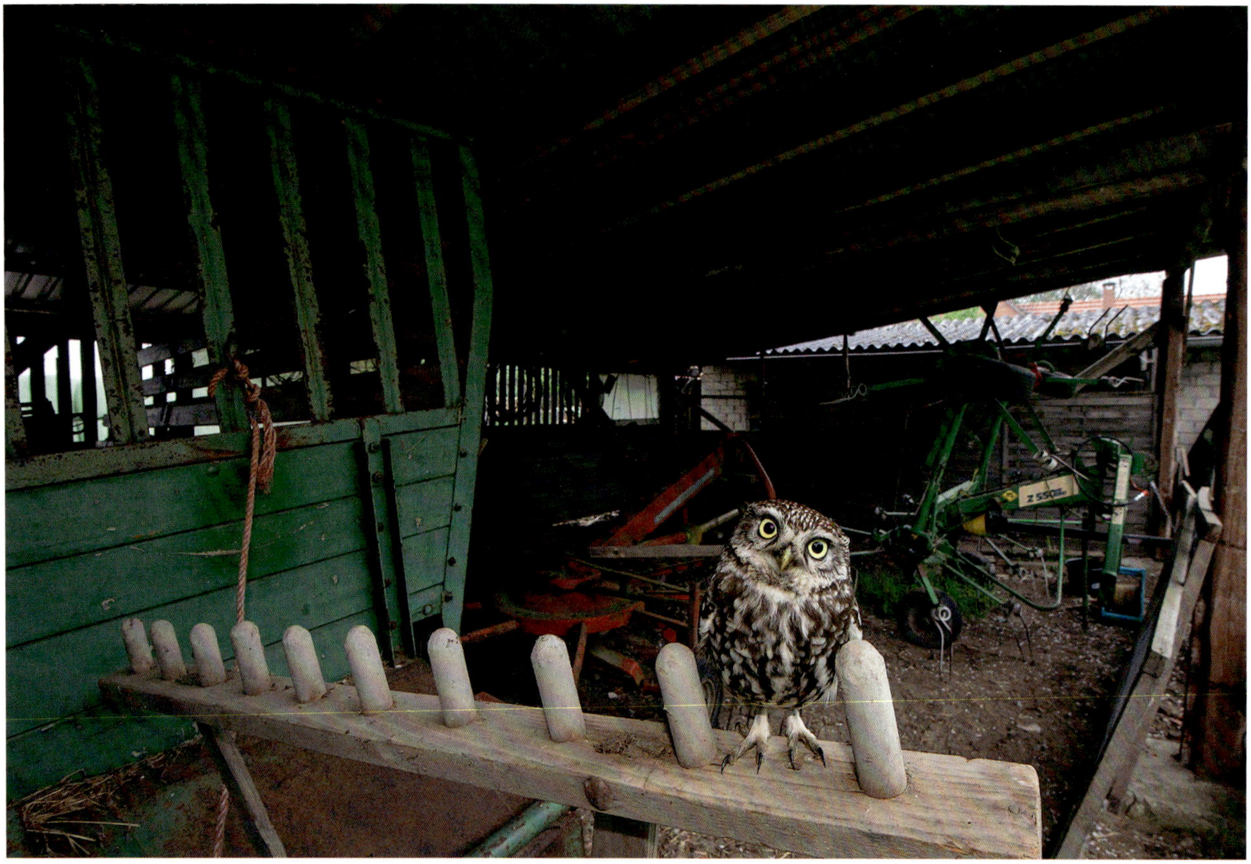

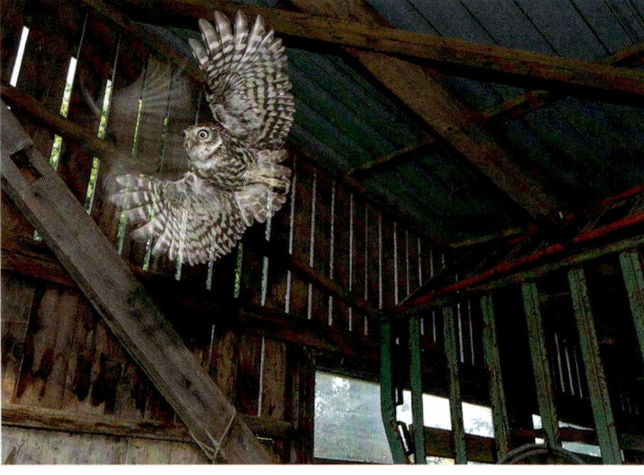

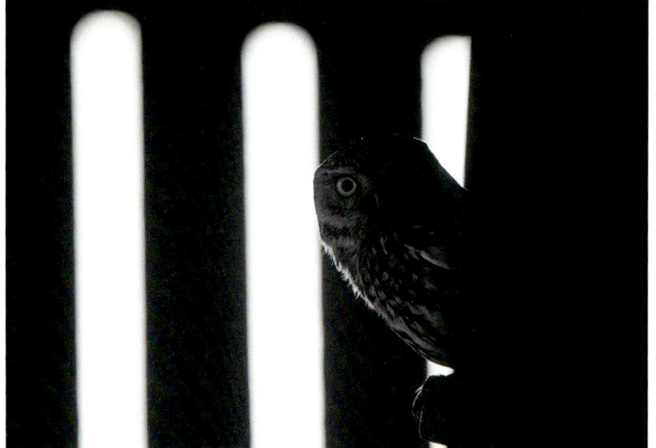

Alternative Motivideen

Während der Ansitze fielen mir einige Plätze auf, die von den Altvögeln immer wieder aufgesucht wurden. So landeten sie vor der Futtergabe häufig auf dem Dach. Daher „wanderte" ich mit dem Tarnzelt von Abend zu Abend auf der Wiese hin und her, in der Hoffnung, dass sich ein Tier an die jeweils passenden Stellen setzen würde. Das klappte natürlich nicht immer, insgesamt kam ich auf diese Weise aber zu verschiedenen Varianten (**Bilder 224, 225 und 226**) von diesem Motiv.

Allabendlich saß ein Steinkauz auch auf dem Schornstein oder dem Dachfirst. Von der Wiese aus ging jedoch der Blickwinkel zu steil aufwärts, sodass es auf dem Bild so aussieht, als würde der Schornstein umkippen (**Bild 227**). Der Steinkauz saß immer an der gleichen Stelle und auch nur auf einem der beiden Schornsteine des Gebäudes. Im **Bild 230**, das aus größerer Distanz fotografiert wurde, ragen die beiden Schornsteine gestaffelt in den dunklen Himmel und geben einen gelungenen fotografischen Beleg sowohl für die Nähe der Tiere zum Menschen als auch für ihre nächtliche Lebensweise. Einen schöneren Bildbeweis kann nur ein Foto einer Eule liefern, die vor dem Mond auf einem Ast oder auf dem Dachfirst sitzt. Und genau darauf spekulierte ich während mehrerer Vollmondphasen.

Immer wenn der Mond hinter dem Gebäude und dem angrenzenden Wald aufgestiegen war, stellte ich mich ohne Tarnung so auf, dass ich einen Steinkauz entweder auf dem Schornstein oder dem Dachfirst sitzend vor dem Mond fotografieren konnte. Ständig passte ich meinen Standort an, um im Fall der Fälle den Vogel auch immer direkt vor den Mond zu bekommen. Schließlich hatte ich an einem Abend Glück. Für lediglich einige Sekunden saß ein Tier auf dem First. In dieser kurzen Spanne veränderte ich von Bild zu Bild meinen Standort ein wenig, um den Steinkauz mal als Silhouette vor schwarzem Himmel und mal direkt vor dem Mond sitzend zu fotografieren.

Letztlich ist von den ersten Versuchen nur ein brauchbares Bild übrig geblieben (**Bild 231**) – und auch das ist nicht ohne Mängel. Der Lichtsaum umrahmt den Vogel nicht komplett, und der First ist im Vergleich zum Vogel viel zu mächtig. Eine neue Chance ergab sich erst im darauf folgenden Jahr. Aber dann klappte es richtig (**Bild 232**): Der Kauz sitzt im Profil vor der Mondscheibe, die ihn vollständig einfasst und keine weiteren Bildelemente lenken den Blick ab.

Steinkäuze im Schuppen

Die Verquickung des Lebensraums der Steinkäuze mit dem von uns Menschen lässt sich auf vielfältige Weise dokumentieren. Sitzwarten, von denen die Vögel einen guten Überblick über ihr Revier haben oder von denen sie nach Beute ausspähen, nehmen diese Eulen bevorzugt an. Und ein alter Schuppen, der Schutz vor Wind und Wetter bietet, wird von den Vögeln gerne auch als Tageseinstand genutzt. Damit im abendlichen Dämmerlicht Schuppen und Steinkauz gleichermaßen gut zu erkennen sind, empfiehlt sich eine Mischbeleuchtung aus Kunstlicht und natürlichem Licht.

Für **Bild 233** habe ich einen Blitz auf der Kamera montiert, der lediglich eine kleine Menge Blitzlicht abgibt und den Vogel vor dem Hintergrund akzentuiert. Mit der gleichen Methode habe ich den Kauz in **Bild 234** im Flug fotografiert.

Die wichtigste Voraussetzung für die Umsetzung all dieser Fotos ist das sorgfältige Beobachten der Tiere. Mehr noch als die nötigen technischen Fertigkeiten im Umgang mit dem Equipment liefern Beobachtungen wesentliche Erkenntnisse über das Verhalten der Steinkäuze. Auch Steinkäuze haben Gewohnheiten. Wann, wie und wo sie etwas tun, entscheidet letztlich über den konkreten Standort meiner Kamera und damit über den fotografischen Erfolg.

Die Belichtung der **Bilder 233** (o.) und **234** (u. l.) erfolgte in der Zeitautomatik aus dem Tarnversteck heraus über einen Funkfernauslöser. Der aufgesetzte Blitz war in seiner Leistung um drei Belichtungswerte reduziert und hellt so den Kauz ein wenig auf, wobei die natürliche Lichtstimmung im Schuppen aber erhalten bleibt. Der Steinkauz hat das Auslösegeräusch der Kamera wahrgenommen und schaut in meine Richtung (**Bild 235**, u. r.). Von hinten fällt Licht durch die Bretterwand des Geräteschuppens.

Bild 233 (oben):
KB-Vollformat, 4/16–35 mm bei 29 mm, Blende 13, 1/25 Sekunde, ISO 1.000, Stativ, Blitzgerät

Bild 234 (unten links):
KB-Vollformat, 4/16–35 mm bei 16 mm, Blende 10, 2,5 Sekunden, ISO 500, Stativ, Blitzgerät

Bild 235 (unten rechts):
KB-Vollformat, 4/500 mm, Blende 4, 1/200 Sekunde, ISO 1.000, Stativ

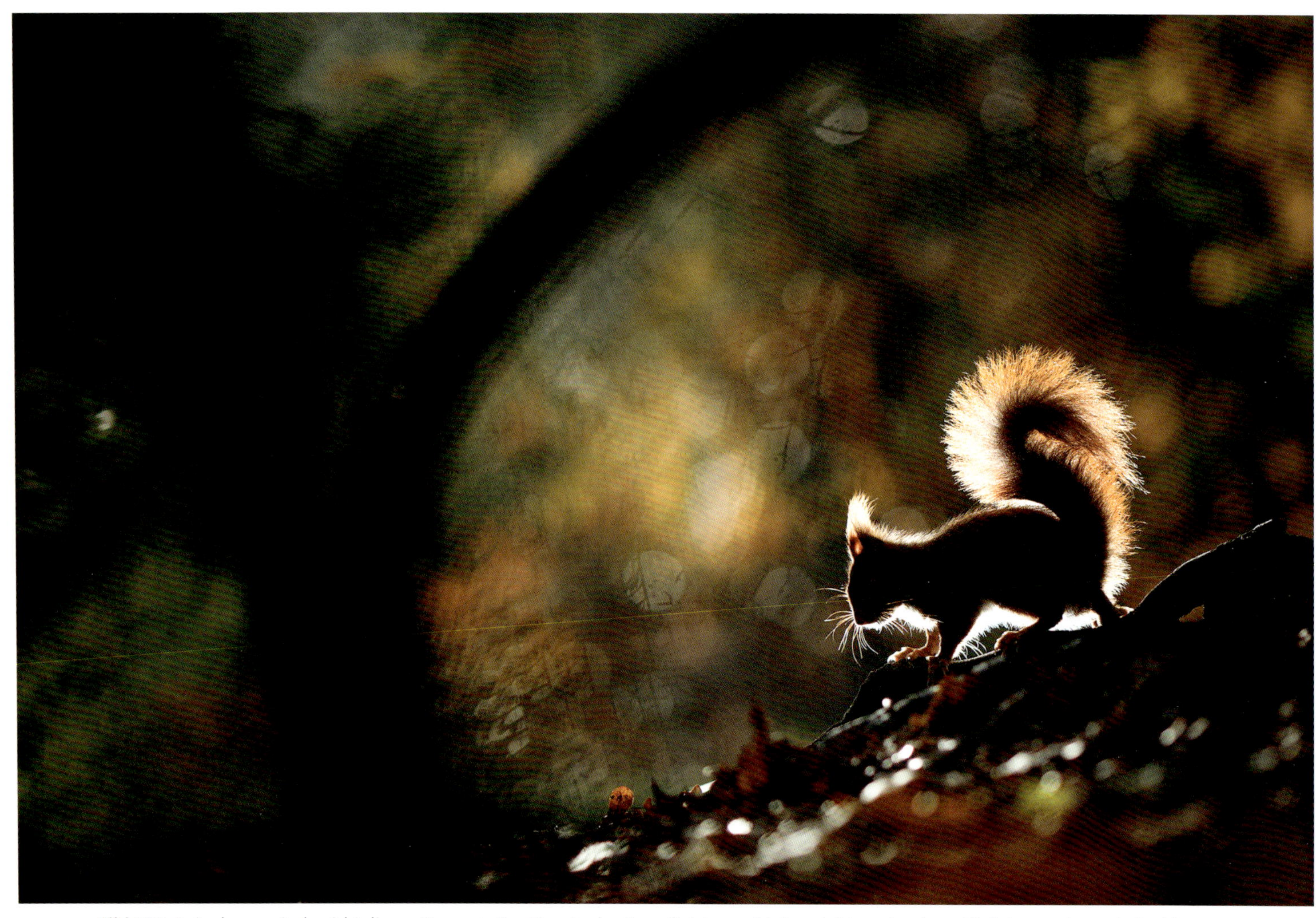

Bild 236: Beinahe magisch wirkt dieser Moment. Der Einsatz des Kunstlichts von hinten sieht noch sehr natürlich aus, da auch der Hintergrund von der Sonne beschienen wird. So scheint es, als würde das Eichhörnchen genau durch einen Lichtspot am Waldboden laufen.

KB-Vollformat, 2/135 mm, Blende 2, 1/4.000 Sekunde, ISO 400, 2 Blitzgeräte

Tierfotografie im Stadtpark

Hermann Hirsch

Unter Naturfotografie stellt sich manch einer vielleicht einsame Weiten der Wildnis vor, wie beispielsweise in Nordamerika. Und seltene Tierarten, die auf wochenlangen Ansitzen ausgespäht und fotografiert werden. Sicherlich ist das nicht ganz falsch. Für mich kann Naturfotografie jedoch auch in einem deutlich weniger spektakulären Rahmen stattfinden. Einen Großteil meiner Zeit als Naturfotograf verbringe ich tatsächlich in einem Dortmunder Stadtpark, dem Rombergpark. Der liegt nur zehn Minuten Autofahrt von meinem Wohnort entfernt und eignet sich damit auch für spontane Fotoausflüge.

Natürlich ist die naturfotografische Romantik in solch einem Park nicht mit der in Nordamerika zu vergleichen, man nimmt aber erst mal, was man kriegt. Die Tierdichte ist enorm, nicht zuletzt, weil sehr viele Passanten die dort lebenden Wasser- und Singvögel mit mitgebrachter Nahrung nahezu überschütten.

Ähnlich verhält es sich an einer relativ bekannten Stelle mit Eichhörnchen. Diese haben sich so sehr an die Zufütterung durch Menschenhand gewöhnt, dass sie einem die Nüsse förmlich aus der Hand klauen. Für einen Naturfotografen natürlich ideale Bedingungen. So gehört bei fast jedem meiner Ausflüge in den Park auch ein Besuch bei den Eichhörnchen dazu. Die Krux an der Sache: Was einem als alltäglich erscheint, übersieht man auch leicht. Stattdessen sucht man dann nach anderen, neuen Motiven. Um dieser Falle aus dem Weg zu gehen, plante ich Anfang 2016 ein kleines Projekt mit den flinken Nagern. Ich hatte vor, sie mithilfe von Blitzlicht so in Szene zu setzen, wie es mit wilden oder besser gesagt: nicht an den Menschen gewöhnten Tieren wohl undenkbar wäre.

Mein Setup war simpel. Ich fütterte auf einer etwas erhöhten Baumwurzel mit ein paar Erdnüssen und Sonnenblumenkernen, positionierte dahinter wahlweise ein bis drei Blitzgeräte und legte mich genau auf der anderen Seite der Wurzel auf den Bauch, um zu warten. So sehr die Eichhörnchen das Füttern dort auch gewohnt sind, so schwer war es doch, sie davon zu überzeugen, sich statt an den bekannten Fressplatz an einen neuen, schöneren zu begeben. Obwohl ich bis zu fünf Eichhörnchen parallel beobachten konnte und sie mir bis auf wenige Zentimeter auf die Pelle rückten, dauerte es erstaunlich lange, bis das erste Tier sich auf meine neue Fütterungsstelle einließ. Das sollte auch so bleiben. Mal setzte es sich an die falsche Position, mal kam gar kein Eichhörnchen. So ist es jedes Mal aufs Neue eine Geduldsprobe, in einem Meer aus zahmen Eichhörnchen auf den richtigen Moment zu warten. Ist dieser gekommen, bieten sich mir dafür zuvor nicht da gewesene Möglichkeiten. Das Blitzlicht imitiert hartes und direktes Gegenlicht der Sonne. Das weit abstehende Fell der Tiere beginnt zu strahlen – und das auch an trüben oder verregneten Wintertagen (**Bilder 237** und **238**).

Nachdem der Bann einmal gebrochen war und die Nager „kooperierten", begann ich rasch damit, Detailaufnahmen zu machen. Mit meinem 2,8/400 mm und einem 2-fach-Konverter versuchte ich ausschließlich den Kopf abzubilden. Vor allem nach Regenschauern hob sich dieser besonders schön von dem heller wirkenden und mit Tropfen benetzten Schwanz ab (**Bilder 240** bis **243**). Waren dann auch nur für ein einziges Bild alle Faktoren perfekt, so war meine Freude doch so groß, wie sie im fernen Nordamerika nicht größer hätte sein können.

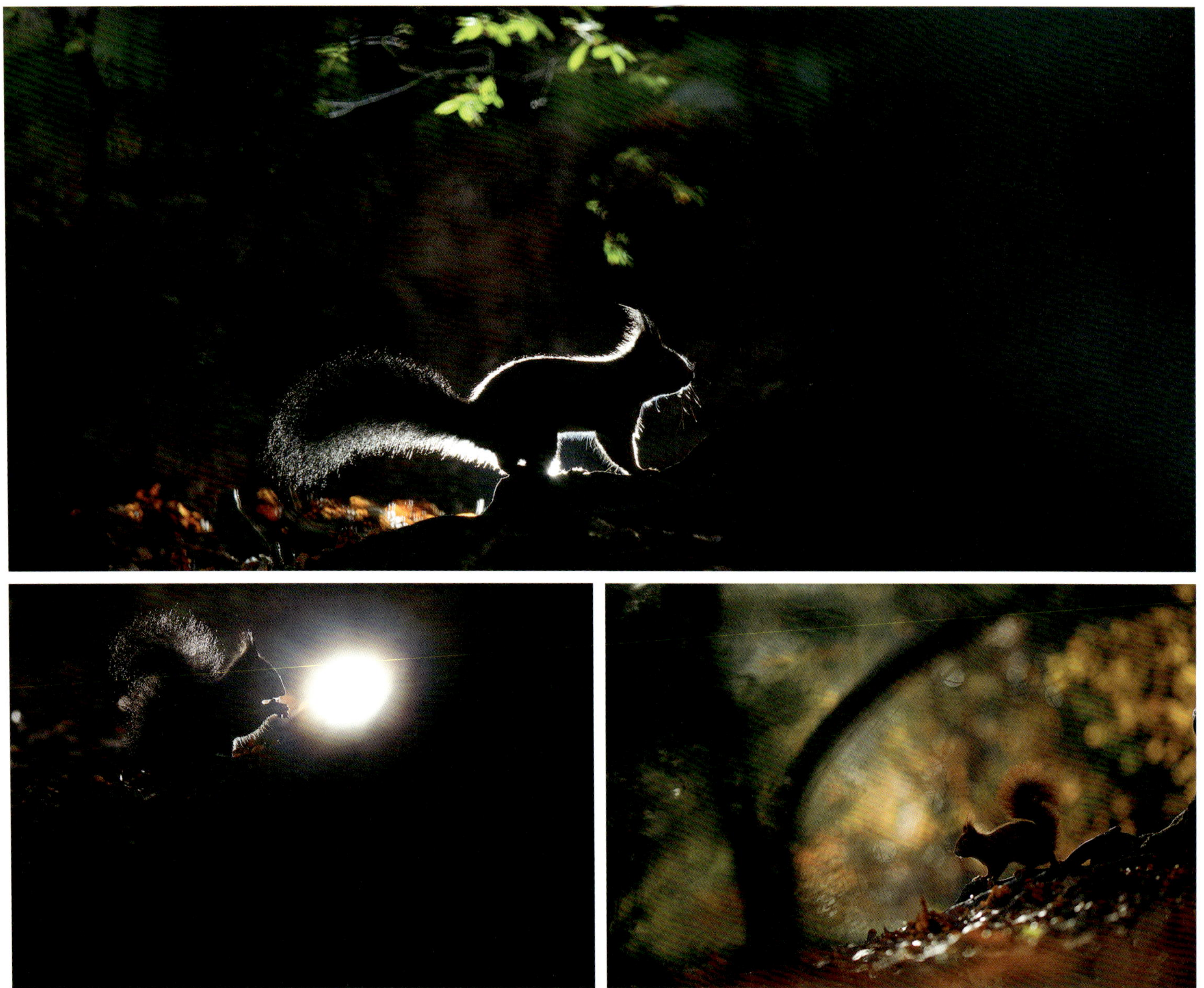

Bilder 237, 238, 239: Was in der Theorie zunächst einfach erscheint, erweist sich in der Praxis bisweilen als schwierig. Viele Anläufe benötigte ich, bevor das Eichhörnchen an der richtigen Stelle innehielt.

Bild 237 (oben): *KB-Vollformat, 2,8/400 mm, Blende 5, 1/160 Sekunde, ISO 320*
Bild 238 (unten links): *KB-Vollformat, 2/135 mm, Blende 2,8, 1/500 Sekunde, ISO 320*
Bild 239 (unten rechts): *KB-Vollformat, 2/135 mm, Blende 2, 1/4.000 Sekunde, ISO 400*

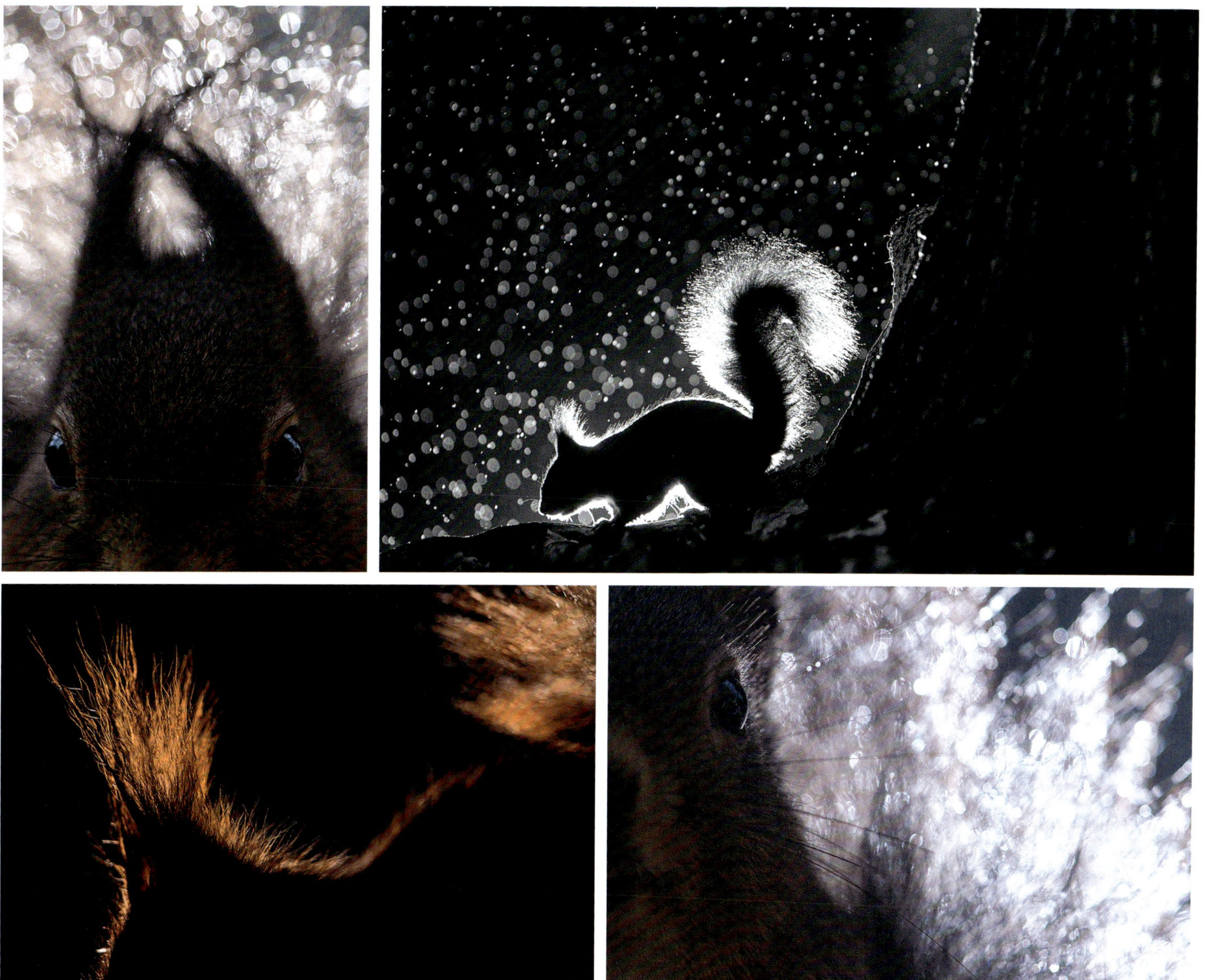

Bilder 240, 241, 242, 243: Nachdem ich mich eingeschossen hatte, wagte ich mich an etwas experimentellere Fotos. Besonders Details faszinierten mich. Gerade während oder nach Regenfällen lieferten die Regentropfen tolle Effekte.

Bild 240 (oben links): *KB-Vollformat, 2,8/400 mm mit 2-fach-Konverter, Blende 5,6, 1/640 Sekunde, ISO 1.000*
Bild 241 (oben rechts): *KB-Vollformat, 2/135 mm, Blende 2,8, 1/640 Sekunde, ISO 1.000*
Bild 242 (unten links): *KB-Vollformat, 2,8/400 mm, Blende 5,6, 1/1.000 Sekunde, ISO 1.000*
Bild 243 (unten rechts): *KB-Vollformat, 2,8/400 mm, Blende 8, 1/500 Sekunde, ISO 1.600*

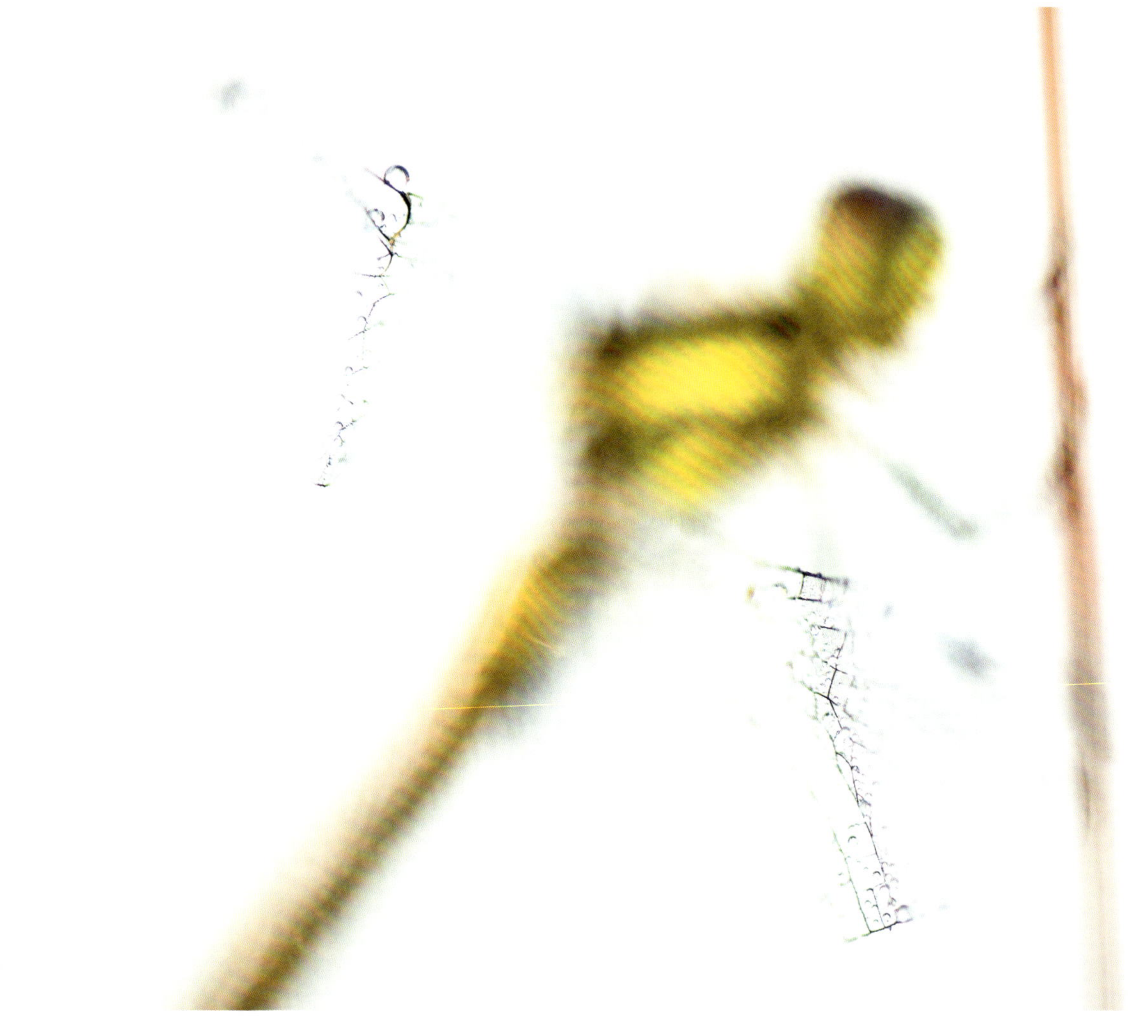

Bild 244: Trotz eines hohen Grades an Abstraktion ist die Libelle noch als solche zu erkennen. Jenseits eines dokumentarischen Stils zeigt das Bild, was solch ein Tier ausmacht: Fragilität und Leichtigkeit.

KB-Vollformat, 4/200 mm Makro, Blende 5,3, 1/80 Sekunde, ISO 200, Stativ, mobiler Studioblitz mit Akku

Das Wesen einer Art

Karsten Mosebach

Bei aufwendigen Fotoprojekten wie den Schleiereulen arbeite ich oft gezielt und längere Zeit an der Umsetzung konkreter Bildideen. Abseits solcher Fotoprojekte ist das anders. Vor Ort schaue ich mit hoffentlich „wachem Geist“ umher, lasse mich treiben und von den Gegebenheiten inspirieren, bis mir ein vielversprechendes Motiv ins Auge fällt. Im Idealfall gelingen dabei Bilder, die das Motiv auf seinen Kern reduzieren und letztlich nur aus Form, Farbe und einfachen Strukturen bestehen. Doch diese Herangehensweise funktioniert nicht immer: Manchmal bleibt die Inspiration schlichtweg aus, kein Motiv „drängt“ sich mir auf und die Motivsuche wird irgendwie zäh und zäher. An solchen Tagen lande ich oft, ohne mir dessen zunächst bewusst zu sein, bei rein dokumentarischen Fotos der Kategorie „Groß. Bunt. Scharf.“. Irgendwann beim Fotografieren fällt mir das jedoch auf. Dann kann ich entweder meine Sachen einpacken und nach Hause gehen – oder ich nehme einen neuen Anlauf, versuche meinen Blick zu weiten und das Wesen des Motivs zu sehen …

Missglückte Doku-Fotos

Genau an einem solchen Morgen entstanden die Bilder dieses Kapitels. Mein Fotoziel, ein Moor in der Nähe, hatte ich mir nach dem Wetterbericht ausgesucht. Es war Anfang August und nach einer klaren und kalten Nacht hoffte ich auf reichlich Nebel und Morgentau. Ich war früh vor Ort, bis zum Sonnenaufgang dauerte es noch eine ganze Weile und so begann ich mich umzuschauen. Von einer schönen, nebeligen Morgenstimmung war jedoch nichts zu sehen und auch Morgentau gab es nur wenig. Lediglich in den offenen Stellen im Moor waren die Binsenhalme ordentlich nass und voller Wassertropfen.

Die Landschaft, das Moor an sich, wollte ich unter diesen Bedingungen nicht fotografieren. Also suchte ich auf den besagten offenen Flächen nach taubedeckten Libellen. Wie alle anderen Insekten sind auch Libellen wechselwarme Tiere, die ihre Körpertemperatur nicht selbst regulieren können. Daher fallen sie in der nächtlichen Kühle in eine Art Kältestarre, sodass sie nahezu bewegungslos an den Pflanzen sitzen bleiben, auf denen sie sich am Abend zuvor zur Ruhe gesetzt haben. Sofern sich in der Nacht Tau niederschlägt, setzt sich dieser selbstverständlich auch auf die Libellen. Nur wenige Libellen befinden sich an exponierten Stellen, die meisten Exemplare findet man oft weit unten in der Vegetation. Hier sind sie nicht nur vor den Blicken potenzieller Fressfeinde geschützt, auch als Fotograf muss man sorgfältig zwischen die Halme von Binsen und anderen Gräsern schauen, um die Tiere nicht zu übersehen.

Trotz meiner gründlichen Suche fand ich schließlich nur eine weibliche Heidelibelle, die zwar über und über mit Tau bedeckt war, jedoch tief zwischen den Binsenhalmen saß. Frust breitete sich in mir aus. Nicht nur, dass die Wetterstimmung total langweilig war, es gab, außer der versteckten Heidelibelle, auch kein anderes Motiv. Vielleicht hätte ich einfach im Bett bleiben sollen. Eine zündende Idee für ein tolles Foto der zweifellos schönen Libelle hatte ich zunächst nicht. Inspiration fühlt sich anders an.

Weil mir nichts Besseres einfiel, bestückte ich die Kamera mit dem Makroobjektiv und näherte mich der Libelle. Um freie Sicht auf das Insekt zu erhalten, bog ich einige Halme zur Seite, die sich zwischen dem Tier und dem Objek-

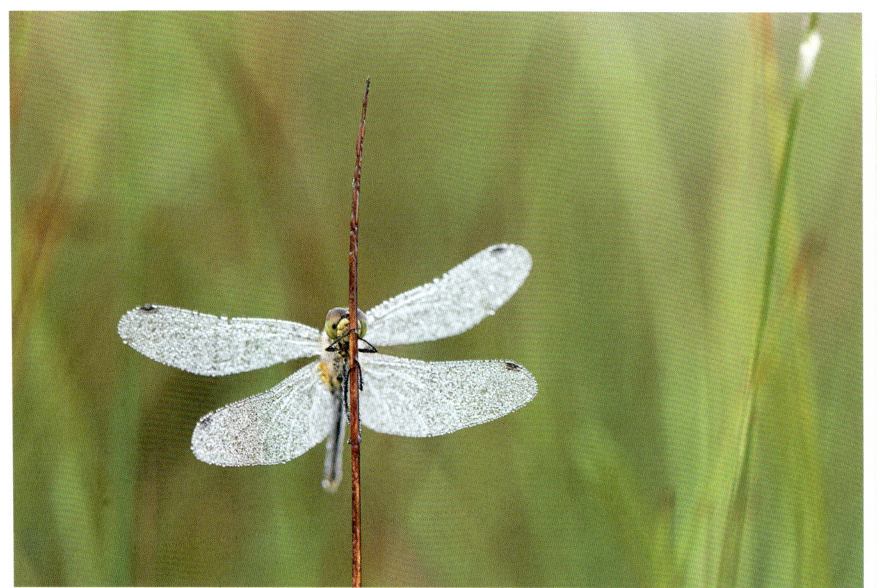
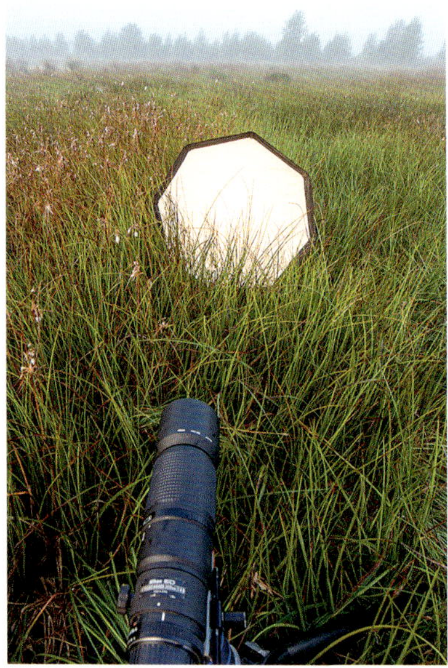
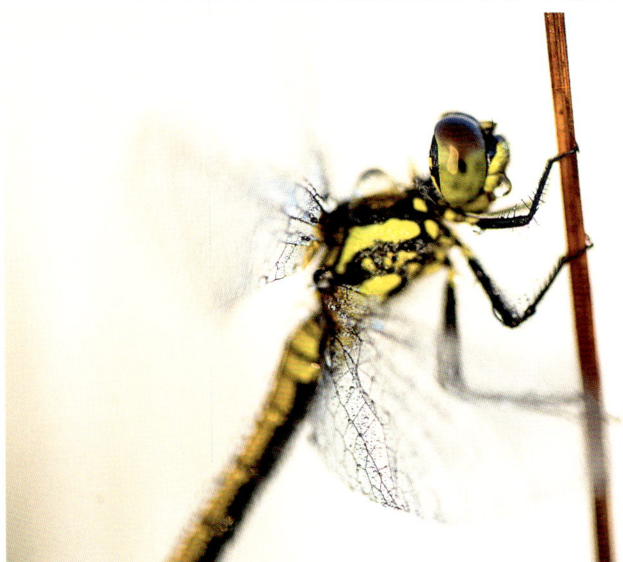
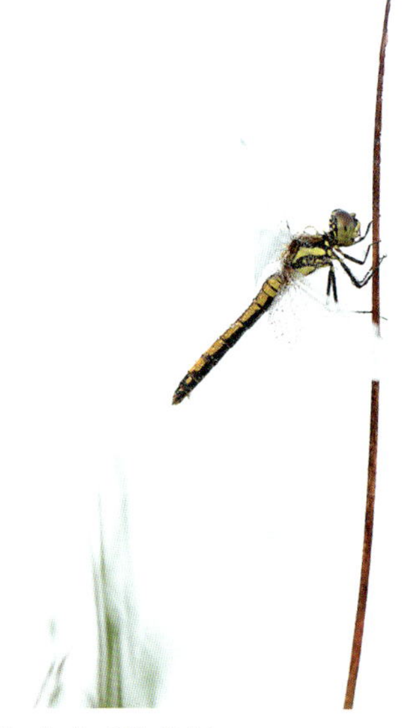

Bilder 245, 246, 247, 248: Das Tier zwischen den dichten Halmen freizustellen, gelingt nur durch das helle Blitzlicht, das, als Gegenlicht eingesetzt, die Halme mittels massiver Überbelichtung „ausblendet".

Bild 245 (oben links): KB-Vollformat, 4/200 mm Makro, Blende 7,1, 1/60 Sekunde, ISO 400, Stativ
Bild 246 (oben rechts): Die Libelle sitzt knapp oberhalb des unteren Randes der Softbox an einem Binsenhalm
Bild 247 (unten links): KB-Vollformat, 4/200 mm Makro, Blende 5,3, 1/125 Sekunde, ISO 200, Stativ, Einstelllicht eines mobilen Studioblitzes
Bild 248 (unten rechts): KB-Vollformat, 4/200 mm Makro, Blende 5,3, 1/100 Sekunde, ISO 200, Stativ, mobiler Studioblitz mit Akku

tiv befanden. Die ersten Ergebnisse waren unbefriedigend. Abgeblendet war die Libelle zwar scharf, aber leider auch der Hintergrund, denn die nächsten Binsenhalme ragten direkt hinter der Libelle in den Himmel und lenkten den Blick zu sehr von dem Insekt ab. Umgekehrt, mit offener Blende, erschien der Hintergrund zwar homogen und nicht störend, ärgerlicherweise war nun die Libelle in ihrer Tiefe nicht scharf abgebildet. Und mit mittlerer Blende (**Bild 245**) war der Hintergrund einerseits zu scharf abgebildet, die Libelle andererseits jedoch immer noch mit zu geringer Schärfentiefe im Bild zu sehen. Die Halme hinter der Libelle einfach wegzubiegen, kam nicht infrage, es waren schlicht zu viele. Irgendwie registrierte ich, dass ich gerade genau die Bilder zu machen versuchte, die ich nicht mag, eben „Groß. Bunt. Scharf.". Und noch nicht einmal die gelangen mir.

Libelle mit Blitz

Eigentlich sind Libellen nicht die klassischen Motive für den Gebrauch eines Blitzgeräts. Hier aber bot sich diese Maßnahme durchaus an. Also setzte ich einen mobilen Studioblitz mit Akku ein, um die Lichtsituation gestalterisch in den Griff zu bekommen. Dazu legte ich das mit einer achteckigen Softbox bestückte Blitzgerät hinter die Libelle, direkt gegenüber der Kamera (**Bild 246**).

Zunächst probierte ich es mit dem Dauerlicht des Blitzgeräts (**Bild 247**). Sofort verloren die Halme einiges von ihrer ablenkenden Wirkung. Gleichzeitig veränderte ich die Position von Blitz und Kamera so, dass ich von der Seite im rechten Winkel auf das Tier fotografierte. Jetzt merkte ich, dass ich auf einem guten Weg war.

Dann versuchte ich es mit dem Blitzlicht. Mit den ersten Blitzauslösungen war meine Lethargie endgültig verflogen. Das Blitzlicht umfloss die Halme derart mit Licht, dass sie praktisch „ausgeblendet" wurden. Vor weißem Hintergrund wirkte die Libelle plötzlich ganz anders als zuvor. Das helle und weiße Blitzlicht stellte die Libelle vor dem Hintergrund frei. Jetzt kam Leben in mein Bild! Mit einem Schwenk ins Hochformat optimierte ich auch noch den Bildaufbau (**Bild 248**). Nun hätte ich eigentlich zufrieden sein können.

Irgendetwas stimmte noch nicht. Ich bemerkte, dass sich das Tier in einem ungünstigen Winkel zur Kamera befand, sodass ich es unmöglich komplett scharf abbilden konnte. Außerdem zeigten die Bilder bis jetzt *gerade das nicht*, was mich an den Libellen so fasziniert: ihren filigranen und luftig-leichten Körperbau. Obwohl die Tiere viel weniger als ein Gramm wiegen, sind ihre Flügel, dünner als Pergamentpapier, stabil genug, um die härtesten Flugmanöver unbeschadet zu überstehen. Dazu sind die meisten Arten so wunderbar farbenfroh.

Unscharf zum Ziel

Jenseits einer rein dokumentarischen Abbildung ist **Bild 247** sicher ein hübsches Porträtfoto einer Heidelibelle. Das Besondere, die Reduktion auf die eingangs beschriebenen Elemente Form, Farbe und Struktur, fehlt jedoch.

Da ich die Libelle aus der seitlichen Perspektive noch viel weniger als aus der zunächst frontalen Blickrichtung komplett scharf abbilden konnte, öffnete ich nun für die weiteren Bilder die Blende vollständig und ging mit der Kamera ganz nah an das Tier heran. Damit reduzierte sich die Schärfentiefe auf ein Minimum.

Gezielt konnte ich jetzt einzelne Wassertropfen auf den Flügeln fokussieren und den Rest der Libelle unscharf als Kontur in den Hintergrund bringen (**Bild 244**). Dabei ist das Tier gerade noch als Libelle zu erkennen. Die Farben Weiß und Gelb dominieren das Bild und der kleine Wassertropfen im Goldenen Schnitt zieht den Blick auf sich. Die Aufnahme stellt für mich die perfekte Synthese aus Form, Farbe und Struktur dar und idealisiert die Zerbrechlichkeit des filigranen Insekts.

Das **Bild 247** ist die deutlich schwächere Variante von **Bild 244**. Anstelle des Blitzes erhellt in **Bild 247** das Einstelllicht des Studioblitzes den Hintergrund und die Heidelibelle ist durch die auf den Körper verlagerte Bildschärfe zu gegenständlich abgebildet. Das Bild eignet sich vielleicht zur Artbestimmung, aber ihm fehlt vor allem das magische Moment.

Als die Sonne aufging, war ich eigentlich schon fertig und völlig zufrieden – ganz anders als nur eine halbe Stunde zuvor. Ein besonderes Foto war mir gelungen und das passiert schließlich nicht jedes Mal.

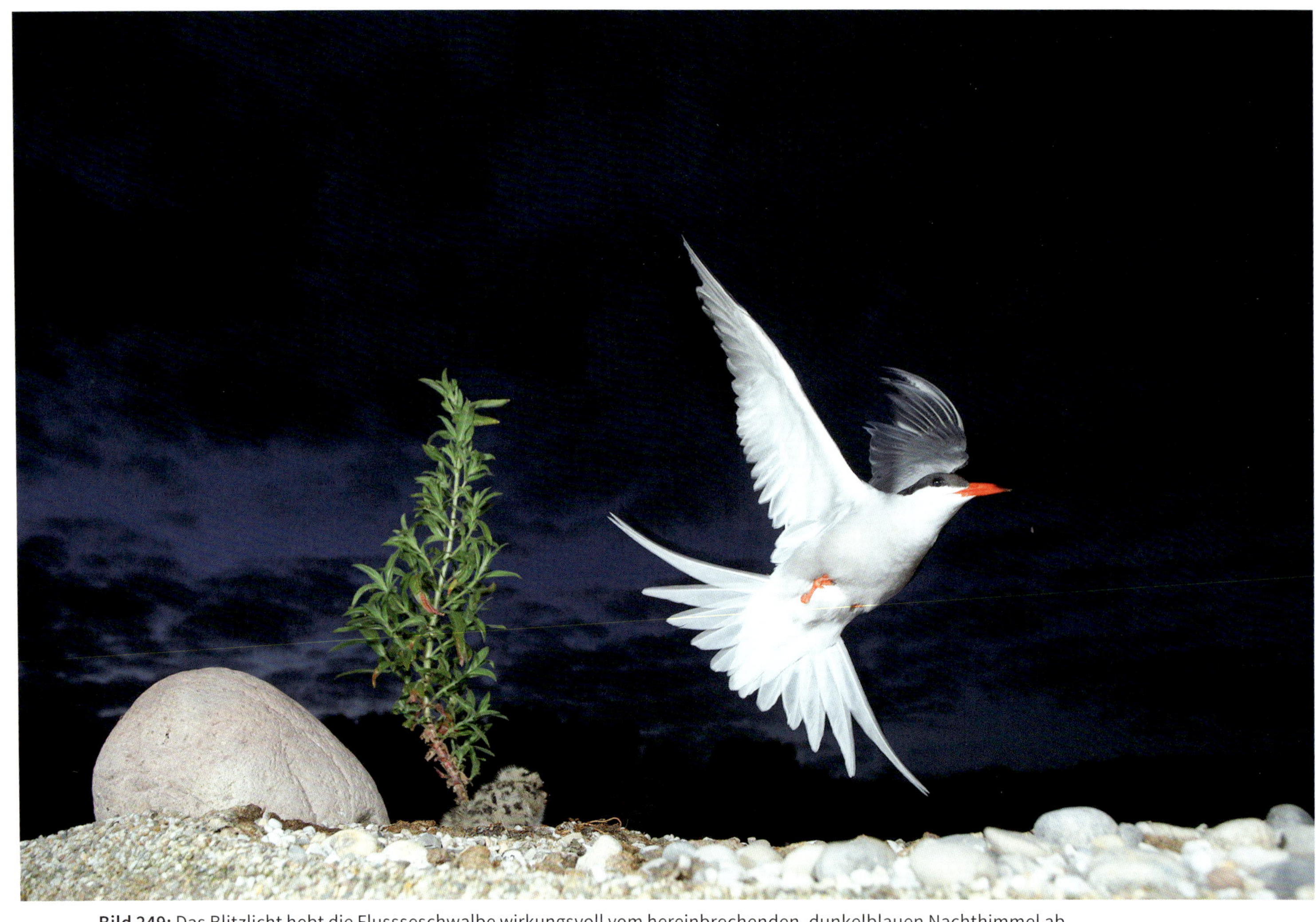

Bild 249: Das Blitzlicht hebt die Flussseschwalbe wirkungsvoll vom hereinbrechenden, dunkelblauen Nachthimmel ab. Besonders bei Tieren mit hellem Gefieder ist darauf zu achten, den Blitz nicht zu dominant werden zu lassen. Hier wurden zwei Blitze manuell bei 1/64 ihrer Leistung gezündet.

KB-Vollformat, 4/17–40 mm bei 40 mm, Blende 8, 1/80 Sekunde, ISO 640, 2 Blitzgeräte bei 1/64 Leistung

Blitzgescheite Insellösung

Hermann Hirsch

Immer wieder habe ich die großartigen technischen Aufbauten vieler Fotografen bewundert, die mit raffinierten Lichtschranken und Blitzsystemen geniale Fotos von Fledermäusen und anderen nachtaktiven Tieren machen. Ich selbst habe diesen technischen Aufwand stets gescheut und meine Bilder lieber direkt, hinter der Kamera stehend und ohne Blitzlicht, aufgenommen. Durch das Fotografieren von Menschen, zum Beispiel auf Hochzeiten, drang ich dann aber doch schnell in das Thema Blitzlichtfotografie ein. Bald wurde mir klar: Das funktioniert doch auch in der Natur! So dachte ich wieder an die Aufbauten der Fledermausfotografen und wollte mich nun, da das Eis einmal gebrochen war, intensiver damit befassen. Mangels passender Fotomöglichkeiten schleppte ich die Idee jetzt schon längere Zeit mit mir herum.

Im Frühling besuchte ich erneut meinen Freund Fred Bollmann in der Feldberger Seenlandschaft. Neben seinen Adlerfahrten bietet Fred auch Foto- und Beobachtungstouren zu anderen Tierarten an. Genau hier kam ich ins Spiel. Mein Auftrag: Ich sollte besondere Arten ausfindig machen, die sich zum Fotografieren eignen. Es war der Traumjob schlechthin für einen Dortmunder Jungen. In einem atemberaubenden Naturgebiet durfte ich Tag und Nacht auf Achse sein und das tun, was ich ohnehin am liebsten tat: Tiere suchen.

Eine Insellösung führt zum Ziel

Neben dem Wendehals, der Sperbergrasmücke und vielen weiteren tollen Vögeln hatten es mir besonders die an einem kleinen See brütenden Flussseeschwalben angetan. Gemeinsam mit Fred hatte ich dort eine schwimmende Insel installiert, die unmittelbar über einem im Wasser versenkten Steg verankert war. Das gab mir die Möglichkeit, an der Insel anzulegen und sogar Stative und Kameras zu installieren. Mein Interesse war geweckt und ich erinnerte mich an mein Vorhaben vergangener Tage: das automatisierte oder ferngesteuerte Fotografieren von Tieren mit einem Weitwinkel und dem Einsatz von Blitzlicht. Die Situation erschien mir nahezu perfekt.

Natürlich legte ich nicht gleich los, sondern sprach mich zunächst mit Fred ab. Fred ist im Raum Feldberg ein bekannter Naturschützer, der für das Installieren einer waschbärsicheren Brutinsel für Vögel eine Auszeichnung erhalten hat. Auf seinen Rat konnte ich also zählen. Wir einigten uns darauf, eine Kameraattrappe auf dem Steg zu platzieren und zunächst zu prüfen, wie die Flussseeschwalben reagieren würden. Sollten sie Panik bekommen und nicht binnen zwanzig Minuten auf die Insel zurückkehren, würde die Unternehmung gleich wieder abgebrochen. Gesagt, getan.

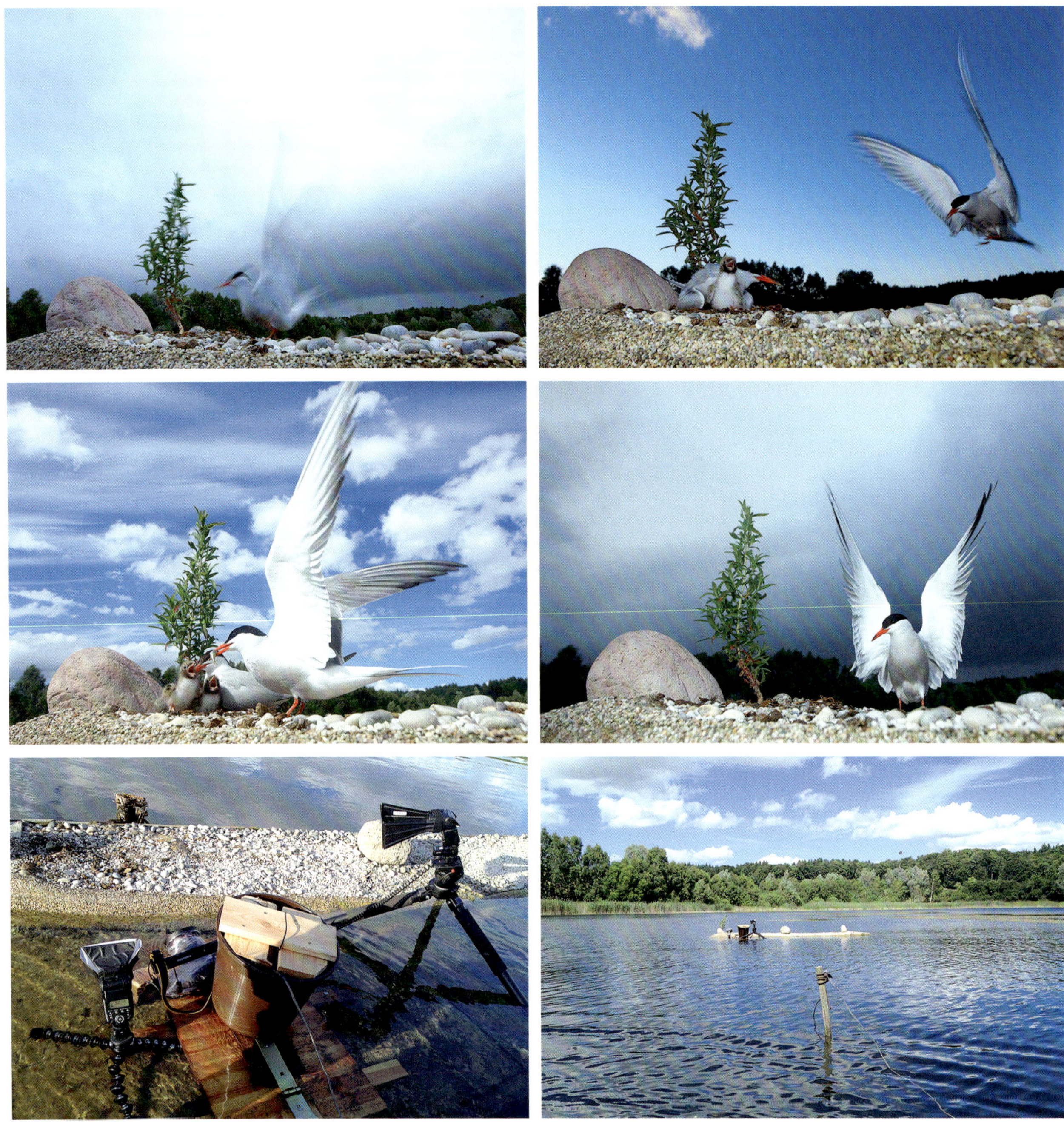

Bilder 250 bis 253:
Flussseeschwalben sind rasante Flieger. Die Verzögerung der Kamerafernsteuerung macht es nicht leichter, sie im richtigen Augenblick zu erwischen. Mit der Zeit lernt man aber, diesen Faktor einzukalkulieren.

Bild 250 (oben links):
KB-Vollformat, 4/17–40 mm bei 40 mm, Blende 22, 1/6 Sekunde, ISO 200

Bild 251 (oben rechts):
KB-Vollformat, 4/17–40 mm bei 40 mm, Blende 11, 1/125 Sekunde, ISO 200

Bild 252 (Mitte links):
KB-Vollformat, 4/17–40 mm bei 40 mm, Blende 14, 1/200 Sekunde, ISO 200

Bild 253 (Mitte rechts):
KB-Vollformat, 4/17–40 mm bei 40 mm, Blende 6,3, 1/200 Sekunde, ISO 320

Bild 254 (unten links):
Wetterfest verpackt lagert die Kamera in einem Eimer, der auf einer Plattform sicher verankert ist.

Bild 255 (unten rechts):
Vom Ufer aus lassen sich die Flussseeschwalben fotografieren, ohne sie zu stören und ihnen zu nahe zu kommen.

Die Kamera stand, wir ruderten ans Ufer und harrten aus. Zum Glück nicht sehr lange, denn nur wenige Augenblicke später fand sich die erste Flussseeschwalbe wieder auf der Insel ein. Grünes Licht!

Zurück bei Fred galt es, einen Weg zu finden, meine Kamera vor dem Nest zu positionieren. Ich baute einen Wetterschutz aus einem alten Eimer, in den ich an der Seite ein Loch für das Objektiv schnitt. Die Kamera wurde in einen Unterwasserkamerabeutel verpackt und im Eimer platziert. Diesen installierte ich auf der Plattform, die knapp unter der Wasseroberfläche lag (**Bild 254**). Dort hatte ich zuvor den Test mit der Kameraattrappe durchgeführt. Die Kamera verband ich über ein 25 Meter langes USB-Kabel mit meinem Laptop am Ufer. Ein kleiner Bleiakku speiste sie darüber hinaus vom Ufer aus mit Strom. Auf der Kamera saß ein Blitztrigger, der zwei Blitze, jeweils rechts und links, auslöste. Nun konnte ich am Ufer sitzend mit meinem Laptop Bilder der Tiere machen, ohne sie zu stören (**Bild 255**).

Durch die direkte Verbindung zwischen Kamera und Laptop war es mir möglich, alle Einstellungen der Kamera zu verändern sowie das Livebild zu sehen. Ein unglaublich großer Vorteil! Der Nachteil: Anders als bei Funkfernauslösern liegt die Auslöseverzögerung etwa bei einer halben Sekunde. Mit etwas Übung hat man aber auch das bald raus und berücksichtigt die Verzögerung dann fast intuitiv.

Genau wie ich es gehofft hatte, kamen die Flussseeschwalben auch dieses Mal schnell zurück zur Insel und störten sich zu meiner Erleichterung auch nicht an den Blitzen oder dem mechanischen Klicken beim Auslösen.

Eine weitere Störung war nun nicht mehr notwendig, weil die Blitze nach einer Minute in den Stand-by-Modus schalteten und ich den Akku der Kamera mit nach Hause zum Laden nehmen konnte. Ich konnte jeden Tag zum See zurückkehren und auf neue Verhaltensweisen oder Lichtstimmungen hoffen. In den Morgenstunden war die Linse der Kamera leider immer beschlagen, tagsüber war das Licht zu hart. Was blieb, waren die Abendstunden. Auch hier machte ich nicht viele Bilder, um die Akkus der Blitze zu schonen. So wartete ich sehr lange, ohne auch nur einmal den Auslöser zu betätigen. Ein komisches Gefühl.

Als ich am vierten Abend den See erreichte, merkte ich schon aus der Ferne, dass die Flussseeschwalben aufgeregter waren als sonst. Die Jungen waren geschlüpft. Ich machte vor allem nach Sonnenuntergang einige Aufnahmen. Am Tag zuvor hatte ich bemerkt, dass die strahlend hellen Gefieder der Flussseeschwalben vor dem hereinbrechenden, dunkelblauen Nachthimmel besonders gut zur Geltung kamen (**Bild 253**).

Nach etwa zehn Bildern fiel der erste Blitz aus. So ein Mist! Nach kurzem Ärgern entspannte ich mich aber schnell wieder. Immerhin hatte ich ja schon ein paar Bilder im Kasten, die mir gefielen. Und außerdem hatte ich ein wunderschönes Naturschauspiel direkt vor der Nase gehabt. Ich hörte auf zu fotografieren und genoss die großartige Stimmung. Am nächsten Tag kam ich noch einmal her, um den Kleinen beim Herumtollen zuzusehen. Ich machte ein paar Bilder ohne Blitz, an die des vergangenen Abends kamen sie jedoch nicht heran.

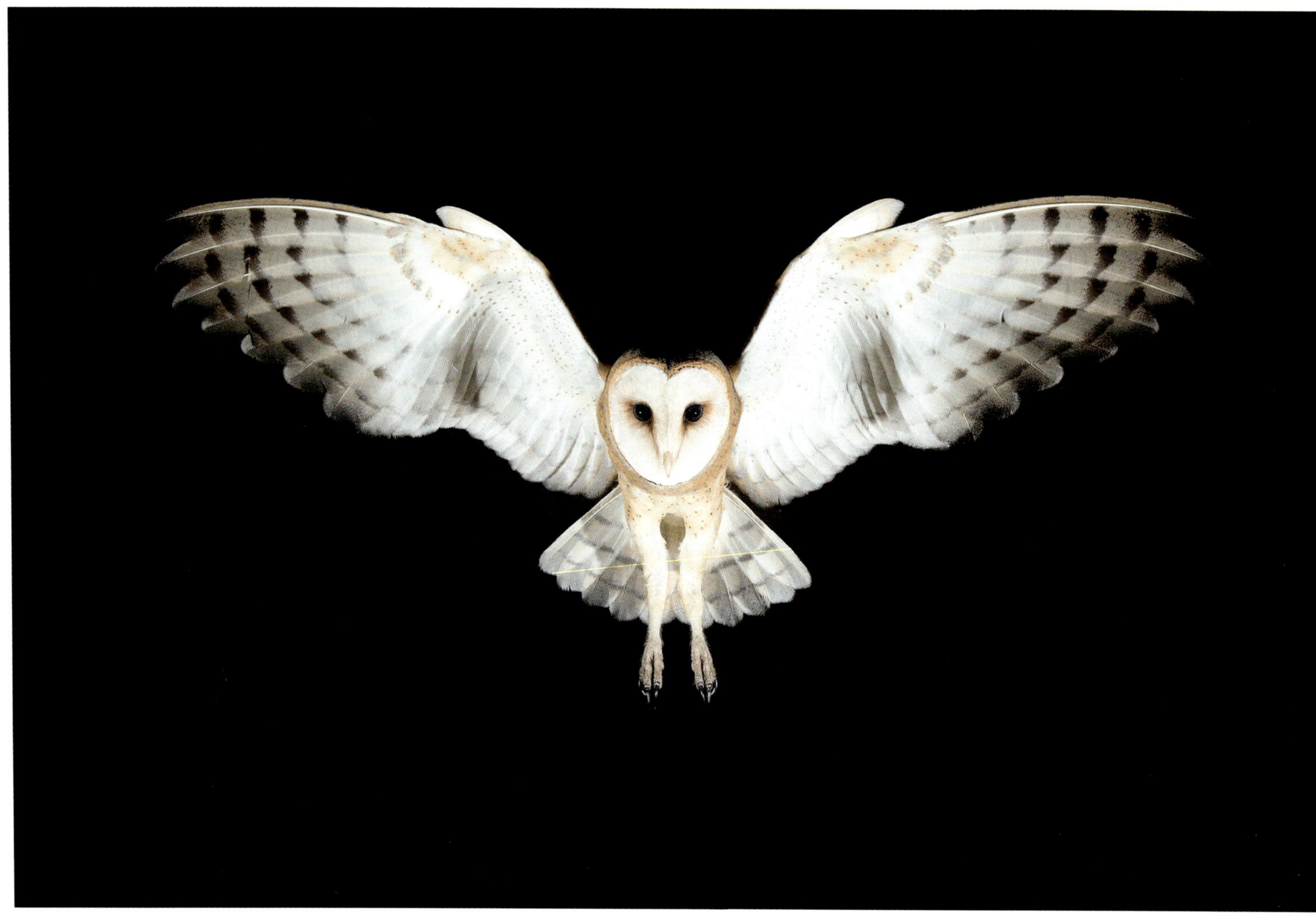

Bild 256: Durch die völlige Schwärze der Umgebung löst sich das Tier regelrecht aus Zeit und Raum. Die Flügel sind, engelsgleich, perfekt symmetrisch ausgerichtet. Der Blick, anscheinend hoch konzentriert, geht in Richtung Kamera und die Schatten in der Mitte der Flügel akzentuieren und modellieren das Gefieder.

Vollformat, 4/16–35 mm bei 24 mm, Blende 9, 1/250 Sekunde, ISO 400,
Stativ, 2 Blitzgeräte bei 1/32 Leistung, jeweils etwa im 45°-Winkel von links und rechts,
Betriebsart der Kamera: M, Auslösung durch Lichtschranke

Eulen am Bauernhoffenster

Karsten Mosebach

Eigentlich wollte ich einen Waldkauz fotografieren. Ein Freund berichtete von einem Bekannten, der auf einem Bauernhof lebt. In direkter Nachbarschaft zu dem Bauernhof sei ein Wäldchen, aus dem heraus der Waldkauz rufen würde. Ich wurde hellhörig. Bislang hatte ich noch keine Gelegenheit gehabt, frei lebende Waldkäuze zu fotografieren. Und so besuchten wir schon am nächsten Tag den Hof. Dort erzählte uns der Bauer, dass er den Kauz seit Monaten nicht mehr gehört habe, auf seinem Hof aber seit Jahren Schleiereulen umherflögen und brüteten – die könne ich doch stattdessen fotografieren.

Ein uriger Bauernhof

Kennen Sie diese alten, urigen Bauernhöfe, auf denen alles krumm und schief, staubig und dreckig ist? An denen die Zeit scheinbar vorbeigegangen ist, die jede technische Neuerung verschlafen haben und bei denen der Misthaufen noch direkt vor der Stalltür liegt? Genau so sieht es dort aus.

Ich inspizierte den Hof und alle Dachböden der Haupt- und Nebengebäude gründlich. Auf dem Stroh- und Getreideboden entdeckte ich einige Stellen, an denen zahlreiche Gewölle lagen sowie die Balken stark mit Kot bespritzt waren. Ein sicherer Beweis dafür, dass die Tiere sich hier oft aufhalten und auf die Mäusejagd gehen. In meinem Kopf entstanden die ersten Bilder. Vor meinem inneren Auge sah ich eine Schleiereule auf dem Stroh sitzen, eine andere flog quer durch die Scheune, eine dritte kam gerade durch das offene Fenster mit der zerbrochenen Scheibe hereingeflogen …

Die ersten Bilder

Um die Schleiereulen direkt vor die Kamera zu bekommen, musste ich sie mit Futter anlocken. Dazu verwendete ich tote Futtermäuse, die ich im entsprechenden Fachhandel kaufte. Im Baumarkt besorgte ich ein Fass und zusammen mit einem kleinen MP3-Player legte ich nun täglich eine Maus in das Fass, das ich mitten auf den Dachboden in die Nähe einer Sitzwarte gestellt hatte. Abends spielte der MP3-Player das Rascheln von lebenden Mäusen im Stroh ab und erregte so die Aufmerksamkeit der Eulen. Um die primär nachtaktiven Tiere auf dem dunklen Dachboden überhaupt sehen zu können, installierte ich noch eine Kaltlicht-Energiesparlampe. Zudem stellte ich ein Tarnzelt auf, um mich darin verstecken zu können.

Nach einigen Tagen setzte ich mich das erste Mal auf den Dachboden und konnte beobachten, wie eine Eule durch das Fenster auf den Boden flog, sich auf den Balken setzte, von dort dem Rascheln folgte und sich die Maus aus dem Fass holte. Am darauffolgenden Tag begann ich zu fotografieren …

Ich baute eine Kamera mit Weitwinkelobjektiv auf ein Stativ hinter dem Fass, richtete einen Blitz auf die Stelle des Balkens, auf dem die Eule am Abend zuvor saß, und löste die Kamera mit einem Elektrofernauslöser aus dem Tarnzelt heraus aus. Das erste Bild war im Kasten (**Bild 258**).

Teilweise fotografierte ich in den nächsten Wochen auch direkt aus dem Tarnzelt heraus, während die Tiere auf dem Heu saßen (**Bilder 261** und **262**). In den ersten Tagen musste ich dabei äußerst vorsichtig agieren, denn die Eulen reagierten zunächst nervös auf jede noch so kleine Regung im Tarnzelt.

Nach ein paar Eingewöhnungstagen machte ich die ersten Flugaufnahmen. Dazu stellte ich zwei Blitze links und rechts der Flugbahn auf. Mit diesen Blitzen beleuchtete ich die Eule. Ein drittes Blitzgerät lag einige Meter im Hintergrund und beleuchtete die Scheune. Die Kamera fotografierte im manuellen Betrieb mit einer 1/250 Sekunde Belichtungszeit.

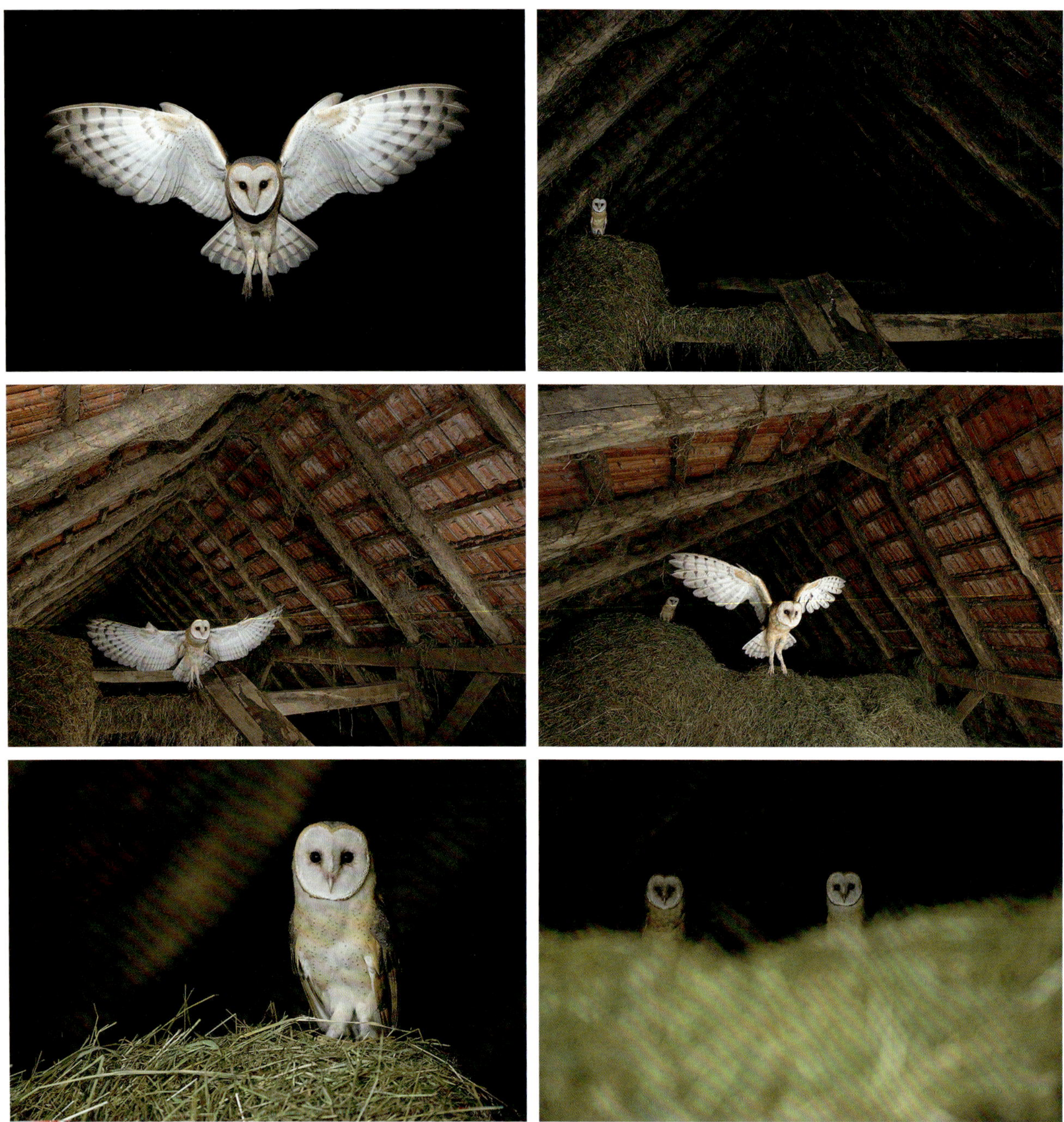

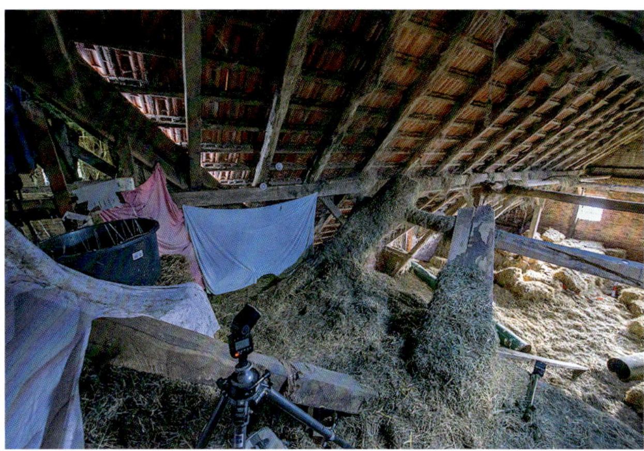

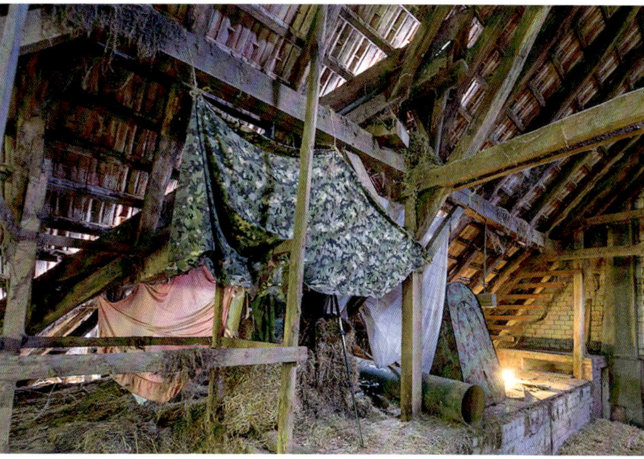

Das linke **Bild 263** zeigt die Situation vor dem Fass (links, fast am Bildrand). Die Kamera befindet sich am Bildrand hinter dem Fass. Damit die Eule nur auf der einen Seite vom Fass landen kann, habe ich den größten Teil des Randes durch Draht unzugänglich gemacht. Durch das Fenster am rechten Bildrand fliegt das Tier in die Scheune hinein. Im rechten **Bild 264** ist die Rückseite der Fotostation abgebildet. Mit Decken ist der Durchgang „versperrt“, sodass die Eulen das Fass nur von vorne anfliegen können. Das Tarnzelt steht neben der Lampe.

Bild 257 (oben links):
KB-Vollformat, 4/16–35 mm bei 24 mm, Blende 9, 1/250 Sekunde, ISO 400, Stativ, 2 Blitzgeräte bei 1/32 Leistung, jeweils etwa im 45°-Winkel von links und rechts, Betriebsart der Kamera: M, Auslösung durch Lichtschranke

Bild 258 (oben rechts):
KB-Vollformat, 2,8/24–70 mm bei 35 mm, Blende 10, 1/250 Sekunde, ISO 400, Betriebsart der Kamera: M, Stativ, Blitzgerät

Bilder 259 und 260 (Mitte):
KB-Vollformat, 2,8/14–24 mm bei 14 mm, Blende 10, 1/250 Sekunde, ISO 400, Stativ, 2 Blitzgeräte bei 1/32 Leistung, jeweils etwa im 45°-Winkel von links und rechts, Betriebsart der Kamera: M, Auslösung durch Lichtschranke

Bilder 261 und 262 (unten):
KB-Vollformat, 2,8/70–200 mm bei 70 bzw. 150 mm, Blende 3,2, 1/20 Sekunde, ISO 3.200, –1,3 LW, Stativ, LED-Lampe

Die Blitzlichtmenge, mit der ich die fliegenden Tiere und den Scheunenhintergrund beleuchtete, regulierte ich ebenfalls manuell direkt an den Blitzgeräten auf 1/32 ihrer maximalen Leistung. Das genügte einerseits, um die Eulen in der Nacht ausreichend aufzuhellen, und andererseits ist dabei die Leuchtdauer der Blitzgeräte mit einigen tausendstel Sekunden Leuchtzeit kurz genug, um die fliegenden Tiere in ihrer Bewegung „einzufrieren“ und scharf abzubilden.

Die Entfernung der beiden vorderen Blitze von der Eule beträgt im Moment der Aufnahme etwa einen Meter. Um auch an den Abenden fotografieren zu können, an denen ich nicht anwesend war, installierte ich außerdem eine Lichtschranke (**Bilder 256** und **257**). Dabei fotografierten sich die Tiere quasi selbst beim Anflug auf das Fass. Bei beiden Varianten darf man nicht vergessen, den Autofokus abzustellen und das Objektiv manuell auf die voraussichtliche Stelle zu fokussieren, an der sich das Tier zum Zeitpunkt der Auslösung befindet.

Trotz der aufwendigen Vorbereitung kam es auch zu vielen schwachen Bildern. So zeigt zum Beispiel die Eule in **Bild 257** einen Schatten unter dem Kopf – die Blitze waren zu hoch montiert oder der Flug der Eule war zu niedrig. In **Bild 259**, bei dem sich die Kamera links von der Flugbahn befand, ist der Flug der Eule ebenfalls zu niedrig, das Tier „löst“ sich nicht vom Hintergrund. Im Anschluss an den Abend, an dem dieses Bild entstand, stellte ich das Fass schließlich auf mehrere Strohballen, sodass die Eule weiter aufwärts zu ihrer Beute fliegen musste (**Bild 260**).

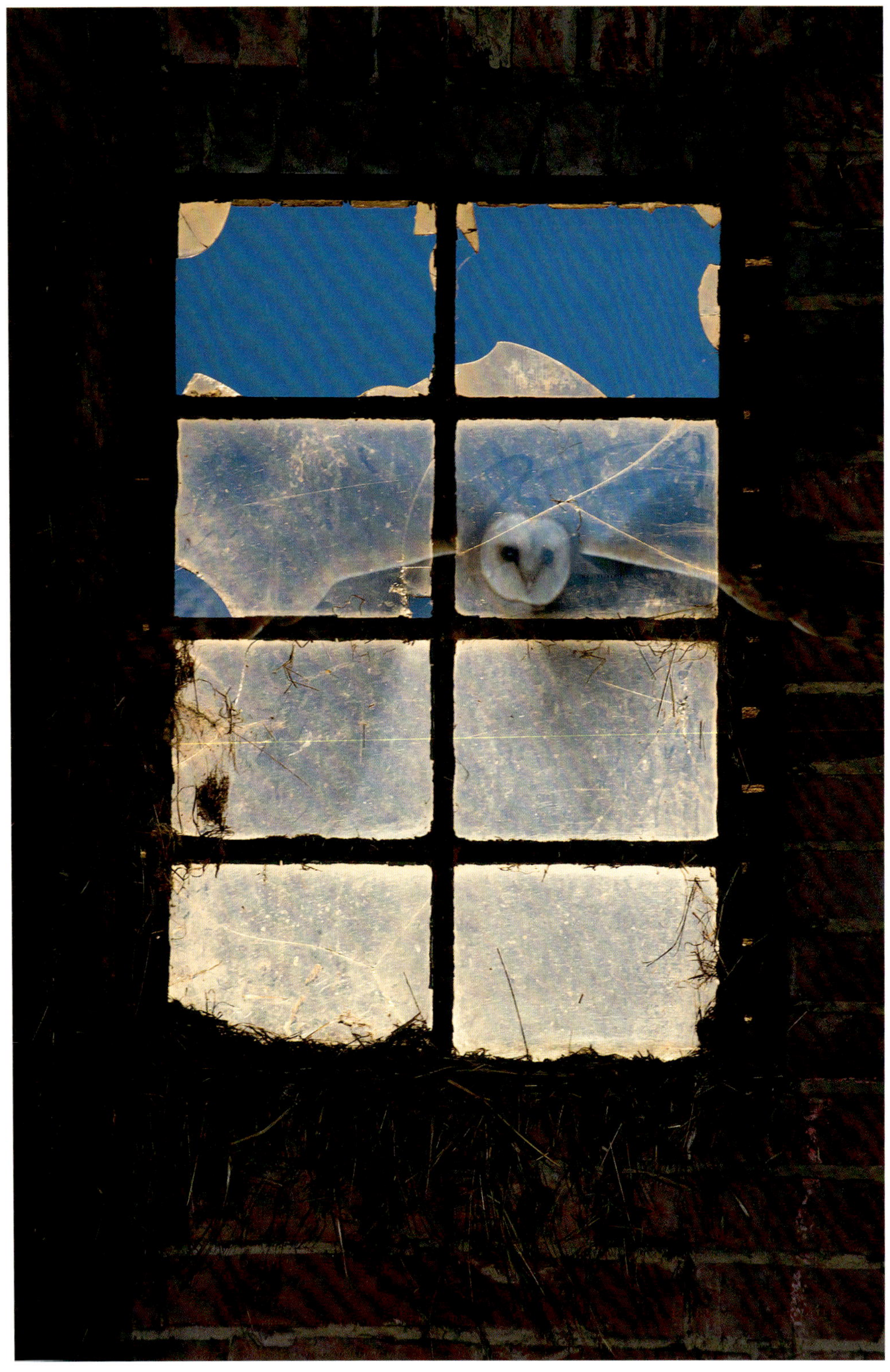

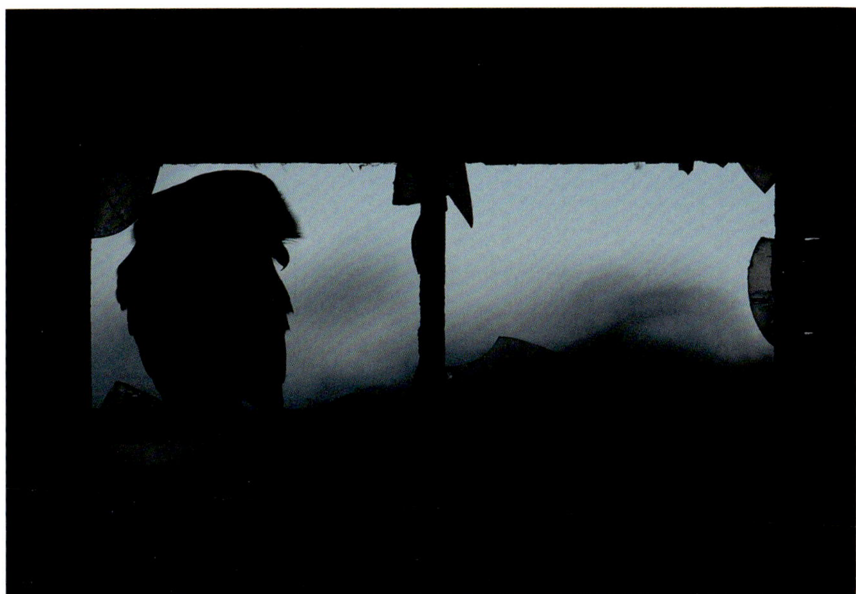

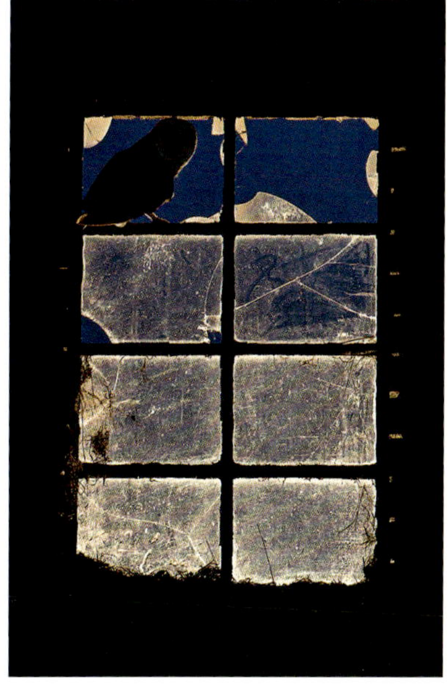

Bild 266 (links): Ganz ohne künstliches Licht, bei ISO 2.500, Blende 5,6 und einer Korrektur von –1,3 LW betrug die Belichtungszeit 1/8 Sekunde. **Bild 267** (rechts): Ganz ohne Blitzlicht, nur das Licht des Strahlers erhellte das Fenster. Die Belichtungszeit betrug 1/10 Sekunde bei Blende 8 und ISO 500.

Bild 265: Schemenhaft wie ein Geist ist die Eule vor dem Fenster zu erkennen. Die Kombination aus langer Belichtungszeit und kurzer Blitzleuchtdauer sorgt dafür, dass die Eule transparent erscheint.

KB-Vollformat, 2,8/70–200 mm bei 150 mm, Blende 9, 1/6 Sekunde, ISO 400, Stativ, 2 Blitzgeräte bei 1/32 Leistung, jeweils etwa im 45°-Winkel von links und rechts, Betriebsart der Kamera: M, Fernauslöser

Die Eule im Fenster

Das Fenster, durch das die Eulen ein- und ausflogen, wollte ich unbedingt in eine Reihe von Motiven einbinden. Hierbei wollte ich sowohl die matte, eingestaubte Scheibe und die Glasfragmente an den Öffnungen selbst als auch die Dynamik des Eulenfluges sichtbar machen.

Mithilfe eines Freundes baute ich ein Gerüst gegenüber dem Fenster auf und stellte einen 500 Watt starken Baustrahler obendrauf. Mit einer Zeitschaltuhr verbunden leuchtete der Strahler täglich von Beginn der Dämmerung an bis in die Nacht hinein (**Bild 270**). Zunächst fotografierte ich aus dem Gebäude heraus ohne Blitzlicht (**Bilder 266** und **267**). Dabei stehen die Kontur der Eule und der Charakter des Fensters im Vordergrund der Aufnahmen. In **Bild 265** mutet die Eule geradezu geisterhaft an. Sie erscheint nur schemenhaft und mit einer gewissen Transparenz, was die Dynamik des Eulenfluges unterstreicht. Bis auf ein Detail entsprechen die **Bilder 265**, **268** und **269** den Fotos zu Beginn dieses Kapitels. Hier ist die Belichtungszeit auf 1/6 Sekunde eingestellt. In dieser langen Belichtungszeit im Vergleich zu 1/250 Sekunde „sammelt" der Sensor der Kamera recht viel Umgebungslicht ein. Das Blitzlicht am Ende dieser Belichtungszeit bildet schließlich die Eule scharf ab, der Bildhintergrund scheint aber durch das Tier hindurch (**Bilder 265** und **269**) und erzeugt die schemenhafte Transparenz.

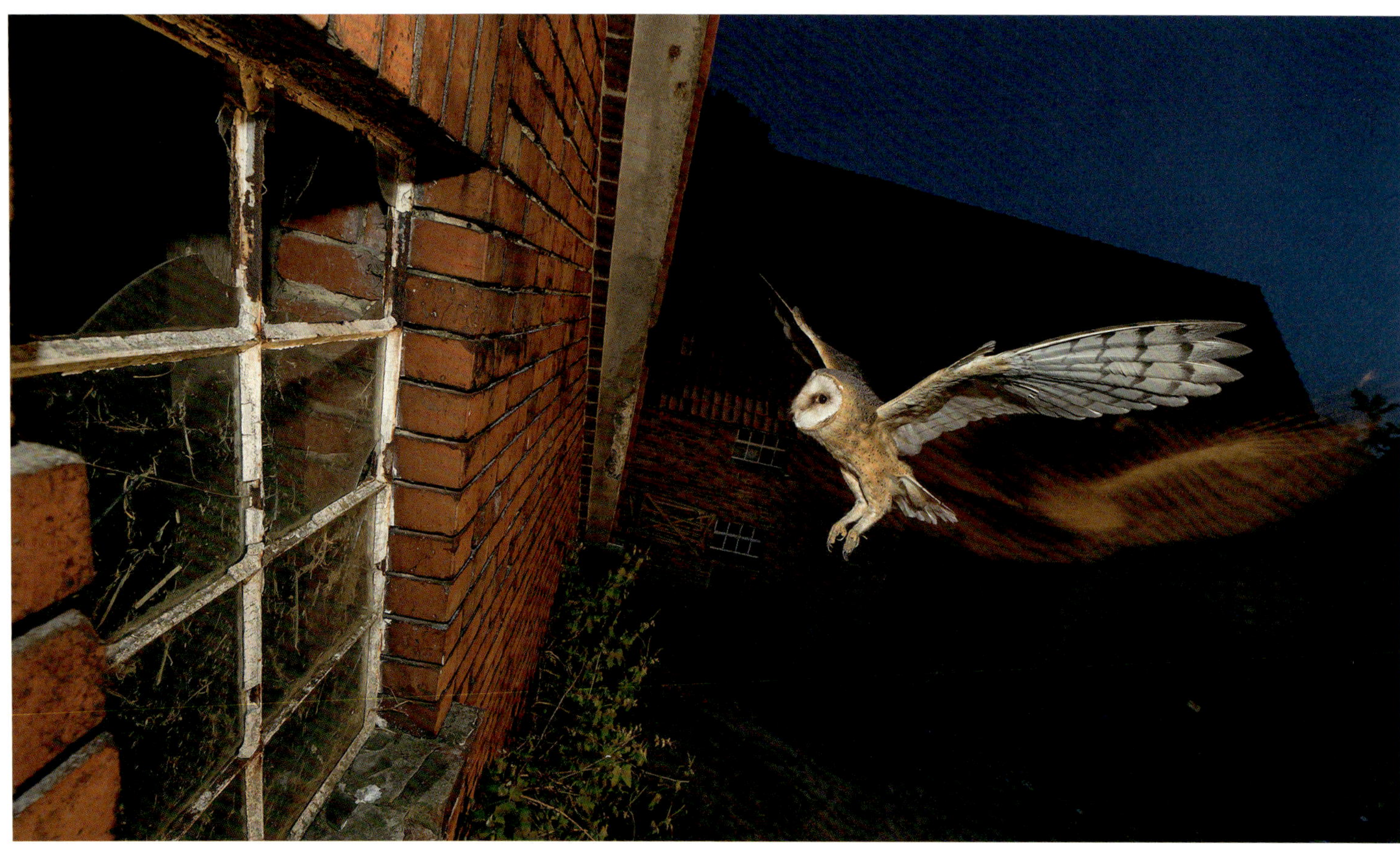

Bild 268: Die Eule schwebt heran. Ein Baustrahler wirft sein Licht auf die Eule und die Fassade mit dem Fenster. Die Belichtungszeit der Kamera beträgt 1/6 Sekunde. Im Schein des Strahlers hinterlässt die fliegende Eule eine Leuchtspur. Der Blitz, der am Ende der Belichtungszeit der Kamera aufleuchtet, „friert“ die Eule ein und gibt ihre Kontur scharf wieder, während gleichzeitig in der fortgeschrittenen Dämmerung die Umgebung sehr dunkel abgebildet wird.

KB-Vollformat, 2,8/14–24 mm bei 14 mm, Blende 8, 1/6 Sekunde, ISO 500, Stativ, 1 Blitzgerät bei 1/32 Leistung, Betriebsart der Kamera: M, Fernauslöser

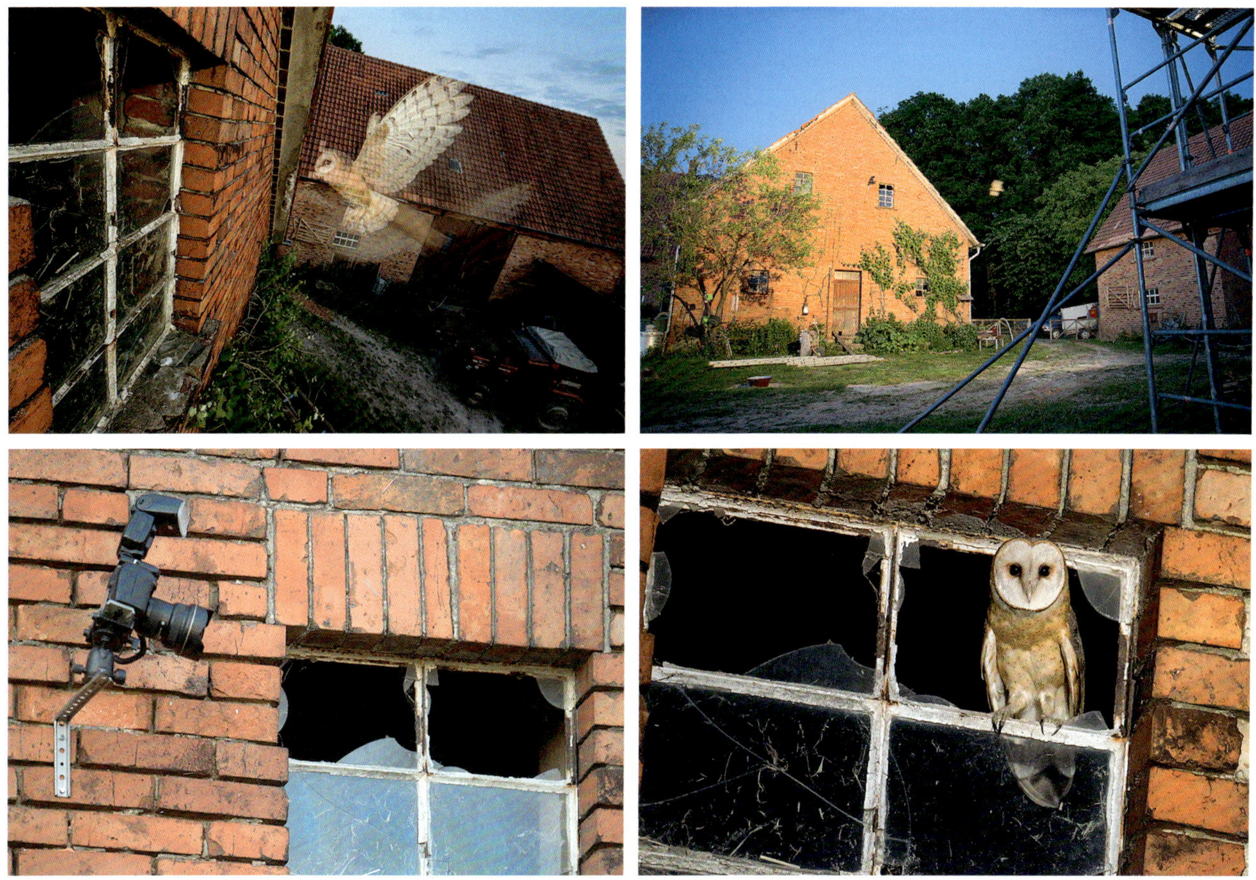

Die Dämmerung ist noch nicht weit fortgeschritten, bei gleichen technischen Einstellungen wie im Bild 268 (linke Seite) ist die Umgebung daher heller abgebildet (**Bild 269**, o. l.). Auf dem Gerüst ist der Strahler angebracht, die Eule fliegt zum Fenster (**Bild 270**, o. r.). Die Kamera ist an einer Winkelschiene befestigt (**Bild 271**, u. l.). Das **Bild 272** (u. r.) entstand vom Gerüst aus mit 500 mm Brennweite.

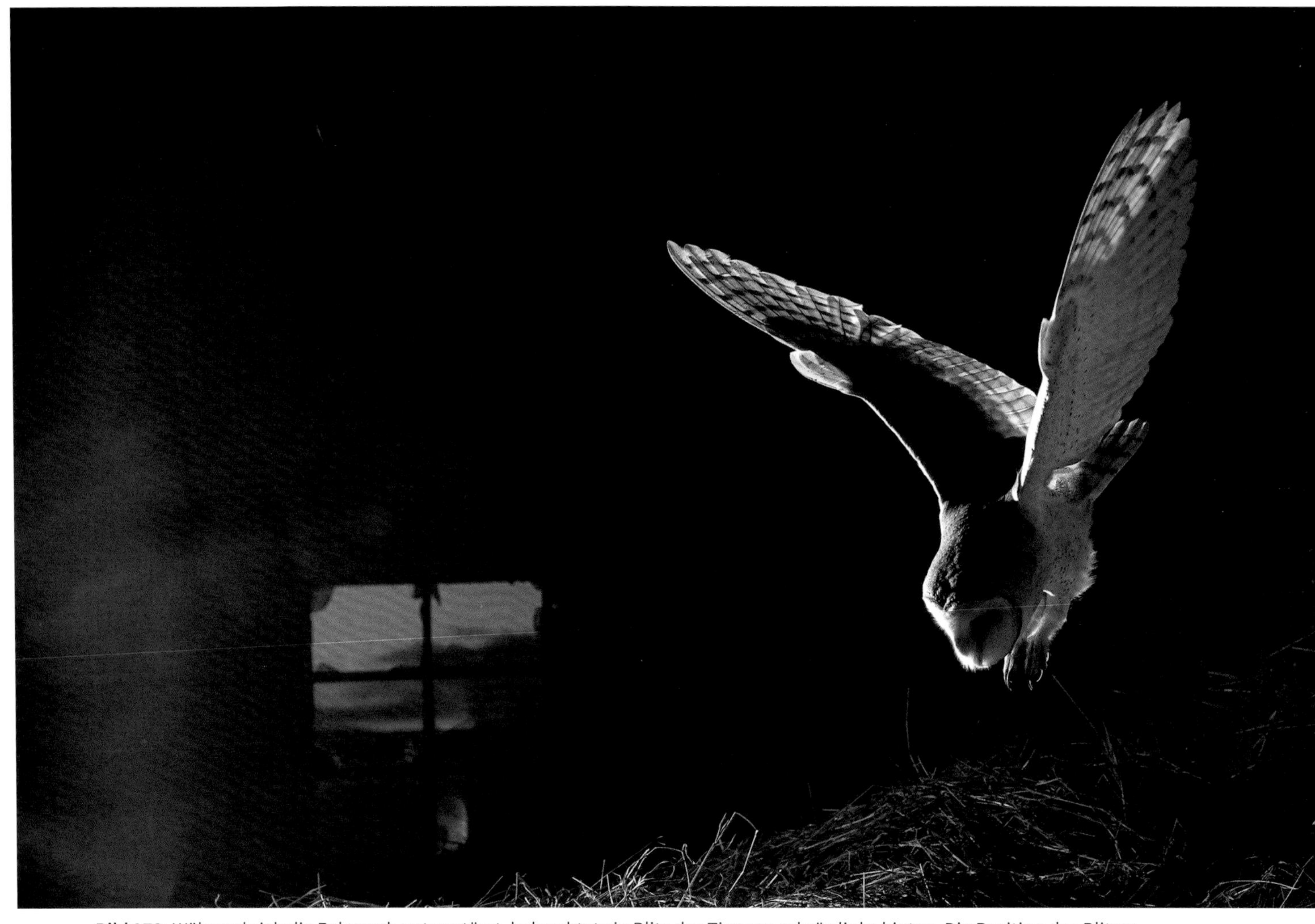

Bild 273: Während sich die Eule nach unten stürzt, beleuchtet ein Blitz das Tier von schräg links hinten. Die Position des Blitzes, der die Eule beleuchtet, wurde so gewählt, dass die Lichtstrahlen selbst nicht im Bild erscheinen, die staubige Luft im Bild aber als grauer Schleier links im Bild zu sehen ist.

KB-Vollformat, 4,5–5,6/80–400 mm bei 80 mm, Blende 11, 1/125 Sekunde, ISO 1.600, Stativ, 2 Blitzgeräte bei 1/32 Leistung, Betriebsart der Kamera: M, Fernauslöser

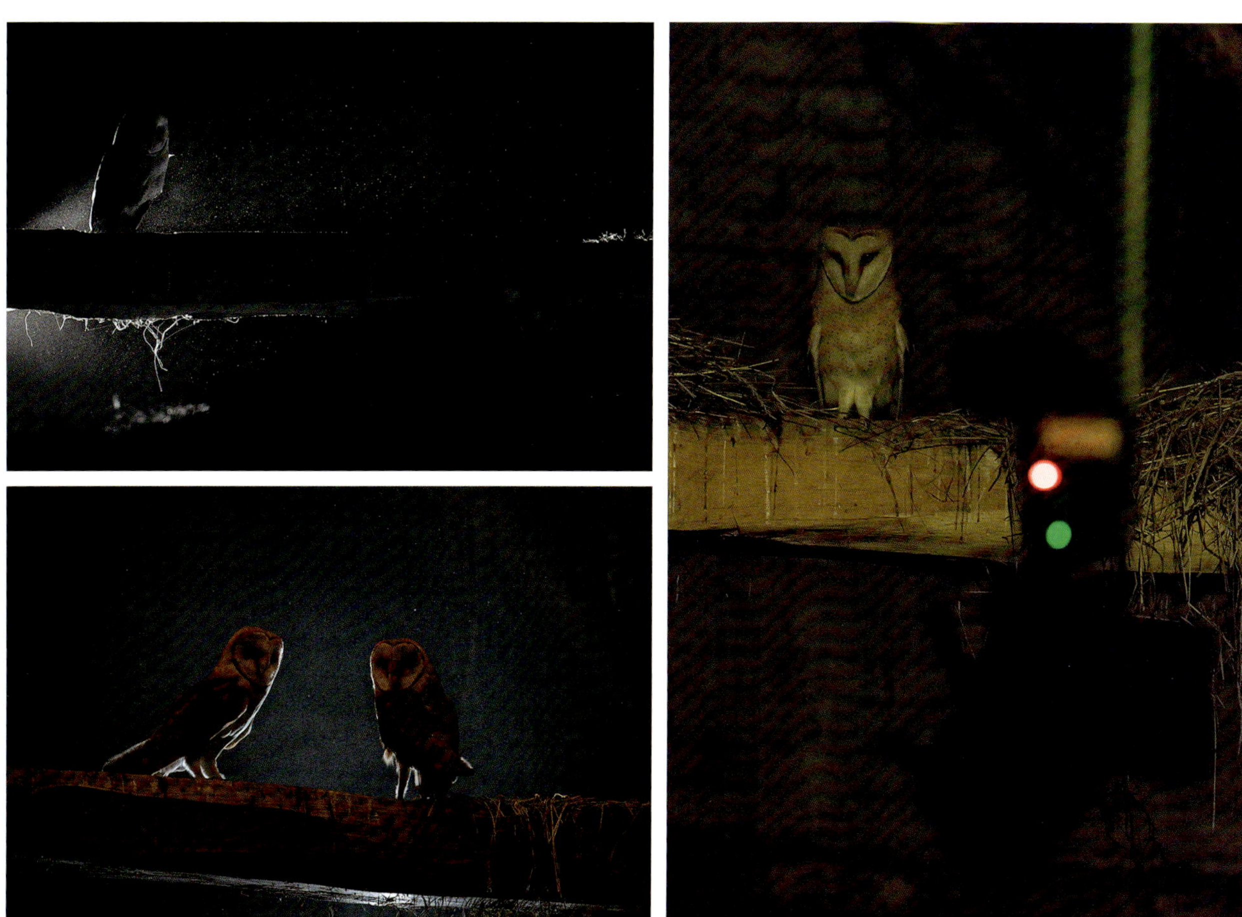

Bild 274 (o. l.): Der Blitz befindet sich direkt hinter dem Balken, der Streuwinkel des Blitzes wurde durch aufgeklebte Pappen eingeschränkt. **Bild 275** (rechts): Bei Auslösung der Kamera zündet der Aufsteckblitz den zweiten Blitz hinter dem Balken, der über eine eingebaute Fotozelle verfügt. Der Aufsteckblitz beleuchtet die Eule nur indirekt, der Reflektor ist nach oben geklappt. **Bild 276** (u. l.) zeigt beide Altvögel nebeneinander.

Der Balken

Beim Einflug in die Scheune machten die Eulen oft einen ersten Halt auf einem der Querbalken, die sich durch den Dachboden ziehen. Daher kam mir die Idee, die Tiere auch dort zu fotografieren. Bei diesen Aufnahmen wollte ich die staubige Luft in der Scheune sichtbar machen. Dafür strahlte ich die kleinen Schwebepartikel von hinten mit Blitzlicht an. Mit dieser Art der Lichtsetzung erreichte ich außerdem, dass die Konturen der Eulen akzentuiert wurden. Letztlich zeigen die **Bilder 265, 267** und **273** eine Mischung aus starkem Gegenlicht und schwachem Vorderlicht, wobei einerseits die Konturen deutlich sichtbar sind und andererseits die der Kamera zugewandte Seite der Tiere nicht in völligem Schwarz versinkt. Im Blitzschuh der Kamera ist ein Elektrofernauslöser angebracht, im Blitzschuh dieses Fernauslösers wiederum sitzt ein Aufsteckblitz, dessen Reflektor nach oben gerichtet ist und die Eule mit schwachem indirekten Licht beleuchtet. Den zweiten Blitz stellte ich hinter der voraussichtlichen Flugbahn der Eule außerhalb des Bildfeldes auf.

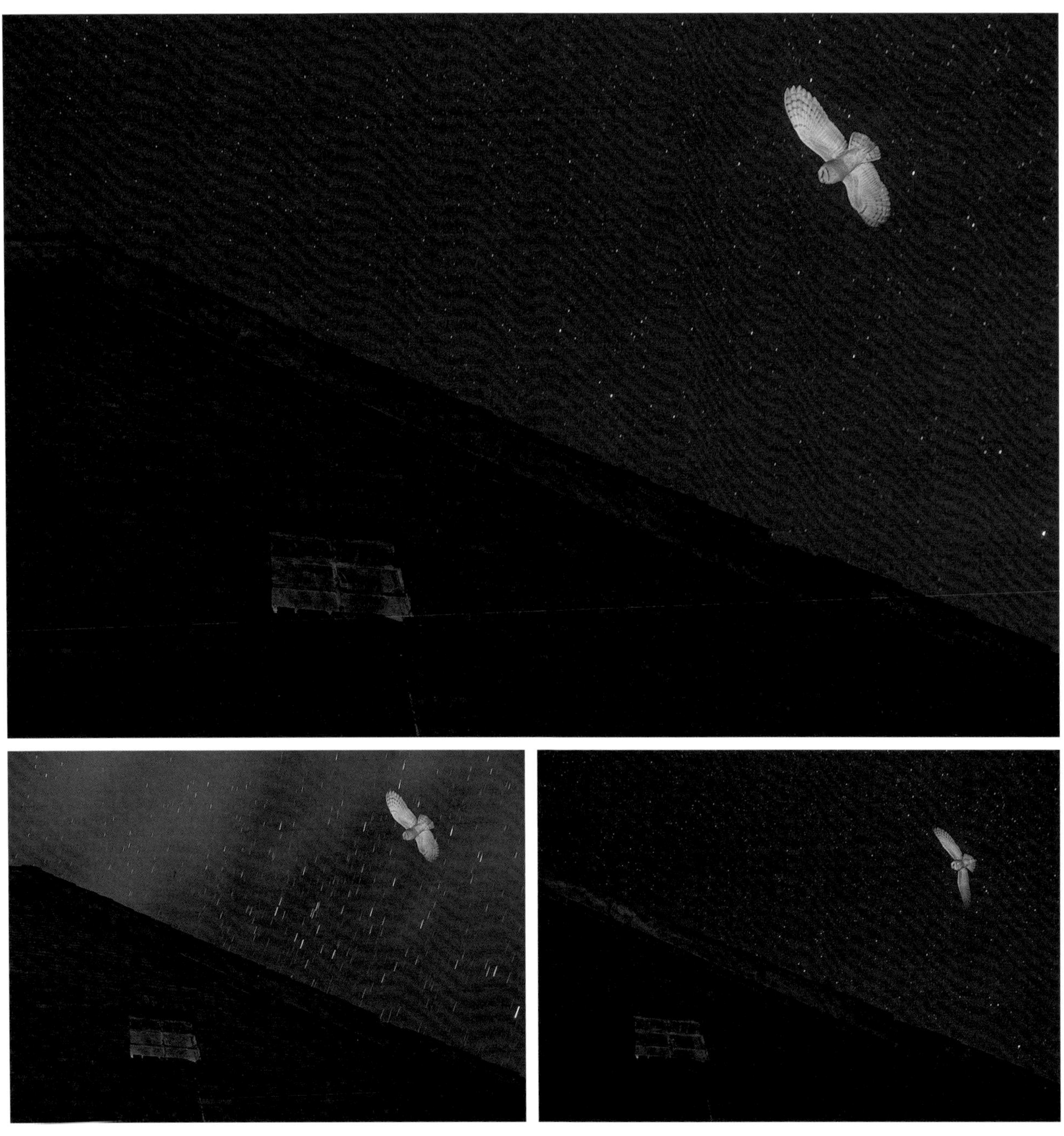

Flugaufnahmen am Sternenhimmel

Was könnte die nächtliche Lebensweise der Schleiereulen besser dokumentieren als ein echtes Nachtfoto, auf dem die Eule vor der Kulisse des Sternenhimmels fliegt? Wie gut ein Sternenfoto gelingt, hängt im Wesentlichen von zwei Parametern des Kamerasensors ab. Einerseits steigt mit zunehmendem ISO-Wert die Lichtempfindlichkeit des Sensors und damit auch die Fähigkeit, schwach leuchtende Sterne abzubilden, andererseits verstärkt sich gleichzeitig mit höheren ISO-Werten aber auch das unerwünschte Bildrauschen mit entsprechendem Schärfeverlust in den Motivdetails. Im Wechselspiel beider Parameter gilt es, die optimale Mischung zu finden: den ISO-Wert, bei dem das Rauschen nicht zu stark wird und bei dem die Detailschärfe des Motivs nicht zu weit abnimmt.

Es gibt keine exakte Regel, nach der man den ISO-Wert einstellt. Nach vielen Versuchen verfahre ich inzwischen wie folgt: Ist der Himmel frei von Streulicht, sind also die Lichter der nächsten größeren Siedlung weit entfernt, und ist die Nacht klar und frei von Dunst, dann fotografiere ich mit ISO 1.000. Leuchten die Sterne dagegen schwächer, stelle ich den ISO-Wert mitunter auch auf 4.000 ein.

Bevor es tatsächlich ernst wird, sind, wie in allen anderen Situationen auch, Probeaufnahmen nötig, anhand derer man die Bildwirkung und die Lichtführung kontrolliert. Bereits einige Tage bevor ich die ersten Nachtfotos gemacht habe, hatte ich während der Tagesstunden nach einem geeigneten Kamerastandpunkt und der passenden Brennweite gesucht. Außerdem fokussierte ich am Objektiv schon jetzt auf die entsprechende Entfernung, in der ich die Eule im Anflug erwartete. Das Stativ habe ich mit montiertem Kugelkopf stehen lassen, sodass ich am betreffenden Abend direkt starten konnte. Ein wenig Zeit und einige weitere Probeaufnahmen benötigte dann allerdings die Ausrichtung des Aufsteckblitzes. Er sollte zwar die Eule beleuchten, aber nicht das Mauerwerk der Scheune. Um das Fenster hervorzuheben, brannte auch in dieser Zeit allabendlich eine Lampe auf dem Dachboden. Dann heißt es nur noch geduldig warten, bis eine Eule anfliegt. Und dabei darf man keineswegs unaufmerksam sein, denn pro Abend sind selten überhaupt mehr als eine Handvoll Auslösungen möglich, da die Tiere nicht ständig ein- oder ausfliegen.

Kameraeinstellungen

Die Kameraeinstellungen entsprechen prinzipiell denen der vorher geschilderten Situationen. Die Belichtungszeit der Kamera ist manuell auf 30 Sekunden eingestellt. In dieser Zeit wird das Gesamtbild belichtet. Ich habe mich an die Kamera gestellt und in dem Moment ausgelöst, als die Eule heranflog (**Bild 277**). Das Blitzlicht mit seiner wenige Tausendstelsekunden langen Leuchtzeit strahlt gleich zu Beginn die Eule an. Man spricht davon, dass die Blitzlichtabgabe auf den „ersten Verschlussvorhang“ erfolgt. Bei einer Blitzauslösung auf den „zweiten Verschlussvorhang“ würde der Blitz dagegen am Ende der dreißigsekündigen Belichtungszeit aufleuchten.

Bild 277 (oben): Zwar sieht man die Eule gegen den Himmel heranfliegen, dennoch ist der richtige Zeitpunkt für die Auslösung nur schwer einzuschätzen.
KB-Vollformat, 2,8/24–70 mm bei 35 mm, Blende 6,3, 30 Sekunden, ISO 1.000, Stativ, 1 Blitzgerät bei 1/32 Leistung auf die Eule gerichtet, Betriebsart der Kamera: M, Fernauslöser

Bild 278 (unten links):
Wie Bild 277. In Photoshop zusammengesetzt aus Bild 277 sowie 15 weiteren Aufnahmen

Bild 279 (unten rechts): Schade, dass ein heller Stern genau dort am Himmel steht, wo die Eule herfliegt. Durch die lange Belichtungszeit „scheint“ der Stern durch die Eule hindurch.
Technische Daten: wie Bild 277

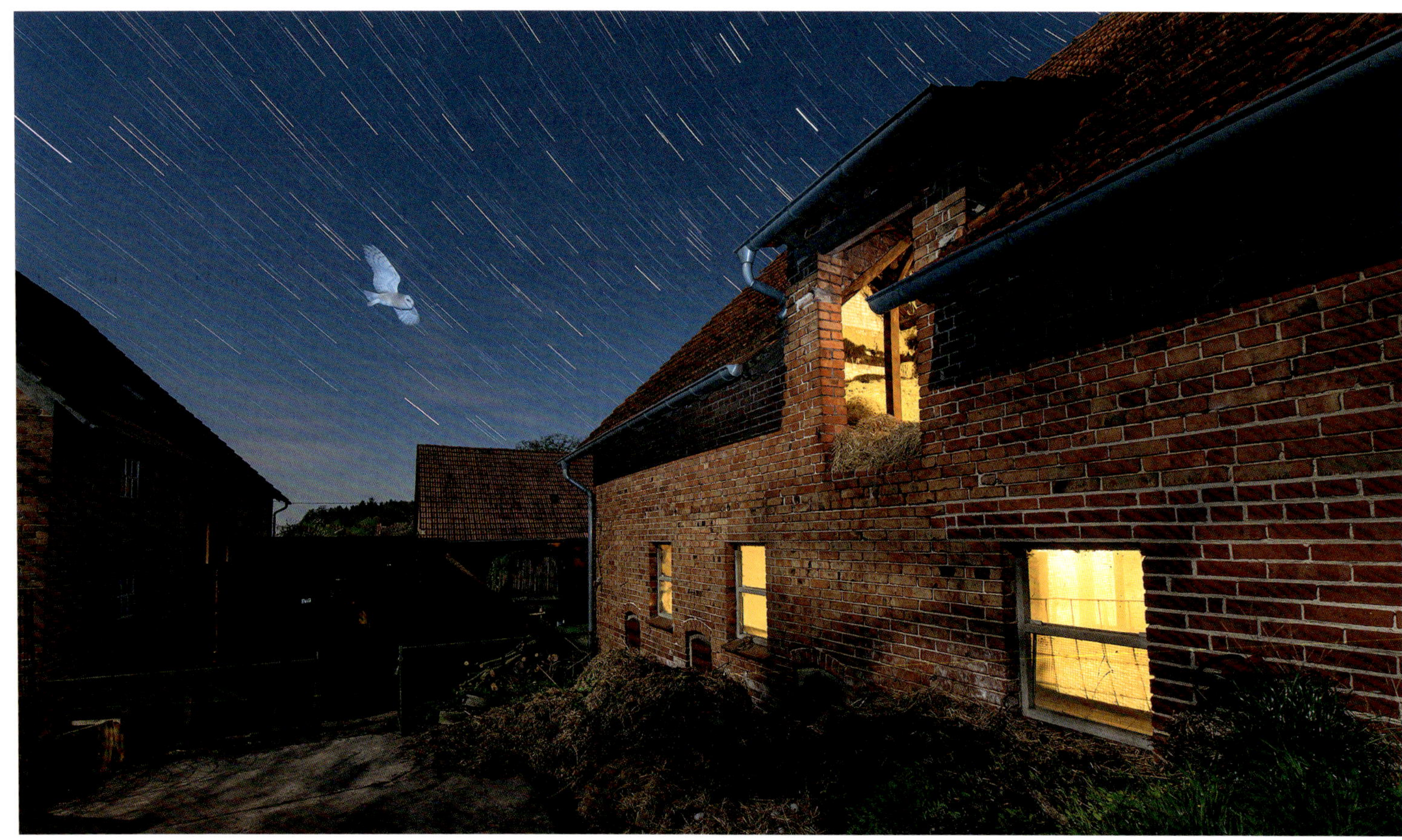

Bild 280: Wie kein anderes Bild demonstriert dieses für mich die nächtliche Lebensweise sowie den Lebensraum der Schleiereulen. Das Bild ist aber keine Einzelaufnahme, sondern aus etwa 50 Einzelbildern zusammengesetzt. Mit der ersten Auslösung fotografierte ich die anfliegende Eule. Mit den folgenden Fotos habe ich jeweils den Sternenhimmel aufgenommen. In Photoshop wurden sämtliche Einzelaufnahmen als Ebenen geöffnet und ineinanderkopiert. Dabei „verlängern" sich die einzelnen, punktförmig abgebildeten Sterne zu Streifen, wobei die restlichen Bildteile ihre Helligkeit behalten.

KB-Vollformat, 2,8/14–24 mm bei 16 mm, Blende 5,6, 30 Sekunden, ISO 1.000,
Stativ, 1 Blitzgerät bei 1/32 Leistung, Betriebsart der Kamera: M, Fernauslöser

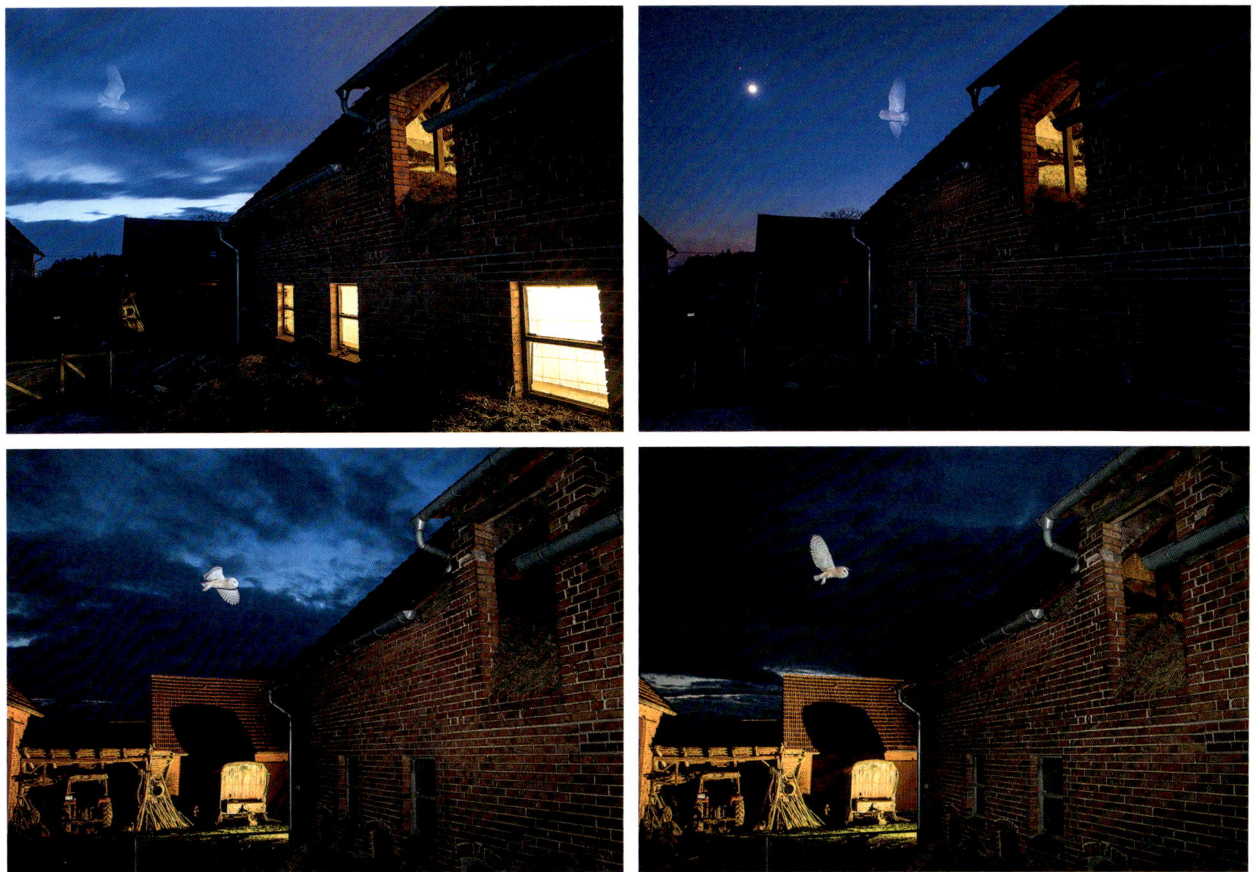

Diese vier Bilder weisen allesamt Schwächen auf. In **Bild 281** (l. o.) ist die Eule nicht ausreichend beleuchtet, während in **Bild 282** (r. o.) die aufgenommene Situation zwar stimmungsvoll ist, aber die fehlende Beleuchtung der unteren Fenster stört. In den **Bildern 283** (l. u.) und **284** (r. u.) ist der Hintergrund zu stark beleuchtet. Beide Bilder entstanden innerhalb weniger Minuten. Es ist frappierend, wie sehr der dunkler werdende Himmel die Stimmung im Bild beeinflusst.

Sternenbahnen

Will man Sterne punktförmig darstellen, darf die Belichtungszeit nicht zu lang sein, da die Erddrehung sonst in Form einer streifenförmigen Abbildung der Sterne sichtbar wird. Eine dreißigsekündige Belichtungszeit lässt die Sterne gerade noch annähernd punktförmig erscheinen. Belichtet man länger, werden nicht nur die Sterne streifenförmig abgebildet, sondern auch die anderen Motivteile zunehmend heller, sodass man kaum noch erkennen kann, dass es sich um eine Nachtaufnahme handelt. Der einfachste Weg zur Erzeugung nächtlicher Sternenbahnen geht daher über das Anfertigen entsprechend vieler Aufnahmen pausenlos nacheinander. Von Belichtung zu Belichtung „wandern" die Sterne weiter, beim Zusammenfügen mit geeigneter Software reihen sich die Sterne zu Streifen aneinander.

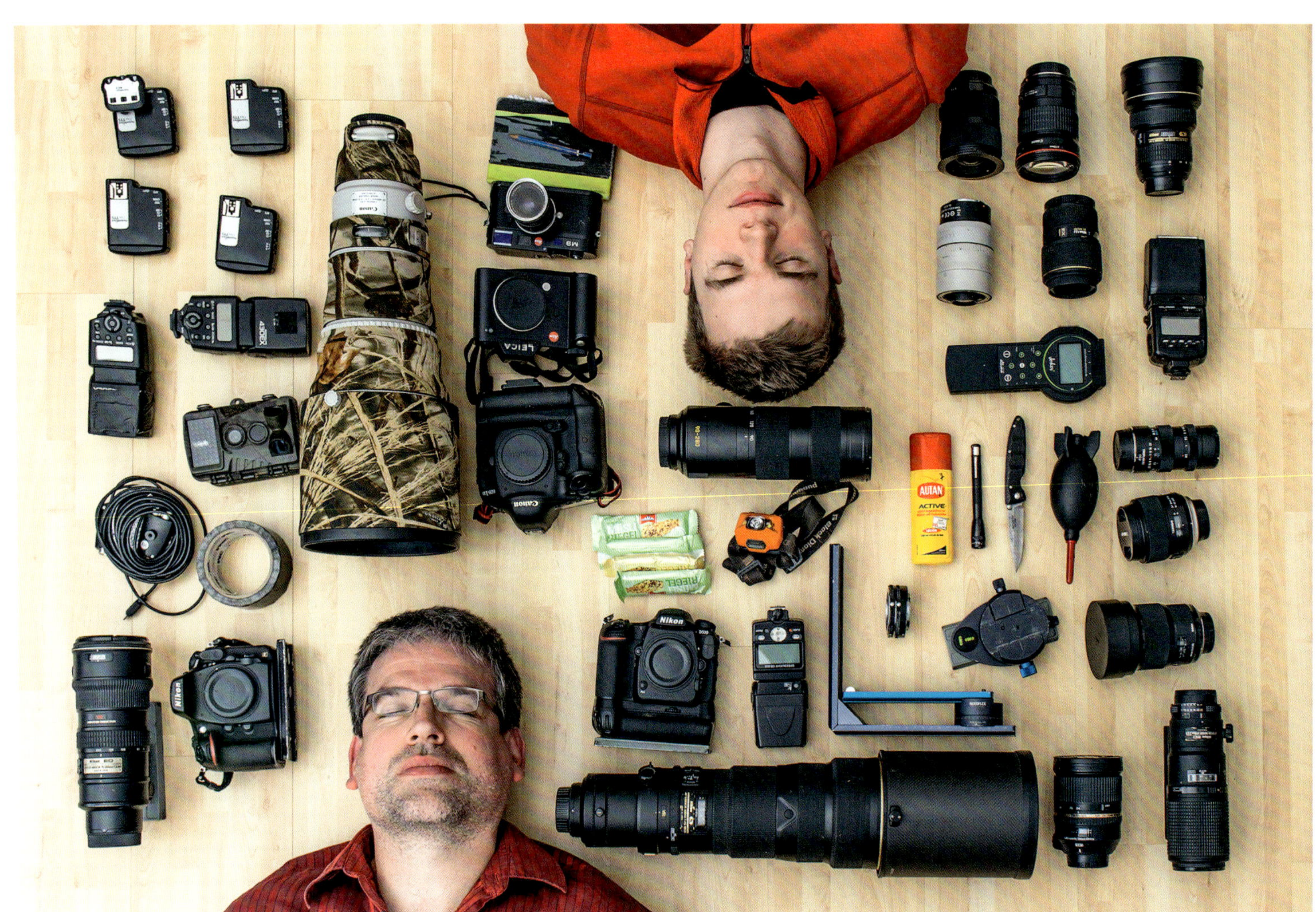
AUTAN
ACTIVE
Nikon
RIEGEL

Ein Blick in die Fototasche

Hermann Hirsch und Karsten Mosebach

Naturfotografie ist ohne entsprechende Technik nicht möglich. Bei der Wahl des Equipments hat jeder seine ganz persönlichen Präferenzen. Für dieses Buch haben wir unsere Fototaschen einmal komplett ausgepackt und darüber gesprochen, was wir in der Praxis am liebsten einsetzen.

Karsten: Welches Teil benutzt du am häufigsten?
Hermann: Wahrscheinlich mein Tele. Ich glaube, ich habe meine Fototasche meistens sowieso nicht mit. Für alles, was ich hier in Dortmund mache, nehme ich die Kamera mit dem Tele. Und wenn ich gut drauf bin, hänge ich mir noch eine andere Kamera um, mit einem 35er. Und dann laufe ich einfach los.
Karsten: Hermann, wir wollten uns in diesem Kapitel darüber unterhalten, was wir in unseren Fototaschen haben, und du sagst, du hast gar keine dabei?
Hermann: Ich habe halt am liebsten so wenig wie möglich dabei. Ich glaube, dass man das meiste ohnehin nicht braucht.
Karsten: Was ist das für ein Tele?
Hermann: Ein 2,8/400, das neueste von Canon. Dazu die EOS-1DX, die im Dunkeln ein sehr gutes Rauschverhalten zeigt und einen sehr schnellen Autofokus hat – obwohl ich den nur selten nutze. Außerdem ist die Serienbildgeschwindigkeit sehr hoch. Und als leichte Kamera habe ich eine Canon 6D mit dem 35 mm von Sigma, das meiner Meinung nach hinsichtlich der optischen Leistung eines der besten Weitwinkelobjektive ist.
Karsten: Ich habe ein 4/500, mir ist das 2,8/400 einfach viel zu schwer.
Hermann: Ist es auch. Ich bin im Moment auch am grübeln, das Objektiv gegen ein 500er einzutauschen. Das 400er ist aber im Grenzbereich zwischen Tag und Nacht ein klein wenig „schneller“ und erlaubt Fotos auch bei schwachem Licht.
Karsten: Hast du nicht manchmal Probleme, wenn du das 400er tatsächlich mit offener Blende nutzt, die geringe Schärfe tatsächlich an die richtige Stelle im Bild zu legen – schließlich ist der Schärfebereich bei offener Blende äußerst gering.
Hermann: Ja, die Schärfentiefe ist schon sehr, sehr gering. Das sehe ich aber als Vorteil. Was hast du denn mit? Du hast immer den ganzen Fotorucksack dabei, oder?
Karsten: Bis vor relativ kurzer Zeit habe ich nicht mehr Sachen besessen, als im Zweifel in meinen Fotorucksack passen. Das war insofern praktisch, als dass ich mich nie fragen musste, was ich denn zu

Hause lasse. Zuletzt hat sich bei mir aber einiges verändert. Ich versuche meinen fotografischen Horizont zu erweitern und führe daher einige Geräte mit, die ich vorher nicht hatte. Und so muss ich dann doch ein paar Dinge zu Hause lassen. Was mir am wichtigsten ist, ist auch das Tele und dann noch mein altes 4/200-mm-Makroobjektiv.

Hermann: Mit was für einer Kamera bist du unterwegs?

Karsten: Nikon D800 und D500.

Hermann: Die D800 hat eine ziemlich hohe Auflösung …

Karsten: Ja, und was ich an dieser Kamera so unglaublich liebe, ist der hohe Dynamikumfang. Ich habe mal geglaubt, mich für HDR-Fotografie interessieren zu müssen. Und dann gab es diese Kamera, die, in Verbindung mit der Möglichkeit, bei der Bildbearbeitung mit Lightroom ohne Qualitätseinbußen im großen Stil Schatten aufhellen und Lichter abdunkeln zu können, alle HDR-Wünsche erstickt hat. Für Landschafts- und Makrofotografie nehme ich die D800, für die Actionfotografie die schnelle D500.

Hermann: Und wie ist das Rauschverhalten der Kameras? Gibt es Probleme?

Karsten: Nein. Ich bin da schon ziemlich schmerzfrei und drehe mitunter ordentlich am ISO-Rad. Insgesamt finde ich es schon erstaunlich, was da bei beiden Kameras rauszuholen ist. Bei beiden Modellen habe ich keine Skrupel, ISO 3.200 zu nutzen. Bei noch höheren ISO-Werten kriegt man das Bildrauschen auch bei der Bildbearbeitung nicht vollständig entfernt. Aber es kommt ja letztlich auch auf das Motiv an. Meistens bin ich froh, in der Dämmerung überhaupt noch fotografieren zu können. Mir ist die Zeit der analogen Fotografie noch sehr präsent, in der es jenseits von ISO 200 kaum qualitativ hochwertiges Material für Diafilme gab. Insofern finde ich es gigantisch, mit ISO 3.000 oder 4.000 fotografieren zu können.

Hermann: Was ist dein Lieblingszubehör?

Karsten: Eigentlich gar nichts. Ich habe standardmäßig keinen Blitz im Rucksack, keine Aufhellfolie und keinen Erdnagel zum Fixieren wackelnder Pflanzen. Wenn ich ein derartiges Gerät tatsächlich mal bräuchte, ärgere ich mich, es nicht dabei zu haben. Und behelfe mich dann zum Beispiel mit irgendwelchen Ästen oder Ästchen, die ich in den Boden bohre und dann zum Abstützen von Pflanzen benutze. Mein Lieblingszubehör ist vielleicht mein Fernauslöser.

Hermann: Stimmt, der wird benutzt, wann immer es geht. Wobei er doch zumeist in Verbindung mit Blitzgeräten zum Einsatz kommt.

Karsten: Ich benutze den durchaus auch bei der Makrofotografie, wenn ich die Kamera zur Auslösung nicht berühren will, um sicher vor Verwacklungen zu sein. Und dann natürlich, wenn ich aus der Ferne auslöse, da müssen gar keine Blitze im Einsatz sein. Du bist ja im Grunde dafür bekannt, Bilder zu machen, bei denen alles unscharf ist, und man gar nichts drauf sieht *(beide grinsen)*. Was nimmst du denn am liebsten, wenn nicht das Teleobjektiv zum Einsatz kommt?

Hermann: Ich habe ein 2/135, was ich sehr cool finde. Ich habe mir das ursprünglich für die Hochzeitsfotografie gekauft, um dort Personen richtig freistellen zu können. Es hat sich aber gezeigt, dass ich hier in Dortmund, wo ich an manche Tierarten sehr nahe rankomme, auch mit dem 135er fotografieren kann. Früher habe ich dafür immer ein 70–200er benutzt, das seitdem jedoch in der Ecke liegt. Ich bin auch überhaupt kein Zoom-Fan mehr. Wie mit dem langbrennweitigen Teleobjektiv kann ich auch mit dem 135er bei sehr wenig Licht fotografieren. Es lassen sich genau diese Bilder machen, die du eben angesprochen hast. Blende 2 in Kombination mit der EOS-1D X und ISO 5.000 erzeugt im Dunkeln wunderbar schemenhafte Bilder.

Karsten: Da muss ich dir recht geben. Durch unsere Zusammenarbeit in den letzten anderthalb Jahren habe ich doch gelernt, dass diese eine Blende Unterschied gerade im Dämmerlicht einen unglaublichen Gewinn hinsichtlich der Verschlusszeit ausmacht. Und wenn man eine Vollformatkamera mit hochgeöffneten Objektiven und offener Blende nutzt, hat man doch einen beträchtlichen Spielraum bei der Bildgestaltung mit geringer Schärfentiefe. Da ist mein 4/200 – so gut seine optische Leistung auch ist – doch deutlich unterlegen. So wenig Schärfentiefe, wie du sie mit dem 2/135 erzeugen kannst, bekomme ich mit dem 200er einfach nicht hin.

Hermann: Der Nachteil von dem 135er ist der fehlende Bildstabilisator, das schaukelt beim Fotografieren doch schon recht ordentlich.

Karsten: Da bringst du mich noch auf eine wichtige Idee. Ich bin noch mit der Aussage „Fotografieren fängt mit dem Stativ an" groß geworden. Inzwischen habe ich mir das abgewöhnt, überhaupt ein Stativ zu nehmen. Das ist schon manchmal besorgniserregend.

Hermann: Das ist bei mir genauso.

Karsten: Die Fähigkeit der neuen Kameras, bei hohen ISO-Werten gute Bildqualität zu liefern, und die Verwendung der Offenblende erlauben es auch sehr oft, auf ein Stativ zu verzichten.

Hermann: Für mich ist ein Stativ oft auch einfach nur im Weg bei der Suche nach dem richtigen Kamerastandpunkt. Oft bewege ich die Kamera wenige Zentimeter hin und her, und wenn dann jedes Mal das Stativ mit müsste, wäre ich nicht flexibel und schnell genug.

Karsten: Und nicht zuletzt reagieren viele Tiere auf einen Fotografen, der mit ausgefahrenen und vielleicht noch abgespreizten Stativbeinen hantiert, viel sensibler als auf einen Fotografen, der sich ohne Stativ viel ruhiger und unauffälliger bewegt. Ich finde, dass der Markt an hochgeöffneten Objektiven zuletzt sehr viel interessanter geworden ist. Gerade die sogenannten Fremdanbieter haben spannende Objektive im Angebot, manche haben sogar eine Anfangsöffnung unter Blende 1.

Hermann: Im Gegensatz zu dir habe ich, sobald ich den Fotorucksack dabei habe, tatsächlich Blitze drin. Und auch mehrere Wireless Trigger, ähnlich wie deine Fernauslöser. Das heißt, ich kann die Blitze irgendwo hinstellen mit einem Empfänger am Blitzfuß. Der Sender sitzt im Blitzschuh der Kamera und ich kann die Blitze damit auch aus großer Distanz auslösen. Das ist schon eine sehr coole Sache, die sich natürlich nicht immer anbietet. Man braucht schon ein Tier, das immer wieder dieselben Stellen aufsucht.

Karsten: Mit meinen Fernauslösern kann ich auch Blitze fernzünden. Manche Tiere, vor allem Nachttiere, fotografiere ich durchaus oftmals auch mit mehreren Blitzen. Das ganze entsprechende Zubehör habe ich in einem Extratäschchen. Meine Blitzgeräte sind alte und gebrauchte Systemblitzgeräte, die man günstig erstehen kann. Die Leistung dieser Geräte lässt sich einfach manuell steuern und wenn da mal einer kaputtgeht, weil er zu lange im Regen stand, spielt das keine große Rolle.

Hermann: Die alten Dinger haben oft ganz geringe Entladungsraten. Im Stand-by-Betrieb ist der Stromverbrauch sehr gering, sodass sie sich lange mit einem Akkusatz betreiben lassen. Ich möchte auch noch etwas zu Objektiven sagen. In meinem Fotorucksack ist noch ein 4/17–40-mm-Objektiv, das robust ist und eine gute Bildqualität liefert. Mein 70–200 nehme ich nur, wenn ich in die Berge fahre und ein wenig Gewicht sparen will. Daneben benutze ich noch eine Leica-Kamera mit 28- und 40-mm-Objektiven.

Karsten: Ich habe auch ein 2,8/70–200-mm-Objektiv. Und seit ich fotografiere, besitze ich inzwischen das vierte Objektiv dieser Art. Am Anfang habe ich die Linse sehr oft eingesetzt. Inzwischen benutze ich sie jedoch selten, weil es speziell an der hochauflösenden Vollformatkamera eine bescheidene Bildqualität hat. Ich muss gestehen, ich habe mir ein Telezoom gekauft, ein 5,6/200–500. Das Objektiv erleichtert den Fotorucksack doch ungemein, besonders bei langen Fußmärschen. Allerdings hat das Objektiv dann doch seine Grenzen, wenn es um die Lichtstärke geht. Es ist ein gutes Objektiv. Es zeichnet scharf, der Autofokus ist flott und dank Zoomfunktion ist das Objektiv vielseitig einsetzbar. Im Weitwinkelbereich habe ich noch zwei Zoomobjektive, jeweils mit einer maximalen Blendenöffnung von 2,8. Ein 14–24 und ein 24–70. Mit beiden Objektiven arbeite ich sehr gerne.

Hermann: Wir hatten vor unserem Gespräch überlegt, dass wir nichts über die verschiedenen Marken sagen wollen, aber lass uns vielleicht doch ganz kurz über den ewigen Kampf zwischen Nikon und Canon sprechen: Du hast Nikon, ich habe Canon. Ich denke, uns beiden ist es ziemlich egal, womit wir fotografieren, solange wir wissen, wie die Ausrüstung zu bedienen ist. Viele Fotografen, vor allem Einsteiger, möchten immer wieder Empfehlungen haben. Ich kann nur so viel dazu sagen, dass es mir egal ist, ob ich mit Canon oder Nikon fotografiere. Meine erste Kamera war eine Canon, so bin ich halt dabei geblieben.

Karsten: Und bei mir war es genau andersrum. Bislang haben wir auch beim gemeinsamen Fotografieren nicht jeweils neidisch rübergeschaut und uns die jeweils andere Marke gewünscht.

Hermann: Genau, denn die Bilder macht der Fotograf, nicht die Kamera.

Karsten: Ich führe sie zwar fast nie mit, besitze aber einige Filter. Im Einzelnen sind das Grauverlaufsfilter mit unterschiedlich harten Übergängen und unterschiedlichen Dichten. Diese „Scheiben" halte ich bei Bedarf vor die Linse, Einschraubfilter besitze ich nicht. Bei ungeraden Horizontlinien benutze ich die Soft-Edge-Filter, bei geraden Horizontverläufen die Hard-Edge-Filter. So kann ich beispielsweise helle Himmelspartien abdunkeln.

Hermann: Ich besitze einen Polfilter für das Einsteckfach an meinem Tele. Den habe ich zum Beispiel mal bei der Fotografie an einem Kranichnest genutzt, an dem ich auch zu ungünstigen Tageszeiten am helllichten Tag im Ansitz war. Da hat der Filter schon geholfen, die Farben intensiver erscheinen zu lassen.

Karsten: Was benutze ich noch für Zubehör? Eine Lichtschranke! Sie kommt häufig bei Motiven wie Eulen oder Fledermäusen zum Einsatz. Zuerst hatte ich mir ein System aus einer Baumarktlichtschranke zur Steuerung von Garagentoren und diversen Kabeln und Motorradbatterien selbst gebaut. Inzwischen nutze ich ein Lichtschrankensystem der Firma eltima, wobei ich über ein Steuergerät bis zu drei verschiedene Lichtschranken direkt anschließen und mehrere Blitze und Kameras gleichzeitig auslösen kann. Dieses System ist ungeheuer flexibel und jeder denkbaren Situation gewachsen.

Hermann: Wenn ich mal eine Kamera fernsteuere, dann mache ich das mit einem USB-Kabel. Viele wissen gar nicht, dass das geht. Canon liefert mit seinen Kameras eine Software, mit der man die Kamera mittels Laptop fernsteuern und bei elektronischen Objektiven sogar den Fokuspunkt verstellen kann. Der Vorteil ist, dass man beim Fotografieren sieht, was die Kamera sieht.

Karsten: Grundsätzlich ähnlich funktioniert der CamRanger, ein Gerät, das ich mal ausprobiert habe. Ein funktionales Gerät zur Kamerasteuerung, das allerdings reichlich Strom verbraucht.

Hermann: Lass uns noch mal über Stative sprechen. Wir nutzen es zwar beide nicht oft, aber manchmal lässt sich der Einsatz nicht vermeiden. Ich habe ein großes, dickes und schweres Stativ mit einem Videoneiger drauf. Ein Gitzo der Serie 5 mit einem Sachtler-Kopf. Das ist so ziemlich das Beste, was man sich vorstellen kann, wenn es einmal aufgebaut ist. Kamera und Objektiv stehen bombenfest und lassen sich butterweich schwenken. Aber ich merke immer wieder, dass es super, super schwer ist. Vielleicht ist das auch der Grund, weshalb ich es so selten nutze. Außerdem lässt sich die Horizontlinie nur dann gut nivellieren, wenn das Objektiv über eine eigene Stativschelle verfügt. Letztlich verzichte ich, wenn ich Objektive ohne Stativschelle benutze, allein deswegen auf das Stativ. Dann hätte ich gerne einen Kugelkopf. Den werde ich mir sicher in Zukunft zulegen.

Karsten: Ich habe auch so ein dickes Gitzo Stativ. Das steht bei mir zu Hause im Keller in der Ecke. Ich nutze es nur, wenn ich feste Aufbauten für mehrere Wochen einrichte und dabei mehrere Stative benötige. Um es immer mitzuführen, ist es mir inzwischen einfach zu schwer. Diese sperrigen Videoneiger habe ich noch nie gemocht. Auf meinem großen Gitzo Stativ ist ein Kalottenkopf angebracht. Der hat einen niedrigen Aufbau. Und da ich bei dem Stativ die Beine weit abspreizen kann und keine Mittelsäule verwende, komme ich selbst mit dem großen Stativ bis direkt auf den Boden, was mir sehr gut gefällt. Mein Immer-dabei-Stativ ist ein kleines Carbonstativ von Manfrotto mit einem kleinen Kugelkopf von Novoflex. Das reicht, um auch mit dem großen Teleobjektiv scharfe Bilder zu machen und damit bin ich bestens zufrieden. Mein Stativ wiegt inklusive Kugelkopf so viel wie …

Hermann: … mein Videoneiger, jaja.

Karsten: Bei meinem Manfrotto Stativ habe ich die Mittelsäule abgesägt. So komme ich mit der Kamera, da sich die Stativbeine auch bei diesem Stativ weit abspreizen lassen, bis direkt auf den Boden. Alternativ nutze ich für Aufnahmen am Boden auch häufig einen Sandsack. Das Teil ist ja nicht nur nützlich, wenn man aus dem Auto heraus fotografiert und seine Kamera in der Autotür ablegen will, sondern auch bei der bodennahen Makrofotografie. Vollgestopft mit einigen Händen voll Sand schmiegt sich die Kamera beim Auflegen gut in den Sack, sodass sie verwacklungssicher aufliegt. Auf Reisen kann man den leeren Sack auch gut mitführen, denn füllen lässt er sich überall.

Hermann: Über ein wichtiges Zubehör haben wir noch gar nicht gesprochen, was wir beide jedoch durchaus häufig nutzen, nämlich Tarnzelte. Ich habe drei davon, die mitunter für lange Zeit irgendwo aufgebaut sind. Ich weiß noch genau, wie ich mich das erste Mal in ein Tarnzelt gesetzt habe und ganz skeptisch war. Beim Eisvogel war das. Der Eisvogel hat sich direkt vor mein Zelt gesetzt und von mir überhaupt keine Notiz genommen. Die Wirkung der Tarnung hat mich sehr beeindruckt. Und seitdem nutze ich Tarnzelte und andere Tarnmöglichkeiten sehr oft. Ich habe auch schon mal so eine Art Poncho benutzt. Der hat eine Öffnung für das Kameraobjektiv und für ein Stativbein. Mit einem solchen Überwurf kann man leicht seinen Standort wechseln. Man ist also sehr flexibel und es kommt nicht darauf an, eine große Standfläche zu haben. Und auch an Berghängen lässt sich ein Poncho besser nutzen als ein Tarnzelt.

Karsten: Ich habe kleine Tarnzelte, die sich beim Aufstellen wie ein Faltreflektor selbst entfalten. Verpackt sind sie recht klein und dank ihres geringen Gewichts kann man sie auch noch gut über längere Strecken tragen.

Hermann: So, Karsten. Das wars. Sämtliches Equipment aus meinem Rucksack und anderes Zubehör, das ich nutze, sind beschrieben. Fällt dir noch etwas ein, was wir vergessen haben?

Karsten: Nein. Mein Fotorucksack ist auch völlig geleert, wir sind fertig.

Stichwortverzeichnis

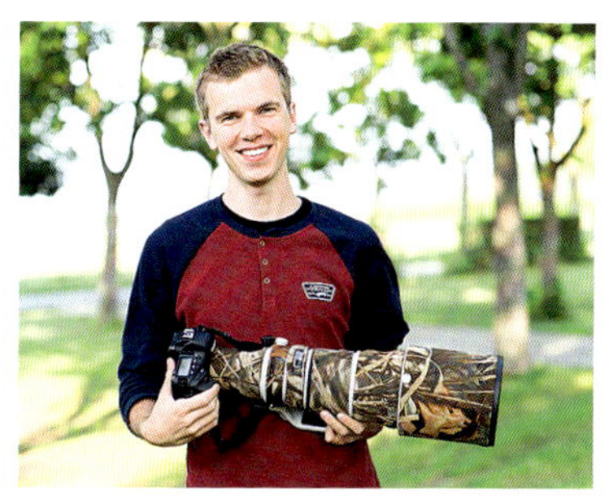

Hermann Hirsch

(Jahrgang 1993) lebt in Dortmund. Die Liebe zur Natur bekam er von seinen naturverbundenen Eltern mit auf den Weg. Seine Mutter, die als Waldpädagogin arbeitet, schärfte schon früh seine Sinne für Tiere und Pflanzen. 2008 entdeckte Hermann Hirsch mit 15 Jahren die Naturfotografie für sich. Den Gewinn aus dem Fotowettbewerb „Baltic Sea Young Wildlife Photographer of the Year" investierte er in sein erstes Supertele. 2012 belegte er den zweiten Platz als „Europäischer Naturfotograf des Jahres" in der Kategorie Vögel, 2013 wurde er sogar „Deutscher Naturfotograf des Jahres" beim Wettbewerb der Gesellschaft Deutscher Tierfotografen (GDT). Seine zweite Leidenschaft gehört der Hochzeits- und Porträtfotografie. Nach einer Tischlerlehre hat Hermann Hirsch seine Begeisterung für die Naturfotografie zum Beruf gemacht. Eines seiner Favoritenthemen sind die versteckten Naturschätze im Lebensraum Stadt. Mit Bildern von der Natur in städtischen Räumen versucht er auf Themen im Naturschutz hinzuweisen und anderen Menschen die Schönheit der Natur vor Augen zu führen.
www.hermannhirsch.com

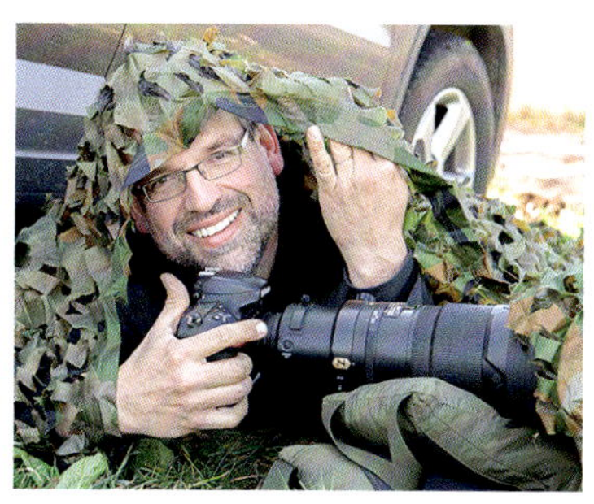

Karsten Mosebach

(Jahrgang 1969) studierte in Münster Chemie und Geografie und unterrichtet heute an einem Gymnasium in Niedersachsen. Als ihn ein Freund 1997 mit auf die Pirsch nahm, erwachte spontan seine Begeisterung für die Naturfotografie. Karsten Mosebach liebt die Motive in seiner niedersächsischen Heimat, dem Teutoburger Wald, ebenso wie die Lebensräume anderer Länder mit ihrer jeweiligen Flora und Fauna. Sein Spezialgebiet ist die Fotografie von Tieren unter schwierigen Aufnahmebedingungen in ihren natürlichen Lebensräumen. Dabei gehören Fotolichtschranken und Blitzgeräte zu seinen wichtigsten Hilfsmitteln. Für seine Bilder wurde er bei renommierten Wettbewerben wie „Europäischer Naturfotograf des Jahres" und „Deutscher Naturfotograf des Jahres" ausgezeichnet. Letztgenannten Titel gewann er im Jahr 2011 mit dem Bild eines Steinkauzes. Karsten Mosebach hat zehn Bildbände veröffentlicht, seine Bilder und Texte erscheinen in zahlreichen Zeitschriften.
www.karstenmosebach.de

Hermann Hirsch und Karsten Mosebach

Gute Fotos, harte Arbeit

Wege zum perfekten Naturfoto

Konzeption, Gestaltung, Herstellung: fotoforum-Verlag, Münster
Lektorat: Martin Breutmann
Korrektorat: Ulrike Dorgeist
Druck: Bitter & Loose, Greven

Website zum Buch: www.fotoforum.de/gutefotos
Hinweise und Anmerkungen zum Buch:
redaktion@fotoforum.de

Bibliografische Information der Deutschen Nationalbibliothek:
Die Deutsche Nationalbibliothek verzeichnet diese Publikation in der Deutschen Nationalbibliografie; detaillierte bibliografische Daten sind im Internet unter http://dnb.d-nb.de abrufbar.

ISBN 978-3-945565-06-3

1. Auflage 2017

Ludwig-Wolker-Straße 37, 48157 Münster
www.fotoforum.de

Printed in Germany

Quellen und Bildnachweise: Alle Fotos von Hermann Hirsch und Karsten Mosebach, außer Seite 167: Moritz Kaufmann, Willi Rolfes